Gottfried Vauk

Ein Leben
mit Hunden

Neumann-Neudamm
Verlag für Jagd und Natur

Danksagung

Ohne die Mitarbeit meiner Frau wäre dieses Buch nicht zustande gekommen, aus den vielen auch gemeinsam erlebten Hundegeschichten wurden die schönsten ausgewählt.

Frau Elisabeth Dreyer brachte das nicht immer leicht zu lesende handgeschriebene Manuskript in den PC, dafür danke ich ihr sehr.

Kriso ten Doornkaat stellte wieder einige wunderschöne und phantasievolle Illustrationen zur Verfügung, die eine Bereicherung dieses Buches sind.

ISBN 978-3-7888-1280-5

© 2009 Verlag J. Neumann-Neudamm AG, Melsungen
Schwalbenweg 1, 34212 Melsungen
Tel. 05661-9262-0, Fax 05661-9262-20
www.neumann-neudamm.de
info@neumann-neudamm.de

Printed in the European Community
Satz und Layout: J. Neumann-Neudamm AG
Titelgestaltung: J. Neumann-Neudamm AG
Bildachweis: Alle Zeichnungen stammen von KRISO TEN DOORNKAAT, alle Fotos aus dem Archiv des Verfassers.
Druck & Verarbeitung: Druckerei Bercker, Kevelaer

Inhaltsverzeichnis

Einleitung

Unter der Vielfalt der Haustiere, die dem Menschen Nahrung und Kleidung geben, gibt es allerdings, zumindest in unserem Kulturkreis, zwei aus Wildtieren von Menschen geschaffene Haustiere, die sich dem reinen Nützlichkeitsprinzip entziehen: Hund und Pferd. Natürlich helfen sie dem Menschen bei der Arbeit, die heute bei beiden Arten oft ersetzt wird durch sportliche Tätigkeiten. Arbeit im eigentlichen Sinne müssen Pferde bei uns kaum noch für den Menschen bewältigen. Und Hunde? Der Gehilfe hat sich in vielfältiger Weise unter der Hand des Menschen zum Spezialisten entwickelt: zum Windhund, Schlittenhund, Hüte-, Schweiß- und Vorstehhund und zum vielseitigen Jagdgebrauchshund.

Allein die Aufgaben der Jagd- und Polizeihunde oder Lawinenhunde lösen einerseits Erstaunen aus und werden andererseits doch fast als selbstverständlich angesehen. Natürlich, eine immer größere Rolle spielen Hunde aller Rassen und Größen heute als Begleiter, als Spielgefährte oder als Seelentröster. Und all dies geschah durch den Menschen, ein gigantischer Schöpfungs- und Gestaltungsakt.

Da bleibt nichts als stilles Staunen und eine große Portion Dankbarkeit und Demut, weniger vor dem Menschen als gegenüber dem Wesen, von dem ich glaube, dass es auch im geistigen, seelischen Bereich über etwas verfügt, das wir Menschen oft genug verloren zu haben scheinen.

Nicht von ungefähr gibt es so viele

Weisheiten rund um den Hund
(frei nach bekannten und unbekannten Autoren):

Dem Hunde, wenn er gut erzogen,
ist selbst ein weiser Mann gewogen.
(frei nach Goethe)

Seit ich die Menschen kenne, liebe ich meinen Hund.
(frei nach Schopenhauer)

Wenn ich mit meiner Frau streite, mag mein Hund das überhaupt nicht leiden und verkriecht sich. Wenn ich krank bin, tröstet er mich.
(frei nach Bill Ramsey)

Als Hund ist mein Hund nicht so toll,
aber als Mensch ist er Sonderklasse.
(frei nach Johannes Rau)

Der wirklich Verdruss bei der Menschheit ist der Umstand,
dass wir vom Affen abstammen und nicht vom Hund.
(Schopenhauer)

Jagen ohne Hund ist Schund!
(alte Jägerweisheit)

Merke Dir: Dein Hund hat immer recht!
(alte Jägerweisheit)

… den treuen Hund zur Seite
ich das Revier durchstreife,
ein freier Jägersmann!
(altes Jägerlied)

Ein Leben ohne Möpse
ist möglich, aber nicht lebenswert.
(Loriot, Vico v. Bülow)

Hundefährten in einem langen Jägerleben

Es war kein Problem, positive Aussprüche berühmter und weniger berühmter Männer von Goethe bis zu Schopenhauer zum Thema „Mensch und Hund" zu zitieren. Mir persönlich sagt da ein in Tibet geläufiger einfacher Spruch mehr: „Es tut dem Menschen gut, mit dem Hund umzugehen."

Ob es dem Hund dabei in allen Fällen ebenso gut geht, wage ich zu bezweifeln. Mir fällt da doch so manche „Paarung" Mensch und Hund ein, wo offensichtlich Herrchen oder Frauchen den vierbeinigen Liebling umsorgt, hegt und pflegt und damit soziale Bedürfnisse ziemlich einseitig befriedigt. Der Partner Hund erträgt, manches Mal sogar unter Leiden und Opfern diese gut gemeinte Fürsorge und ist sogar in der Lage, es dem Menschen durch Anhänglichkeit und Zuneigung ziemlich selbstlos zu danken.

Ich will hier keine wissenschaftliche Abhandlung über Soziologie und oft beiderseitig undurchschaubare Hintergründe des Verhältnisses Hund und Mensch schreiben. Es sei daher mit dem Hinweis genug gesagt, dass große Laufhunde sich wohl kaum in einer Stadt oder Stadtwohnung wohlfühlen (es sein denn, es wird ihnen täglich genügend Auslauf geboten), ebenso wenig wie der Kettenhund an der ehemaligen deutsch–deutschen Grenze oder auf Fabrikgeländen und Bauernhöfen.

Auch die Geschichte der Domestikation des Hundes soll das Thema nicht sein, ich habe daran in jüngeren Jahren gearbeitet und meine Doktorarbeit darüber geschrieben. Es bleibt aber ohnehin viel Geheimnisvolles in der Hinsicht „Wie kam der Mensch auf den Hund?"

Fest steht wohl nur, dass immer dort, wo der Hund mit und für den Menschen zusammenlebt und/oder arbeitet, sich das Eigentliche, das Entscheidende zwischen den Partnern einstellt.

Es ist eine Sache auf Gegenseitigkeit, die von praktischen Erwägungen ebenso geprägt wird wie von kaum zu erfassenden seelisch-geistigen Beziehungen. Das gilt vor allem für die Schutz-, Hüte- und Wachhunde, die Jagdhunde und wohl sogar für den „Penner", der mit seinem Hund ein enges Verhältnis in der eigentlich so lebensfeindlichen Umwelt der Großstadt entwickelt hat. Mich erstaunt es jedenfalls und berührt es sogar, wenn ich einen Hund geduldig, (ohne dass er abgerichtet ist) neben einem bettelnden Straßenmenschen in der Einkaufsmeile liegen sehe.

Was will ich dann erzählen?

So ist denn mein Thema eigentlich ganz einfach. Ich möchte von den vielen Hunden erzählen, die mit mir ein Stück des Weges zogen, mich bewachten und behüteten. Haus, Hof und Familie schützten, mit mir durch Wald und Feld jagten und Beute machten oder mir in schweren Stunden einfach nur nahe waren, ohne zu fordern, aber viel Kraft und Zuversicht gaben.

Es gibt eine gewisse Tragik im Leben mit Hunden. „Des Menschen Leben währet siebzig Jahre und wenn es hochkommt, werden es achtzig und wenn es köstlich gewesen ist, so ist es Mühe und Arbeit gewesen." Auch für die Hunde mit denen ich zusammenleben und arbeiten durfte, gilt diese Bibelweisheit wohl. Nur dass ein Hundeleben eben nicht siebzig bis achtzig Jahre währt, sondern zehn bis fünfzehn.

So ist denn das Verhältnis Mensch und Hund auch geprägt von dem Wissen und Fühlen um Abschied, Tod und Vergänglichkeit, von Trauer und Erinnerung. Und es ist wie ein Wunder, wenn ein neues junges Hundewesen mein Gemüt erfreut, mich zum Lachen, zu Fürsorge, Arbeit und Erleben bewegt, kaum dass der Abschied bewältigt ist. Und schließlich ist wieder dieses geheimnisvolle Miteinander – Füreinander da, wie es schon zwischen dem Hundevorgänger und mir bestand.

Mit Motte fing alles an

Erinnerungen an eine vergangene Welt tauchen vor mir auf. Ich wurde gegen Ende des ersten Viertels des 20. Jahrhunderts in einem hinterpommerschen Dorfschulhaus geboren. Zweihundert Einwohner, ein Auto (das des Gutsbesitzers), viele Pferde und andere Tiere im Haus, im Stall, im Wald, Wasser und Feld. Etwas abseits vom Dorf lag dieses Schulhaus umgeben von Gärten, Kartoffelfeldern, Wiesen, Erlenbrüchen, einem Bach und See, ringsum Wald.

Soll ich die Anekdote meiner Geburt erzählen?

Ich habe sie oft vor allem meinen jungen Mitarbeitern erzählt und sie damit zum Lachen, vielleicht aber auch zum Nachdenken gebracht. Was Wahrheit und Dichtung an der Geschichte ist, mag dahingestellt sein. Sie zeigt aber vielleicht am besten, wie diese dörfliche Welt eingebettet war in Natur und Umwelt und wie ein neuer kleiner Mensch ohne großes Theater in diese Welt hineingeboren wurde.

Mir wurde diese Geschichte wieder und wieder von meinem Patenonkel Paul, einem Förster, erzählt, der in seinem Alter darin wohl auch gute Erinnerung fand. Und ich habe geduldig zugehört.

Es war der 5. Oktober 1925, eine kalte, klare Nacht. Leichter Frost hatte sich über Haus, Feld und Wald gelegt. Unten im „Herrenzimmer" saßen der Schulmeister (mein Vater) und der Förster (Onkel Paul) und spielten Schach, genossen eine gute Zigarre und Rotwein. Der große Kachelofen verbreitete gemütliche Holzfeuerwärme. Oben im Schlafzimmer lag meine Mutter in den Wehen und bei ihr war die alte Dorfhebamme, Tante Gertrud. Dass Männer bei dieser „Frauensache" direkt zugegen waren, hätten die Frauen wohl deutlich von sich gewiesen und zu verhindern gewusst.

Auch im Schlafzimmer hatte Vater dem Ofen tüchtig Holz zu fressen gegeben und da das Gebären ja eine anstrengende Sache ist, wurde es meiner Mutter zu heiß. Tante Gertrud wollte die auf Wiese und Wald führenden Fenster öffnen. Durch Frost und Eis klemmten diese aber, so dass sie es nicht schaffte. Sie rief die Treppe runter Hilfe: „Herr Lehrer, helfen Sie mal Ihrer Frau. Es ist zu warm und ich kriege die Fenster nicht auf!" Vater stürzte nach oben, öffnete die Fenster und wurde wieder des Geburtszimmers verwiesen.

Einige hundert Meter vor den Fenstern auf der großen Wiese war ein traditioneller Brunftplatz des Rotwildes. Wie der Zufall es so wollte, stand der Platzhirsch in dieser Nacht nicht weit vom Gartenzaun entfernt und schrie in voller Lautstärke seinen Herrschaftsanspruch in die klare, stille Nacht. Meine Mutter hörte diesen Schrei durch die geöffneten Fenster, erschrak, bekam eine heftige Wehe und schwupps – ich war da.

Die Hebamme waltete ihres Amtes und bald mag mein Geschrei dem Hirsch wohl Konkurrenz gemacht haben. Das war denn auch der Zeitpunkt, zu dem die Herren nach oben gerufen wurden, um den kleinen Kerl in Augenschein zu nehmen. Wobei die Freude über den „Stammhalter" damals noch sehr ausgeprägt war. Onkel Paul nahm mich auf den Arm und wie er erzählte, hörte ich zu schreien auf und blinzelte ihn mit dem rechten Auge an, das linke war fest geschlossen. Sein Kommentar: „Sieh mal Hellmuth, der hat den Hirsch schreien gehört und zielt schon!"

Eine gewisse Bestätigung für die Geschichte mag sein, dass ich später mit dem linken Auge manches Mal Probleme hatte und heute im Alter mit dem linken Auge erheblich schlechter sehe als mit dem rechten (dem Zielauge).

So war das also damals. Die noch junge, rote Langhaardackelhündin meines Vaters kam in der Erzählung nicht vor. Mit Sicherheit hat sie aber bereits in ihrer gemütlichen Kiste in der Ecke unter der Garderobe gelegen und wahrscheinlich wegen der sonst nicht üblichen, aufregenden Nachtstunden nicht gut geschlafen. Ein erster Geruch von mir mag über Vater und Onkel in ihre Nase gekommen sein.

Ihre Ecke war übrigens auch im Winter schön warm, grenzten an die Wände doch der Kachelofen des Wohnzimmers und auf der anderen Seite der große Holzherd in der Küche, der auch über Nacht mit einigen in Papier gewickelten Briketts unter Glut gehalten wurde. So war dem Hund warm und für die Menschen der Kaffee und die Milch schnell heiß auf dem Tisch.

Motte und die rote Schleife

Wie es sich für einen Haushund gehört (schließlich ist „Haushund" der offizielle zoologische Name für alle Hunde, nicht nur für Hüte- und Stall- oder gar Kettenhunde), lebte Motte im Haus und war in die Familie integriert. Diese Integration war aber einer strengen hierarchischen Ordnung unterworfen. Es war eine preußische Ordnung, die bestimmte Grundregeln hatte. Diese wurden von niemandem, weder vom Hund noch von den Menschen durchbrochen. Mottes Zuhause war der Flur mit der mit Fell ausgelegten Schlafkiste. Absolut verboten waren Küche und Keller, weil auch für einen kleinen Hund galt: „Und führe mich nicht in Versuchung."

Auch die unter den damaligen Umständen lebenswichtige Hygiene spielte eine Rolle. In das Wohnzimmer mit dem warmen Ofen durfte der Hund nur an besonders kalten Tagen. Ich hatte für mich und Motte durchgesetzt, dass wir hautnah miteinander spielen und „schmusen" durften, gegen den anfänglichen Widerstand von Mutter, belächelt von meinen Schwestern. Wir beide genossen diese Zweisamkeit, balgten und spielten mit alten Wildknochen. Überhaupt war das Verhältnis Mottes zu den Familienmitgliedern oberflächlich gesehen wenig differenziert. Genauer betrachtet allerdings höchst unterschiedlich. Vater war natürlich der „Leithund" für Motte. Ihm gehorchte sie auf Wort und Pfiff.

Die Sprüche „Was kommt in der Welt nicht vor? Mein Dackel unterm Tisch, wenn ich ihn rufe!" oder „Wenn ich zu meinem Dackel sage, kommst du her oder nicht, kommt er her oder nicht!" sind schlichter Unsinn. Jeder Dackel – behaupte ich – ist zu erziehen. Allerdings braucht es für einen frei jagenden Hund wie den Dackel schon etwas mehr Konsequenz einerseits und Geduld andererseits. Schließlich gibt es für den Dackel bei der Bauarbeit unter der Erde an Fuchs oder Dachs keine Befehle mehr, er muss selbstständig entscheiden und handeln.

Abgesehen von der Jagd war das Verhältnis Vaters zu Motte eher unterkühlt. Im Haus kümmerten sie sich wenig umeinander. Motte hatte gefälligst da zu sein, aber unauffällig und schon gar nicht belästigend oder belastend. Übrigens änderte sich dieses unterkühlte Verhältnis meines Vaters zu seinem Dackel mit zunehmendem Alter deutlich. Ich komme noch darauf zurück.

11

Ganz anders geartet war die Beziehung zwischen Motte und meiner Mutter. Auch ihr gehorchte die Dackeline, aber deutlich mehr ihr zum Gefallen. Schließlich versorgte und umsorgte Mutter den kleinen Hund, legte saubere und aufgeschüttelte Felle in die Kiste, stellte pünktlich Fressen und Wasser bereit und ein paar Streicheleinheiten und einen Leckerbissen gab es auch.

Wenn Vater einmal laut wurde zu Mutter oder mir, setzte sich Motte vor den Betroffenen und zeigte dem Alten die Zähne, was diesen noch zorniger machte, Mutter und mich aber heimlich freute.

Meinen beiden Schwestern gegenüber verhielt sich Motte sehr unterschiedlich. Elisabeth, acht Jahre älter als ich, war ein sehr beliebtes Familienrudelmitglied, das Mutter auch schon mal die Arbeit für den Hund abnahm.

Ganz anders war das mit Dorle, meiner zwei Jahre älteren Schwester. Das Verhältnis war wohl geprägt von einem Jugenderlebnis, das die beiden miteinander hatten. Die Geschichte wurde immer wieder zum Besten gegeben, wenn Verwandte und Bekannte zu Besuch kamen. So hörte ich sie auch und hänselte später meine Schwestern damit.

Dorle mag so vier Jahre alt gewesen sein und ihre Zöpfe waren schon über die Zipfellänge hinaus gewachsen. Sie bekam auf ihren dringlichen Wunsch zwei große rote Schleifen ans Ende der Zöpfe gebunden. Damit auch der Hund diese wunderschönen Schleifen bewundern konnte, kniete sie sich vor Mottes Kiste und erklärte mit kindlichem Dialekt: „Motte, hieh mal meine höne hote Heife!" Mutter beobachtete das Ganze wohl amüsiert, doch Motte zeigte zunächst kein Interesse. Erst als das Zopfende ihr über die Schnauze gefummelt wurde, fuhr sie wie ein Blitz aus der Kiste, schnappte sich die „Höne, hote Heife", riss sie ab und „zerfetzte" sie.

Dorle saß schreiend auf ihrem Hintern und war nur schwer zu beruhigen. Die Schleife aber war hin. Seit der Zeit war Dorle zwar Familienmitglied, wurde aber von Motte nicht weiter beachtet, was dann auf Gegenseitigkeit beruhte. Dorle hatte seitdem schreckliche, schier unüberwindliche Angst vor Hunden.

Über das Zusammenwachsen von Motte und mir werde ich später berichten, wenn es um die Dackeline als Jagdhund geht.

Motte und der Tanzbär

Wenn Freunde (Hund oder Mensch) auf den Hof oder an die Tür des Schulhauses kamen, war Motte ein tapferer und mutiger Wächter und/oder Verteidiger des Territoriums und des Rudels. Besonders wir Kinder wussten das zu schätzen, wenn wir – was selten vorkam – allein im Haus waren.

Ich erinnere mich an einen Sommernachmittag, als meine Eltern mit dem Fahrrad zur Kaffee-Einladung zu Kollegen ins Nachbardorf gefahren waren. Ich mag so fünf oder sechs Jahre alt gewesen sein und wir drei Kinder hockten im Wohnzimmer und spielten. Plötzlich hörten wir das Hoftor laut klappen, woraufhin meine ältere Schwester aus dem Fenster schaute und uns bedeutete, ganz leise zu sein. Natürlich hielt uns das nicht davon ab, ebenfalls aus dem Fenster zu linsen. Noch heute sehe ich das Bild deutlich vor mir: zwei Zigeuner kamen auf das Haus zu und führten einen mächtigen Tanzbären am Nasenring mit sich.

Nun waren uns Zigeuner wohl vertraut und Angst hatten wir eigentlich nicht, eher waren wir neugierig. Normalerweise gingen wir gerne zu dem den Zigeunern zugewiesenen Lagerplatz und fanden es sogar gut, wenn uns die Zigeunerfrauen über das Haar strichen, „so schöne blonde Haare". Aber jetzt war das doch etwas beängstigend, weil die Eltern nun einmal nicht da waren.

Die beiden Zigeuner näherten sich, der eine hatte eine Flöte, der andere führte den Bären vor die Haustür, die zum Glück abgeschlossen war. Motte knurrte schon leise. Kurz vor der Tür richtete sich der Bär auf und brummte laut, die Vorstellung sollte wohl beginnen. Wir verhielten uns ganz still im Wohnzimmer. Für Motte war das unheimliche Geräusch zu viel, sie raste an die Tür und fing fürchterlich zu bellen und zu knurren an, während sie immer wieder an die Tür sprang. Wir saßen nun etwas zitternd hinter den Gardinen und sahen, wie der Bär auf das Hundegetobe wieder auf alle Viere fiel und die beiden Männer eiligst mit ihrer „Bestie" den Hof verließen.

Motte war unser Held und bis die Eltern kamen, haben wir sie gestreichelt und mit Wurst belohnt. Meine zurückkehrenden Eltern fanden uns traut vereint im Wohnzimmer und mussten sich die Geschichte sicher immer wieder anhören.

Motte und die Hühner

Einer der typischen Verkennungen echter preußischer Lebensart ist wohl, dass das Prinzip von Ordnung, Sauberkeit, Disziplin auf dem Prinzip der Unfreiheit beruht. Eigentlich ist die Sache ganz einfach: in einem Gemeinwesen hat jeder seinen Platz, seine Pflichten und auch seine Freiheiten. Das bedeutet natürlich einerseits Einschränkungen und Erledigung übertragener Arbeiten auch für Kinder, die aber für die Gemeinschaft absolut sinnvoll waren. Andererseits redete einem niemand in die eigenen Freiheiten rein, solange diese die Freiheit des anderen nicht beeinträchtigten. Im Haushalt, in der Familie (zu der auch das liebe Vieh gehört) eines hinterpommerschen Landschulmeisters galt dieses Prinzip letztlich auch.

So war auch die Hühnerschar, die meiner Mutter unterstand, in dieses Prinzip eingebunden. Nach dem biblischen Spruch: „Der Gerechte erbarmt sich seines Viehs, der Böse aber lässt es darben", wurde das Federvieh versorgt und untergebracht, wozu neben Futter und Wasser auch der mardersichere Stall, ein waches Auge auf zu freche Füchse, parasitierende Sperlinge und natürlich der total freie Auslauf gehörte. Die Gegenleistung der Hühner bestand dann in der Lieferung von Eiern und Fleisch (ausgediente Legehennen als Suppenhühner bzw. der abgehalfterte Suppenhahn).

Von den Eiern produzierten die braven Hennen so viele, dass über den Eigenbedarf hinaus mehrere „Kiepen" voll herrlich frischer Eier, die noch wirkliche „Landeier" waren, in die Stadt geliefert werden konnten. Die Lieferung zum „Kolonialwarenhändler" wurde vom Milchkutscher übernommen, der täglich die Milch der Dorfkühe in die Stadt zur Molkerei brachte. Der Erlös dieses Eierhandels trug wesentlich dazu bei, dass drei Kinder des an Geld armen Dorfschulmeisters zur „Höheren Schule", das heißt in ein Internat geschickt werden konnten. Schulgeldfreiheit war damals ein Fremdwort. Wer es zu etwas bringen wollte, musste schon selbst durch gute Schulleistungen und meist auch durch Opfer der Eltern dafür sorgen.

Wie gesagt, auch die Hühner hatten ihre Freiheiten. Diese Freiheiten endeten allerdings an dem Zaun, der den Gemüse- und Blumengarten nach außen sicherte. Nun ist es sicher nicht nur ein Hühnergrundsatz ständig nach Erweiterung der eigenen Freiräume zu

suchen. Ziel dieser Erkundungen war immer wieder der Garten hinter dem Zaun. Da Hühner damals noch Hühnerleitern hochstiegen und vor Regenwürmern keine Angst hatten, konnten sie so aus dem Stand noch bis zu zwei Meter hoch fliegen. Der Gartenzaun stellte kein wirkliches Hindernis dar und wurde immer wieder mal überwunden. Das wiederum brachte meinen Vater in helle Wut. Zum einen waren die Gartenerträge für die Familie mindestens ebenso wichtig wie die Hühnereier. Zum anderen mochte er Gartenarbeit nicht sonderlich und gackernde Hühner und krähende Hähne, die ihn dann dazu zwangen, auch nicht. Und überhaupt, die Viecher hatten Platz und Freiheit, mussten sie nun ausgerechnet auch den gepflegten Garten zerkratzen?

Selber Hühner vertreiben und zum Rückzug aus dem Garten zu bewegen, kann eine schweißtreibende Angelegenheit sein, die außerdem für einen Menschen allein meist erfolglos endet. So hatte

Vater Motte zum perfekten Hühnertreiber erzogen. Wie, das wird sein Geheimnis bleiben. Ich konnte als Junge nur die Perfektion beobachten, mit der Motte dieser Pflicht mit Freude und Disziplin nachkam. Wurde Vater der Hühner im Garten ansichtig, stürmte er nach draußen und pfiff mit einem Dreiklang nach Motte. Die älteren Hühner kannten den Pfiff ganz genau und verließen daraufhin in heller Aufregung herumflatternd den Garten. Den jüngeren Hennen brachte Motte dann schnell bei, was Sache war. Laut bellend stürmte sie durch die von Vater geöffnete Gartenpforte und versuchte die Hühner in den nötigen Schwung zu bringen. Rannte eine der unerfahrenen Vögel in Panik gegen den Zaun, statt ihn zu überfliegen, und wollte unten durch, sprang Motte um diesen Pechvogel so lange bellend herum – mit der Schnauze ab und zu stupsend –, bis das Tier kapierte, dass es nur einen Weg vom roten Teufel in Hundegestalt weg über den Zaun gab. Der Erfolg war immer garantiert und brachte Motte einige der seltenen Streicheleinheiten durch Herrchen ein, was ihren Stolz nährte und den Eifer beim Hühnerjagen sicher stärkte.

Über Hühnergenerationen hinweg war es übrigens ein Spaß für die ganze Familie, dass auch nach Mottes Tod Vater nur vor die Haustür treten und den „Hühner-Dreiklang" pfeifen musste, um die Hühner aus dem Garten zu verscheuchen. So sorgte Motte über ihren Tod hinaus für Ordnung beim Federvieh und gute Erträge im Garten.

Motte und die Bienen

Im Rahmen der preußischen Ordnung in Haus, Hof und Garten spielten Bienen eine ganz besondere Rolle. Die Immen waren sozusagen hoch privilegiert. Im Gegensatz zu Menschen und anderen Haustieren konnten die summenden Honigsammler tagaus, tagein, Sommer wie Winter machen, was sie wollten. War das Wetter von Frühjahr bis Herbst gut, war Nektar und Blütenstaub sammeln angesagt. Und ab und zu wurde geschwärmt, ein neues Volk „geboren". Das Summen in den Ohren, wenn die Obstbäume blühten, ist mir noch heute im Kopf und ich würde es unter tausend Geräuschen wiedererkennen. Im ziemlich kalten Winter zogen sich die Bienen geschützt in ihren Körben in den Winterschlaf zurück.

Wie fast alle anderen Dorfschullehrer der Gegend war mein Vater ein begeisterter und begnadeter Imker, den die Bienen kaum stachen und wenn, dann machte es ihm nichts aus. Ich für meinen Teil mochte es überhaupt nicht, wenn eine Biene mich stach. Ich hatte schlicht Angst, was meinen Vater ärgerte und zugleich amüsierte.
Ein Hobby im heutigen Sinne war die Imkerei damals nicht. Die Bienen dankten die Fürsorge und Pflege, die ihnen zuteil wurde, mit wunderbarem Honig in meist großen Mengen. Es muss für Bienen schon ein gesegnetes Land gewesen sein. Die Ernte war so reichlich, dass wir (im Gegensatz z. B. zu Fleisch) so viel Honig essen durften, wie wir wollten.

Im Allgemeinen waren die Bienen friedliche Gartengenossen, vorausgesetzt man störte ihre Freiheiten nicht durch Herumfuchteln oder gar durch falsche Aktivitäten an ihren Körben oder Kästen. So war der Bienenschuppen das fast ausschließliche Reich meines Vaters. Der kleine Sohn meiner Schwester, der sich einmal unwissend vor die Fluglöcher der Bienenvölker begab, wäre von den empörten Tierchen fast umgebracht worden und nur durch das schnelle Eingreifen meines Vater konnte der Schaden an Leib und Seele für den Buben in Grenzen gehalten werden.

Motte hatte keine Beziehung zu den wehrhaften Bienen, wenn, ja wenn da nicht der Honig gewesen wäre. Leckereien für Hunde gab es damals nicht, schließlich bekamen wir Kinder auch nur einmal am

Tag nach dem Mittagessen ein Doppelstück Schokolade, brav wartend aus einer bestimmten Schublade der Anrichte im Esszimmer.

Aber meine Mutter hatte sich auch für Motte ein „Betthupferl" ausgedacht. Jeden Abend nachdem Motte noch einmal für die Nacht vor die Tür gelassen worden war, gab es auf einer Untertasse einen Löffel voll Honig. Diese Abendmahlzeit gab es immer so gegen 18.00 Uhr, schließlich war die Nacht morgens um 6.00 Uhr wieder zu Ende. Ich habe oft zugesehen, wie Motte genüsslich und gründlich den süßen Schleim von der Schale leckte.

Irgendwann musste es wohl so kommen. An einem Honigerntetag im Hochsommer trug Vater die Waben vom Bienenschuppen zur Honigschleuder auf den Boden des Hauses. Natürlich tropfte dabei etwas Honig auf den Boden. Für Mottes Nase was es einfach und verlockend zugleich dieser süßen Spur bis in den Bienenschuppen zu folgen. Da kam sie gerade richtig an!

Die Immen – ohnehin in Rage wegen des Honigraubes – wurden durch ihr Auftauchen zusätzlich gereizt. Als Motte dann auch noch einen Kasten bekratzte und verschob, wurde zum „Gegenangriff" geblasen. Im Nu war vom Dackel nicht mehr viel zu sehen, dafür war das Gejaule umso lauter zu hören. Wieder war es Vater, der schrecklich fluchend den Hund schnappte und unter dem Strahl der Wasserpumpe „entbiente".

Stiche an Kopf und Ohren hatte der kleine Hund, der sich da als Honig naschender Bär versucht hatte. Ein paar Tage waren die Behänge etwas dick und ein Auge fast zugeschwollen, dann hatte sie es überstanden. Den Appetit auf den gefahrlos servierten Abendhonig hat dieses Abenteuer Motte übrigens nicht verdorben.

Motte und Mauzi

Unsere Katze Mauzi komplettierte den Kreis, in dem sich das Leben und Erleben von Motte bewegte. Heute leben die meisten Katzen im Haus und haben sich weit von ihren Vorfahren entfernt, die in Dörfern zu Hause waren und noch die Aufgabe hatten, Mäuse und Ratten im Stall, der Scheune, im Hof und im Garten zu jagen. Unsere Mauzi war eine schöne, starke, wildfarbene, das heißt grau-schwarz gestromte Katze. Ähnlich wie die Bienen hatte sie viele Freiheiten. Sie konnte sich Arbeit und Freizeit so einteilen, wie sie wollte. Sonnen, jagen, Liebe und Junge machen, Motte ärgern, mit den Menschen Kontakt halten. Im Haus hatte sie aber nichts zu suchen. Ihre Heimstatt war der Heuboden, wo sie mit schöner Regelmäßigkeit ihre Jungen zur Welt brachte, großzog und in ihre Aufgabe, die Mäusejagd, einwies. Die Jungen loszuwerden war kein Problem. Mauzi war ein ausgewiesener Rattenjäger, eine Eigenschaft, die auch bei den Nachbarn sehr geschätzt war und die dazu führte, dass ihre Nachkommenschaft im Dorf begehrt war.

Mauzi ernährte sich weitgehend von Mäusen. Ratten fraß sie nicht, legte sie vielmehr vor die Haustür, sozusagen als Beweis für geleistete Arbeit. Übrigens fing und fraß sie in den Sommermonaten auch Maikäfer sehr gerne. Diese Brumm- und Krabbeltiere gab es damals reichlich zum Leidwesen von Bauern und Förstern, zur Freude der Kinder und vieler Maikäferjäger, vom Waldkauz bis zur Schleiereule, vom Fuchs bis zum Marder.

Mauzi erschien morgens regelmäßig vor der Haustür und mauzte laut (daher ihr Name), bis Mutter mit einer Schale warmer Sahne erschien. Eine engere Beziehung unterhielt die Katze nur zu meiner älteren Schwester, auf deren Schoß sie gerne im Garten in der Sonne lag und schnurrte.

Zwischen Motte und Mauzi herrschte eine Art von ritualisierter Feindschaft. Mauzi bewegte sich gern oberhalb des Bodens, auf dem Zaun, auf dem Dachboden, den Krippen im Stall und der Scheune. War Motte auf dem Hof, so begab sich die Katze auf „Dackelebene" und strich mit hochgestelltem Schwanz um den kleinen Hund herum. Sie schien zu ahnen, wann Motte des aufreizenden Spiels müde wurde und sich mit wüstem Gebell auf die Provokateurin stürzen wollte. Mauzi hatte sich dann immer schon lange den nächstgelegenen Zaunpfahl oder Baum ausgekuckt und entschwand mit einem Satz, bevor Motte auch nur in ihre Nähe kam. Da saß sie dann mit großem Katzenbuckel und wuchs durch ihr gesträubtes Haar auf die fast doppelte Größe an. Begleitet von verhaltenem Fauchen beobachtete sie den bellenden und knurrenden Dackel, der durch Luftsprünge an Höhe zu gewinnen versuchte. Während ich dies Spielchen der beiden lustig fand, waren Vater und Mutter wohl der Meinung Motte ärgere die Mauzi, was ich völlig unbegründet fand. So erntete Motte bei solchen Gelegenheiten barsche Schelte und schlich ins Haus. Mauzi dagegen kam mit immer noch erhobenem Schwanz aus ihrer Höhenstellung und stolzierte angemessenen Schrittes davon, so nach dem Motto: „Spaß gehabt und Motte geärgert!"

Ich war total solidarisch mit meinem Dackel und nicht so gut auf die Katze zu sprechen, was ich mir allerdings den Eltern gegenüber nicht anmerken lassen durfte. Ich habe Motte immer heimlich dafür gelobt, dass sie sich nicht alles von Mauzi gefallen ließ.

Natürlich jagte Mauzi auch Vögel, allerdings nur im Hof- und Gartenbereich. Da es meist Sperlinge waren, wurde ihr das nicht weiter verübelt, schließlich gab es mehr als genug davon.

Vater schoss übrigens im Revier nie eine Katze. Er war der Ansicht, dass Katzen in Feld und Flur in der Regel auch fast nur Mäuse jagen, was später wissenschaftlich nachgewiesen wurde.

Motte und das Fressen

Lebensstandard wird bekanntlich maßgeblich durch Wohnen und Nahrung bestimmt. Über Mottes Komfortunterkunft in unserem Flur in der warmen Fellkiste habe ich schon erzählt. Nachweislich kann auch ein Hund nicht von Luft, Liebe und Arbeit allein leben, ordentlich was zu fressen muss auch dabei sein. Für einen Dackel, der eigentlich kein Zwerg, sondern ein großer Hund auf kurzen Beinen ist, gilt das ganz besonders. Mir fällt da ein alter Kinderspruch von daheim ein:

> „Mein Dickel-, Duckel-, Dackelhund,
> der frisst am Tag ′nen Zentner
> und wiegt sechs Pfund.“

Da alle Haushunderassen direkt vom Wolf abstammen, ist das Gebiss und der Magen-Darm-Trakt auch der Dackel auf Fleisch als Hauptnahrung eingestellt. Unter den Begriff Fleisch fällt: Aas, Blut, Innereien, Knochen, Haut und Fell. Letzteres ist sozusagen als Knocheneinwickler in Magen und Darm besonders wichtig. So können unverdauliche Knochenreste ohne Schaden den Darm passieren. Wenn Fellreste gerade nicht zur Verfügung stehen, kann man dem Hund bei Beschwerden durch stecken gebliebene Knochen auch rohes Sauerkraut (altes Hausmittel) geben, was er meist gerne nimmt. Das Sauerkraut, ebenso wie vom Hund selbst gefressenes Gras, übernimmt dann die Rolle des fehlenden Tierfells als „Verpackung" für unverdauliche Rückstände in Magen und Darm.

Sieht man wie einfach heute die Ernährung von Hunden ist, so war das damals ganz anders. Es gab kein „Hunde-Fastfood" in Dosen oder getrocknet in Tüten, das durch seine enthaltenen Geschmacksverstärker in der Regel von den Vierbeinern auch noch gerne gefressen wird. Auf jeden Fall macht die „Heimtierfutterindustrie" heutzutage gute Geschäfte mit all diesen Produkten. Dazu gehören natürlich auch „Leckerli" aller Art für den bellenden Liebling.

Natürlich ist diese Art der Fütterung des Hundes für den Menschen bequem. Man kauft gut verpacktes Futter im Laden mit dem nötigen Kleingeld, macht sich beim Füttern nicht schmutzig, es stinkt nicht, der Fressnapf ist immer sauber. Auch die Aufbewahrung des Fressens ist kein Problem.

Ob das aber dem Urwesen und der Urnatur Hund immer gut gefällt und bekommt, ist eine andere Frage, auf die ich später noch einmal zurückkomme. Auch die Frage, ob diese Art der Fütterung eine artgerechte ist, will ich hier nicht beantworten. Möge der Leser es für sich und seinen Vierbeiner selbst tun.

Motte jedenfalls lebte in einem ganz anderen Schlaraffenland, wie übrigens fast alle meine späteren Hunde. Ähnlich wie für die menschlichen Mitglieder der Familie, war Fleisch nicht täglich vorhanden. Einen Schlachter gab es im Dorf nicht. Aber an Schlachttagen, vom Geflügel bis zum Schwein, war „Fettlebe" angesagt.

Ebenso brachte ein erlegtes Stück Wild Schlemmermahlzeiten auf den Tisch und in den Fressnapf von Motte. Problematisch war die Haltbarmachung des Fleisches. Einkochen, räuchern, pökeln waren die einzigen Möglichkeiten, denn Eisschränke und Tiefkühltruhen waren unbekannt. Lunge und Schlund wurden grundsätzlich für Motte reserviert und darüber hinaus die Abfälle von der „Herren Tische", wie Knochen, Knorpel, Sehnen.

Schlund, Knorpel und Sehnen konnte man außerdem an der Luft trocknen, so standen sie länger zur Verfügung.

Übrigens hatte Motte, so wie es bei entsprechend früher Erfahrung üblich ist, gelernt, nur die gut verdaulichen Gelenkköpfe von den Knochen – auch Geflügelknochen – abzubeißen und die Röhrenknochen liegen zu lassen.

Die Köpfe von Reh und Hirsch wurden ebenfalls für Motte gekocht und das Fleisch abgepult. Von dem Fleisch der Wildschweinköpfe machte Mutter allerdings eine leckere Kopfsülze für die Familie. Für Motte blieb da nicht viel übrig.

Der Brägen (Hirn) der Wildtiere war übrigens immer für Vater vorbehalten, sehr zu meinem Leidwesen. Mochte ich doch durchaus diesen mit Butter, Zwiebeln, Pfeffer und Salz fein gewiegten und dann gebratenen Brotaufstrich auch sehr gerne.

Waren einmal keine Wildreste für den Hund da, dann wusste man, wo im Dorf gerade Hausschlachtung war, und konnte dort um

Abfälle (z. B. Schweineschwarten) bitten. Und Fisch gab es auch noch, den ich manchmal nur für den Hund angeln durfte oder musste. Da meine Mutter glaubte, dass die Gräten dem Hund schädlich sein könnten, kochte sie die Fische (meist kleine Rotaugen) und pulte höchstpersönlich für Motte das Fleisch von den Gräten. Obwohl bei dem Grätenreichtum der Rotaugen sicher manche davon in Mottes Fressnapf kamen, hat sie sich meines Wissens nie daran verschluckt.

Über das abendliche Honig-Betthupferl freute sich Motte, es bedurfte aber auch noch einer zusätzlichen ballastreichen Grundnahrung. Diese bestand aus Haferbrei, den Mutter im großen Topf auf Vorrat kochte. Der Dackel bekam zwei Mahlzeiten, morgens und abends mit Fleischresten, Fisch- oder Fleischbrühe oder Wasser angefeuchtet, manches Mal auch ohne Fleisch oder Fisch. Motte mochte diesen Haferschleim offensichtlich sehr viel lieber als wir Kinder, die wir diese höchst gesunde Frühstückskost mit Honig gesüßt auf den Tisch bekamen. Fertige Knusperflocken und Müslis gab es (zum Glück!?) noch nicht und Haferflocken, die sich selbst in Wasser auflösten, auch nicht.

Auf jeden Fall gediehen Hund und Kinder bei der jeweiligen Kost erstaunlich gut. Es gab bei beiden weder Fett- noch Magersucht, wie sie heute bei Kindern und Hunden nicht selten zu beobachten sind.

Zwei finden sich

Als ich 1925 geboren wurde, war Motte etwa zwei Jahre alt. Meine ersten Erinnerungen an sie gehen so etwa in mein fünftes oder sechstes Lebensjahr zurück. Ich denke mal, dass ich als „Krabbeltier" der Motte zumindest gleichgültig, wenn nicht sogar lästig und unsympathisch gewesen bin. Von meiner Mutter weiß ich allerdings, dass es mich immer wieder zur Hundekiste hinzog, was Mutter wiederum gar nicht gut fand. Hygiene wurde und musste damals unter den gegebenen Umständen wohl großgeschrieben werden. Schließlich war so eben mal Händewaschen unter fließend warmem Wasser nicht drin. Es gab keine Badezimmer bei den „Normalsterblichen" in dieser Gegend Deutschlands. Waschen war damals eine umständliche Prozedur, der ich mich nicht gerade mit Begeisterung unterzog.

In diesem Zusammenhang ist mir immer noch der Spruch in Erinnerung, der wie viele Volks- und Bibelweisheiten unser Leben mitbestimmte: „Nur frischer Dreck ziert den arbeitenden Menschen!"

Mag sein, dass Motte meinen Geruch gerne mochte, so dass sie mich an ihrer Kiste duldete, nachdem ich aus dem Krabbelalter rausgewachsen war. Sie ließ sich dann auch von mir kraulen und streicheln, bis Mutter unsere Zweisamkeit störte. Mich hinderte dies jedenfalls nicht daran, bei nächster passender Gelegenheit wieder bei der Hundekiste zu liegen.

Die Gründe für dies Verhalten zu suchen mögen Kinderpsychologen oder weise Soziologen ergründen. Für mich war die Sache ganz einfach. Meine beiden älteren Schwestern hatten mit ihrem kleinen Bruder nichts am Hut, fanden ihn wohl eher lästig, dumm und naiv, was Jungen im Vergleich zu etwas älteren Mädchen ja wohl auch sind. Vater und Mutter waren mit Beruf, Ehrenämtern, Haus, Hof und Garten, Vater dazu noch mit der Jagd so beschäftigt, dass neben der Grunderziehung in preußisch-protestantischem Verhalten wenig Zeit für mich übrig blieb. Ich empfand sowohl die Nichtachtung meiner Schwestern als auch das zeitlich begrenzte „Um-mich-Kümmern" meiner Eltern nicht als schlimm. Schließlich durfte ich dafür am Tag sehr viel draußen sein. Hof, Ställe, Scheune, Garten waren mein Abenteuerspielplatz, etwas später dann wurden auch der Erlenbruchwald mit Moor und Fluss, die große Wiese und der See von mir Schritt für Schritt erkundet.

Mutter brachte ich von diesen Streifzügen große Sträuße wilder Blumen (Veilchen, Vergissmeinnicht, Sumpfdotterblume) mit, was ihren Ärger über mein langes Verschwinden dämpfte. Mutter kam dann, auch wohl aus Angst um mich auf die Idee: „Nimm wenigstens Motte mit, ihr mögt euch doch und sie wird schon auf dich aufpassen!" Und so geschah es dann auch, auf Vaters strenge Anweisung aber stets angeleint.

Motte war anfangs wenig begeistert und trottelte wohl oder übel an der Leine hinter mir her. Das änderte sich allerdings sehr bald. Auch sie fand es höchst aufregend, Ratten auf die Spur zu kommen, Mausefallen zu kontrollieren und mit dem Krebsteller im Bach Flusskrebse zu fangen. Das war für einen Dackel doch auch etwas anderes, als im Haus und auf dem Hof herumzuliegen und sich ab und zu über Mauzi zu ärgern.

Wir erlebten auch richtige Abenteuer. Bestand für Motte der Verdacht, dass ich im Moor versacken könnte, blieb sie einfach zurück und kläffte mit vollem Hals, was mich bewegte auf sie zu hören und umzukehren (so hatte Mutter sich das wohl auch gedacht). Für mich wurde es zur Angstpartie, wenn auf der Wiese vor uns ein Hase auftauchte, den Motte dann bis zum Horizont jagte. Mir blieb dann nichts als voller Angst – auch wegen Vaters Leinengebot – auf ihre Rückkehr zu warten, was nicht zu lange dauern durfte, denn zum Mittags- und Abendklappern musste ich wieder zu Hause auftauchen. Das Klappern erzeugte der Hofmeister, der durch kunstvolles Hämmern auf einer aufgehängten Pflugschar den Beginn der Mittagspause oder den Feierabend für die Arbeiter einläutete. Diese Töne waren sehr weit hörbar.

So wurden Motte und ich unzertrennlich und wenn wir im Sommer im hohen Gras lagen und die Störche hoch über uns im Himmel kreisten, habe ich ihr immer meine Träume erzählt, meine Gedanken über Tiere und Pflanzen und ich war sehr froh, nicht allein zu sein. Da scherten mich meine Schwestern gar nicht mehr, Mutter schon eher und Vater nur am Rande.

Nur wenn Vater Motte zur Jagd rief und beide zu Fuß oder mit dem Fahrrad entschwanden und Motte keinen Blick für mich hatte, fühlte ich mich einsam und habe auch wohl mal in die Kissen geweint.

Das Klo am Erlenbruch

Wie ich schon sagte, im ersten Drittel des 20. Jahrhunderts gab es für Schulmeister in der Dienstwohnung in Hinterpommern kein Badezimmer und natürlich auch kein WC. 1922 hatte mein Vater die Chance, ein neues Schulhaus zu planen und den Bau zu beaufsichtigen. Das vorhandene Gelände war recht groß und so wurde das Stallgebäude etwa hundert Meter vom Wohnhaus entfernt gebaut. Vater hasste den Gestank von Kuh- und Schweinemist und besonders den der „menschlichen Abfälle". Folgerichtig kam das gemauerte Klohäuschen noch hinter den Stall in zwei Abteilungen für Mädchen und Knaben getrennt. Ein geteertes Pinkelgemäuer war auch noch da. Für den Lehrer und seine Familie gab es ein Extra-Abteil mit gehobelter „Sitzgarnitur" aus Rüsternholz, großem und kleinem Po-Loch. Vor dem Kinderloch war eine kleine Holzbank festgesetzt, die es auch den Kleinen erlaubte, allein zurechtzukommen. Wir Kinder mussten jeden Abend vor dem Schlafengehen auf den Topf. In den ersten Lebensjahren war die Benutzung eines Topfes, später eines komfortableren Toilettenstuhles gestattet. Diese Art der häuslichen Notdurftverrichtung stank meinem Vater im wahrsten Wortsinn erheblich. Die Folge war, dass er so früh wie möglich den Gang zum Klo direkt am Abhang zum Erlenbruch durchzusetzen versuchte. Die Bemühungen meiner Mutter, mich vor diesem Gang ins Ungewisse zu bewahren, wurden irgendwann in meinem fünften Lebensjahr vergeblich. So kam es dann zu dem Machtwort: „Ab morgen geht Gottfried draußen aufs Klo!"

Ich erinnere mich, dass das in der dunklen Jahreszeit war. Ich hatte schreckliche Angst vor diesem Gang. Überhaupt habe ich oft Angst gehabt, was Leute wundern mag, die mich später kennenlernten. Aber ich bin meinem Vater dankbar, der mir einmal erklärte: „Angst ist keine Fähigkeit. Wer Angst hat, muss diese überwinden, Mut aufbringen, um trotzdem zum Ziel zu kommen. Dieser Mut über die Angst hinweg verhindert unüberlegtes Handeln und Übermut."

Diese Worte habe ich ein Leben lang zu befolgen versucht und ich denke, dass ich mit dieser Zweisamkeit von Angst und Mut gut gefahren bin. Gerade im Krieg und in der Politik der späteren Zeit habe ich erlebt, wohin fehlende Angst führt. Oft kommen Dummheit und Intoleranz dabei heraus.

Damals vor dem ersten Gang allein im Dunklen zum Klo hatte ich natürlich noch keine so schlauen Gedanken und die Hosen beinahe schon voll. Man brauchte eigentlich keine Angst zu haben. Aber Hinterpommern war ein Land, in dem es von ortsgebundenen Sagen und Märchen, von guten und bösen Geistern, Trollen und Elfen nur so wimmelte. Diese Geschichten wurden den Kindern vor allem von älteren Leuten erzählt und phantasiebegabte Wesen, wie ich eines war, mussten dann sehen, wie sie damit fertig wurden. Ich hatte jedenfalls das Erlenbruch, das ich bei Tag so gut kannte, in der Dunkelheit als Brutstätte von Irrlichtern und Moorhexen vor Augen. Als es dann so weit war, kam mir die rettende Idee. Motte musste mit. Die hatte keine Angst, schon gar nicht vor Geistern und Gespenstern! Außerdem würde sie im Fall des Falles so laut bellen, dass es Vater hören und helfen würde.

Gedacht, getan. Motte schnell und heimlich angeleint, Hoflicht angeschaltet, hingegangen, die Verrichtung und der Rückweg verliefen ohne geisterhafte Störungen gut.

Es blieb dann über Jahre bei der Begleitung durch Motte, die es offensichtlich recht amüsant fand mit dem Jung-Herrchen auf das Klo zu gehen. Dass mein Vater leicht die Nase ob dieses zweispännigen Klogangs rümpfte und meine Schwestern mich hänselten, störte Motte und mich herzlich wenig.

Motte, der kleine Schweißhund

Bei der Jagd hat sich im Laufe des letzten Jahrhunderts viel geändert. Viele dieser Veränderungen betrafen und betreffen auch die Hunde und sind nicht zuletzt bedingt durch:

- Veränderungen im Bereich der technischen Ausrüstung der Jäger,
- Erhöhung der Mobilität,
- Umwandlungen in der Landwirtschaft, die vom Übergang von der Haustiernutzung zur Massentierhaltung, zur Maschinenarbeit hin zur Industrialisierung von Ackerbau führten,
- Einsatz von Chemie in der Landschaft, Zunahme der Zersiedlung durch Wohn- und Straßenbau, zunehmender Tourismus.

Diese Tatsachen ändern auch das Spektrum der Tierarten, die nachhaltig bejagt werden können. Das Schalenwild hat die bisherigen Veränderungen der Landschaft sowie der Landwirtschaft eher positiv hingenommen (insbesondere das Schwarzwild und das Rehwild). Negativ wurden die sesshaften Arten des Niederwildes wie Raufußhühner, Rebhühner, Wildkaninchen und Hasen beeinflusst.

Das Verhalten der Jäger und die angewandten Jagdmethoden haben sich entsprechend verändert. So ist ein Schuss über freie Fläche vom Boden aus kaum noch möglich, da überall Menschen auftauchen können. Die Ansitzjagd hat nicht zuletzt aus diesem Grund die Pirsch fast völlig verdrängt. Groß angelegte Rebhuhnsuchen mit Vorstehhunden gibt es mangels Masse kaum noch, ebenso wie Treibjagden auf Hasen eher zu einem sportlich-gesellschaftlichen Ereignis geworden sind. Ein Aufwand, der die wenigen Hasen ärgern und erschrecken mag, die Strecke jedoch oft nicht in die Höhe treibt, dafür vielleicht den Bierkonsum in der Kneipe.

So ist auch der Begriff „Hühnerhund", der in meiner Jugend noch ganz geläufig war, völlig verschwunden. Was soll man auch mit einem vorstehenden Hund, wenn es weder lohnend noch verantwortbar ist, auf die paar Rebhühner, die ich vielleicht noch in meinem Revier habe, zu jagen?

Schon früh, gegen Ende des 18. Jahrhunderts, wurden in Deutschland deshalb die Zuchtbemühungen auf den „Allrounder", den Jagdgebrauchshund ausgerichtet. Auch von diesen Hunderassen (Deutsch-Kurzhaar, -Drahthaar, -Langhaar, -Stichelhaar u.a.) wird heute kaum noch die Arbeit vor dem Schuss, das heißt das Finden, wie der Ente aus Schilf und Wasser, des Kaninchens und des Hasen in Wald und Feld, verlangt.

Dagegen ist die Schweißarbeit von großer Bedeutung, auch wenn es meist kurze Totsuchen auf Schalenwild sind. Die Arbeit nach dem Schuss ist jedenfalls deutlich in den Vordergrund getreten.

Jeder Praktiker weiß, wie schwierig, oft genug unmöglich es ist, ein im Getreide- oder Maisfeld oder gar im naturnah bewirtschafteten Wald liegendes Stück Wild zu finden, selbst wenn es im Knall fällt. Nur wenige Meter Flucht genügen, um die Sache für den Jäger schwierig bis aussichtslos zu machen.

Der Dackel ist nun sicher nicht in der Lage vorzustehen und apportieren kann er vielleicht noch ein Kaninchen oder eine Ente. Solche Arbeit setzt neben der Veranlagung allerdings eine einfühlsame Abrichtung durch den Führer voraus. Die Regel ist es nicht.

Nun, in unserem Revier musste der Dackel nicht apportieren und nur selten gesundes Wild aufspüren. Die Suche auf beschossenes, meist schon verendetes Wild war seine Sache. Motte war eine Könnerin auf diesem Sektor. An der Schweißleine, vor meinem Vater, der ein überdurchschnittlich guter und verantwortungsvoller Schütze war, war die Sache meist schnell erledigt. Ging es einmal nicht so schnell und einfach, kam Mottes Nase in dackelfreundlichem trockenem und ebenem Gelände dazu. Ein lockerer Hals, deutlich zu unterscheiden in Stand- und Hetzlaut und ihre Wildschärfe setzten der Suche meist ein schnelles und erfolgreiches Ende. Natürlich war der Antrieb dazu nicht nur der innere Drang Herrchen einen Gefallen zu tun. Motte wusste sicher ganz genau, dass ein erlegtes Stück Wild auch ihren Fressnapf lecker füllte. Die Milz ging nach alter Sitte mit dem Wort „genossen" (= Du beist mein guter Jagdgenosse!) schon beim Aufbrechen an den Hund.

Für mich als Kind war es immer wieder in solchen Situationen erstaunlich, wie das so unterkühlt scheinende Verhältnis zwischen meinem Vater und Motte dann zur offen bekundeten Lieb- und Partnerschaft wurde. Die beiden konnten lange nach getaner Arbeit zusammen am erlegten Stück sitzen, still, fast besinnlich.

Ich bin bis heute davon überzeugt, dass die beiden Einkehr und Zwiesprache auf der gleichen Wellenlänge führten, was meine Jungengeduld oft auf eine harte Probe stellte, durfte ich mich doch nicht rühren oder gar sprechen. Ein strafender Blick aus Mottes und Vaters Augen genügten, um mich zur Ruhe und schließlich selbst zum Nachdenken und „Fühlen" zu bringen.

Motte unter Tage

Wenn Dackel etwas anders sind als andere Hunderassen, dann liegt das nicht zuletzt daran, dass sie bei der Jagd auf Dachs und Fuchs gänzlich auf sich allein gestellt sind. Im unterirdischen, unbekannten Gängesystem können sie jederzeit einem gefährlichen Gegner gegenüberstehen. Der kennt sich zudem da unten besser aus und kann sich daher schnell bewegen. In solchen Situationen muss der Dackel selbstständig Entscheidungen treffen, die – sind sie falsch – tödliche Folgen haben können. So ist denn einerseits Passion und Mut gefordert und andererseits Vorsicht und Umsicht.

Motte war ein Bauhund, der aus solchem Holz geschnitzt war. Sie griff nur an, wenn der Gegner ihr sein Hinterteil zuwandte. Ansonsten lag sie vor dem grimmigen Feind und konnte so laut knurren und bellen, dass man es auch über der Erde hörte und den Ablauf der Geschehnisse daher halbwegs verfolgen konnte. Das Resultat war, dass Vater oft auch in andere Reviere zur Baujagd eingeladen und mit Pferd und Wagen abgeholt wurde. Die von Motte gesprengten und von ihm geschossenen Füchse konnte Vater dann behalten und ich konnte die Erfolge der beiden als kleiner Junge regelmäßig auf dem Dachboden bewundern, wo die sauber zugerichteten Bälge auf Spannbretter gezogen zum Trocknen in langer Reihe hingen. Für diese Bälge, wie die von Marder und Iltis, gab es beim Kürschner gutes Geld. Dieses Einkommen war dazu bestimmt, die Kosten für die Jagd zu decken: Waffen, Munition, Fernglas, Kleidung usw. In der Haushaltskasse wäre für diese Dinge mit Sicherheit nichts übrig gewesen.

So war denn die Fuchsjagd im Winter durchaus einträglich und die Bälge wurden daher nicht wie heute oft weggeworfen, sondern einer vernünftigen Nutzung zugeführt. Übrigens schlief Vater im Winter unter einer Decke aus selbst erlegten Fuchsbälgen. Er behauptete, dass seinem Rheuma dies effektiv entgegenwirkte. Einen Fuchs im Sommer zu schießen war folglich ein Sakrileg: töten und wegwerfen, undenkbar!

Übrigens hing Vater die abgebalgten Füchse (Kerne) im abgelegenen Wald auf, wo sie von Meisen und Spechten bis auf die Knochen abgehämmert wurden. Aus dem Schädel wurden dann die Fangzähne (Fuchshaken) gelöst, gereinigt und an den Schmuckhandel verkauft. In unserem Fall an meinen Onkel, der in der Stadt Goldschmiedemeister war und aus Grandeln und Fuchshaken Schmuck anfertigte, der bis nach Bayern verkauft wurde.

Motte wird die totale Nutzung der von ihr gesprengten Füchse wenig interessiert haben. Wenn sie nach solchen „Kampfeinsätzen" wieder zu Hause war, nahm sich meist Mutter ihrer an. Vater knurrte dann nur: „Du wolltest doch unbedingt einen Langhaardackel haben, mit einem Rauhaar hättest du weniger Arbeit gehabt."
So wurde dann Mottes von Dreck verklebtes Fell gewaschen und gekämmt. Kleinere Blessuren mit Alkohol desinfiziert. Ich kann mich nicht erinnern, dass jemals ein Tierarzt zurate gezogen wurde. Allerdings gab es den auch erst in der nächsten Stadt und ohne Auto mitten im Winter wäre der wohl kaum wegen eines kranken Dackels bis zu uns geritten. Wer hätte das auch bezahlen sollen?

In jedem Fall erholte sich Motte und schlief sich gesund. Nach einem Tag mit guter Pflege war sie wieder putzmunter und voller Tatendrang.

Am Dachs ließ Vater Motte nicht arbeiten, da er mit dieser Tierart schlechte Erfahrungen gemacht hatte. Als ich eines Tages feststellte, dass die kleine Hündin im linken Ohr einen langen Schlitz hatte, der wegen des langen Fells kaum zu erkennen war, fragte ich natürlich, wie es dazu gekommen war. Ich erfuhr dann, dass Motte als junges Tier zusammen mit ihrer Mutter in einen Dachsbau gesetzt worden war. Bekanntlich lassen sich Dachse nicht oder nur durch sehr erfahrene Hunde aus dem Bau treiben, sie müssen meist – von den Hunden gestellt – ausgegraben werden. Im besagten Fall endete die Sache fast tragisch. Zunächst wurde der unerfahrene junge Hund vom Dachs verletzt und dann buddelte sich Meister Grimbart eine neue Röhre, in der beide Hunde schließlich feststeckten. Hinten hatten sie sich selbst den Rückweg zugebuddelt, den Weg nach vorne hatte der Dachs versperrt. Nach mühseliger Graberei der Jäger konnten die beiden Hunde mehr tot als lebendig geborgen werden. Neben anderen Blessuren, die zum Glück nicht ans Leben gegangen waren, hatte Motte sich diesen Schmiss im Ohr eingefangen.

Mutter erzählte mir die Geschichte, von Vater dann und wann ergänzt oder korrigiert, mit Tränen in den Augen. Auch Vater muss dieses Ereignis nachdenklich gestimmt haben. Er hat in Zukunft, auch auf Bitten von guten Freunden, Motte nie mehr auf einen Dachs angesetzt. Er hielt es auch für völlig unnötig, womit er zweifellos recht hatte. Wenn wir Dachsschwarten als Vorleger oder Dachsfett für Stiefelschmiere brauchten, so war es kein Problem den einen oder anderen Grimbart auf seinem Pass vom oder zum Bau abzufangen.

Ansonsten galt, was Raubwild und Niederwild betraf, die kategorische Meinung: „Wenn sie unsere Tauben und Hühner holen, müssen wir uns wehren. Wenn wir aber so wenig Niederwild in der Natur haben, dass wir Fuchs, Dachs, Marder und Habicht nicht ihren Anteil gönnen, dann werden wir wohl bald gemeinsam verhungern!" So einfach war das.

Motte, der scharfe Wachhund

Was ist eigentlich ein scharfer Hund? Während meiner Doktorarbeit hatte ich die Möglichkeit, bei der damaligen Polizeihundestaffel des Landes Schleswig-Holstein zu arbeiten. In dieser Zeit habe ich verstehen gelernt, was die Begriffe Schutzhund, Fährtenhund, Wachhund bedeuten und wie ein Hund für diese unterschiedlichen Aufgaben geschult werden kann.

Im Allgemeinen sind deutsche Jagdhundrassen in all diesen Fächern brauchbar. Meine Erfahrungen mit vielen Jagdhunden zeigen, dass der Schutztrieb für den Herrn/Führer, das Rudel und das Territorium (Haus, Hof, Garten) sehr ausgeprägt ist. Da ein Jäger viel mit Menschen zusammenkommt und ein Schulmeister sowieso, erkennt der Hund in Sekundenschnelle, ob Freund, Feind oder ein völlig unbekannter Mensch da auftaucht. Die Einordnung eines Menschen in eine dieser Kategorien wird durch Erfahrung in das Schutzverhalten des Hundes integriert.

Motte war, wenn man so will, ein „scharfer" Hund mit ausgeprägtem Schutzverhalten gegenüber der Meute/Familie. Erinnern Sie sich noch an die Geschichte mit dem Tanzbären? Andererseits hätte Motte nicht im Traum daran gedacht, die Schulkinder zu verbellen oder gar zu attackieren. Schulkinder hatten bei ihr Narrenfreiheit im Haus und auf dem Schulhof. Auch der Postbote war eher so etwas wie ein gern gesehener Gast. Ich habe nie verstanden, warum Hunde auf Briefträger häufig total allergisch reagieren. Es muss wohl Langeweile oder totale Unterforderung und fehlende Erziehung sein, die zu solcher Albernheit im Verhalten eines Haushundes führt.

Allerdings konnte Motte auch ganz anders sein. Noch heute habe ich das Bild vor mir, wie der Vater einer Schülerin sturzbetrunken auf den Hof stürmte, meinen Vater wegen der angeblich schlechten Beurteilung seines Kindes beschimpfte und ihn schließlich in den Vollbart griff. Im gleichen Augenblick fuhr Motte, die bis dahin nur knurrend neben der Szene stand, dem zornigen Vater so in die Beine, dass er den Schulmeisterbart sausen ließ und mit Motte einen richtigen Tanz aufführte. Motte war immer schneller als die Fußtritte des Mannes, der zum Glück Stiefel anhatte, sonst hätte es wohl blutige Waden gegeben. Auf jeden Fall führte der Dackeleinsatz den Betrunkenen auf den Boden der Wirklichkeit zurück. Von Motte laut bellend verfolgt, verließ er fluchtartig den Hof. Meinem Vater liefen vor Lachen die Tränen über die Wangen, so amüsant fand er den „Tanz mit Dackel".

Wie fein Motte differenzieren konnte, musste auch meine wohlbeleibte (bei uns herrschte im Allgemeinen der schlanke Typ vor) Tante Erna erfahren. Wegen ihrer Beleibtheit, ihres ständigen und schrillen Redeflusses war sie bei uns Kindern und Vater höchst unbeliebt Auch ihr aufdringliches Tätscheln und Streicheln war nicht nur mir ein Gräuel.

Motte hatte während der Besuche von Tante Erna stets ein waches Auge auf die mollige Frau. Näherte sich diese mir oder meinem Vater laut schwatzend, trat sie grollend dazwischen, was Tante Erna mit Protest und Rückzug quittierte: „Völlig unerzogen der Hund!"

Mich hat es gefreut und ich verstand Motte und ihre „Tantenallergie" sehr gut. Motte hat sicher gespürt, dass wir ihr Verhalten nicht verurteilten.

Mottes sanftes Ende

„Und gib uns einen gnädigen Tod", ein im protestantischen Hinterpommern fast ritueller Abschluss des Abendgebetes, wie wir ihn schon als Kinder lernten. Heute wird der Gedanke an den Tod oft ebenso verdrängt wie seine Realität.

Die biologische Dimension ihres Daseins ist den Menschen kaum noch bewusst. Zwar essen viele Menschen Fleisch, woher es kommt und dass dazu ein Tier getötet werden muss, ist dem Steak nicht mehr anzusehen. Die meisten Personen unserer sogenannten Zivilisation sind nicht gezwungen selbst zu töten, sie lassen töten und meinen vielleicht, sie hätten damit alle Verantwortung abgelegt.

Ich habe Respekt vor Vegetariern aus Überzeugung, wobei ihre Argumentation bisweilen gehörig hinkt. Auch ein Pilz oder eine Mohrrübe hat Leben, das ich beende, um selbst zu leben. Ein Kabarettist trieb kürzlich die Logik auf die Spitze: „Ein Schaf hat zumindest die theoretische Chance wegzulaufen, ein Salatkopf nicht, aber sterben wollen sie beide nicht."

Es ist fast nicht zu glauben, dass vor einem halben Jahrhundert sehr wohl noch das Wissen um die biologischen Zwänge, in die die Menschen eingebunden sind, im Bewusstsein der gesamten Gesellschaft verankert war. Nichts, außer dass wir Menschen Seele und Verstand (?) haben, unterscheidet unsere Zeugung, unser Wachsen mit Essen, Trinken, Schlafen, Lieben, Stoffumsatz, Sterben und Vergehen von dem Leben anderer Tiere.

So waren all diese Vorgänge zwangsläufig in das tägliche Leben und Handeln eingebunden. Man wusste, dass Haustiere und Wildtiere durch die eigene Hand sterben mussten, um das Überleben der Familie zu sichern. Seele und Gefühl hatten dabei durchaus einen festen Platz.

Es war kein Widerspruch für sich selbst einen „gnädigen Tod" zu erbitten vom „großen Herrn".

Ebenso wenig war es ein Widerspruch, das Schlachten eines Schweins zu einem Fest zu machen. Drei Tage konnte man essen, was und so viel man konnte oder mochte. Bis das nächste „glückliche" Schwein schlachtreif war, war dann mehr oder minder wieder Schmalhans Küchenmeister.

Trotz dieser fast täglichen Gegenwart von Zeugung, Geburt und Tod war doch die Differenzierung des eigenen Tods vom täglichen Umgang damit gegeben. So wurde man im Haus im Kreis der Familie geboren wie man unter gleichem Dach, unter gleichen Menschen und von diesen begleitet durch das „dunkle Tor" ging.

Eine merkwürdige Zwischenstellung zwischen Mensch einerseits und Schlachttier andererseits nahmen im Fühlen und Denken Hund und Pferd ein.

Durch die Hilfe der Pferde bei der Feldarbeit und Fortbewegung hatten sie täglichen Umgang mit den Menschen, ebenso wie Jagd-, Wach- und Hütehunde. Zwar kamen die Pferde am Ende ihres Daseins zum Rossschlachter, der Abschied jedoch war für einen Gespannführer und Reiter ein meist einschneidendes schmerzliches Erlebnis.

Mich berührte es tief, als mein Onkel sein Reitpferd verlor und mehrere Tage beim Betreten des Stalls Tränen in den Augen hatte und kaum ansprechbar war.

Mottes Ende war meine erste persönliche Begegnung mit dem Tod, eben außerhalb des alltäglichen Todes. Bereits im Winter hatte der kleine Hund unter Schmerzen gelitten. Vaters etwas kaltschnäuzig anmutende Bemerkung: „Egal ob Mensch oder Hund, wer richtig jagt, bekommt Rheuma", hinderte Mutter nicht daran, Mottes Kiste noch wärmer zu polstern. Ich saß oft bei dem wimmernden Hund und versuchte, wohl nicht vergeblich, seine körperlichen und seelischen Schmerzen zu lindern.

Als die Sonne höher stieg und Motte in den wärmenden Strahlen sich im Garten lang ausstreckte, waren die Schmerzen anscheinend weggeblasen. Die zwölfjährige Hündin erlebte mit Vater und mir noch einen fröhlichen Jagdsommer, trotz grauer Haare auf der Hundeschnauze.

Im Oktober, die Nächte waren frostig und kalt geworden, wurden auch Mottes Bewegungen wieder mühsam. Am liebsten lag sie in ihrer Kiste. Ich merkte nur noch am langsamen Schwanzwedeln, dass sie sich freute, wenn ich bei ihr saß. Mit Schrecken hörte ich, dass Vater und Mutter über Mottes Tod sprachen. „Ich hoffe nur, dass sie ohne viel Leiden stirbt und ich sie nicht erschießen muss", sagte Vater und mir kamen die Tränen. Die unvorstellbare Gewissheit, dass ich wohl bald ohne meine rote, kleine Begleiterin sein würde, rückte näher.

An einem Morgen, einige Tage nach meinem Geburtstag, kam ich morgens die Treppe von meinem Zimmer in den Flur herunter und sah Motte wie immer zusammengerollt in ihrer Kiste liegen. Wenn sie auch in den letzten Wochen mir nicht mehr entgegenspringen konnte, so hatte sie doch immer den Kopf gehoben und gewedelt. An diesem Morgen rührte sie sich nicht und ich zögerte, zu ihr zu gehen. Schließlich kniete ich neben ihr und merkte, dass sie kalt, steif – tot war.

Ich blieb neben meiner Begleiterin meiner Kindertage sitzen, weinte und war ganz still. Selbst das sonst so unwiderstehliche Machtwort meines Vaters, ich solle zum Frühstück kommen, zeigte keine Wirkung. Irgendwann kamen dann beide, meine weinende Mutter und mein Vater zu mir. Mutter streichelte mich und Motte und Vater sagte mit merkbarer Beherrschung: „Motte ist nun still von uns gegangen und du musst damit fertig werden."

Als guter Pädagoge hatte er auch gleich eine Aufgabe, die mich und meine Phantasie forderte. Motte musste im Garten begraben werden und ich sollte den schönsten Platz aussuchen. Mir war schnell klar, wo dieser Platz sein würde. Zur Dorfstraße hin wurde unser Garten von einem hohen Zaun und einer Hecke blau blühenden Flieders begrenzt. Zur Blütezeit im Mai ging ein süßer Duft von dieser Hecke aus. Ich hatte dann dort, wenn alles dicht belaubt war, mir zwei versteckte Sitzplätze aus Feldsteinen geschaffen, von denen aus ich heimlich das Treiben auf dem gegenüberliegenden Bauernhof ebenso beobachten konnte wie unseren eigenen Hof. Das vielfältige Leben der Vögel, der Käfer und Bienen vertrieb mir die Zeit. Motte war meist dabei und fand es wohl auch recht kurzweilig.

So war denn mein Entschluss schnell gefasst: in dieser „Laubhütte" wollte ich allein sie begraben, was mir nach der Ermahnung meines Vaters, das Grab auch tief genug zu schaufeln, auch gewährt wurde.

Mottes Körper verschwand mit den Tränen eines einsamen kleinen Jungen unter der krümeligen Erde. Ich blieb frierend dort sitzen und dachte mir – so viel verstand ich vom Kreislauf in der Natur –, dass der Flieder an dieser Stelle besonders gut wachsen und blühen würde und ich könnte dort so oft und unbeobachtet wie früher mit Motte sitzen, wie ich wollte.

Wolf, der Wolfsspitz – Kurze Begegnung mit nachhaltiger Wirkung

Das damalige Gehalt eines preußischen Dorfschulmeisters war, was das bare Geld betraf, alles andere als üppig. So musste im Haushalt gespart werden, wo immer es ging. Es wurde streng darauf geachtet, dass das elektrische Licht (eine um 1930 noch ziemlich neue Einrichtung) nur brannte, wenn es unbedingt nötig war. Bei uns gab es die von Vater angeordnete winterliche „Dämmerstunde". Vater, Mutter, meine Schwestern, Motte und ich saßen im Wohnzimmer. Mutter und ich auf der Ofenbank, mit dem Rücken an dem schönen warmen Ofen, Motte zu unseren Füßen, Vater saß in der Sofaecke, das Gesicht zum Fenster gerichtet, den Blick wahrscheinlich in den Himmel und die Zweige der Äpfelbäume gerichtet. Sprechen war verpönt. Das unvermeidliche Klappern der Stricknadeln, die meine Mutter auch ohne Licht beherrschte, machte die Stille noch hörbarer. Ab und zu quiemte Motte im Traum von Wald und Jagd. Als Kind empfand ich diese obligatorischen blauen Stunden im Winter eher als langweilig und lästig. Heute wünschte ich mir, dass alle Welt diese „Dämmerstunde" des Schweigens und der Nachdenklichkeit erlebt hätte und sie obligatorisch machen würde. Was sicher nicht nur der Energieeinsparung zugute kommen würde.

Zurück zum Sparzwang im Haushalt. Zur Ehrenrettung des Preußischen Staates muss gesagt werden, dass er seine Lehrerfamilien nicht hungern ließ. Zu jeder Schule gehörte sogenanntes Deputatland, das zur Selbstversorgung ausreichte. Selbst angebaute Kartoffeln, Gemüse und Obst gab es reichlich. Es gehörten zum Deputatland auch Viehweiden, Wiesen und ein kleines Stück Wald. So konnten auch zwei Kühe, ein Pferd und zwei Schweine gehalten werden. Entsprechend waren die landwirtschaftlichen Gebäude vorhanden: ein Stall für das Vieh und eine Pferdebox. Daneben gab es einen Hühner-, Enten- und Gänsestall. Der Dachboden war für das Heu und Stroh vorgesehen und dort befand sich auch ein Verschlag für die Tauben.

Voraussetzung zur Selbstversorgung war allerdings, dass der Lehrer und seine Familie, Kenntnisse und Freude an Garten- und Ackerbau sowie Viehhaltung hatten. Mein Vater empfand landwirtschaftliche Arbeiten als Last und Fluch des Himmels, die dazu führten, dass andere Arbeiten wie Denken, Schreiben und Musikmachen zu kurz kamen. In der Tat war die Landwirtschaft damals ohne all die heute normale Technik und Chemie ein hartes Stück körperliche Arbeit. Auch ich fand, wie meine Schwestern, derartige Arbeit im Garten wenig erbaulich. Der Umgang mit Tieren war meiner Mutter und mir dagegen ein Bedürfnis und ich schaffte den Kaninchen und dem Geflügel auch gern Nahrung herbei, die dann nicht gekauft werden musste. Mein Vater sah das wohl ein, fand aber auch kleine Säugetiere als belastend und trug lieber mit seinen Bienen und der Jagd zum guten und reichlichen Essen bei.

Unter diesen Umständen war es kein Wunder, dass der Herr des Hauses nach einem Ausweg aus den Zwängen der Landwirtschaft suchte und fand. Er verpachtete das Land – bis auf den Garten und einen kleinen Kartoffelacker – an Bauern im Dorf. Geld war dadurch allerdings auch kaum zu holen, der Pachtpreis bestand aus Naturalien.

Eines Tages, ich war gerade „eingeschult" worden, gab mein Vater die Order aus: „Gottfried ist groß genug und wird in Zukunft die Pachtbutter vom Bauern Gutzmann im Oberdorf holen." Meine Mutter war damit nicht ganz einverstanden. Sie hielt mich noch für zu jung, eine solche Aufgabe zu übernehmen, was ihr aber den Zorn meines Vaters eintrug, der mich bei meiner Ehre packte: „Der Junge muss Pflichten übernehmen und das will er auch!" Ich nickte stumm und war stolz und ängstlich zugleich.

Unser Dorf bestand als typisches Reihendorf aus Gehöften und Häusern links und rechts der Straße. Das Oberdorf lag an der geteerten Straße, die die Städte Köslin und Bublitz (Entfernung etwa 45 km) miteinander verband. Das Unterdorf begann an einer Kreuzung abbiegend mit einer Kopfsteinpflasterstraße. Im Oberdorf lagen mehrere Bauernhöfe, einige Handwerkerhäuser (Schuster, Pantoffelmacher, Tischler) und die Landgendarmerie an der Kreuzung. Von dort führte die Straße vorbei am Turnplatz der Schule, dem Kirchbauern, der Pfarrei, der Kirche mit alten Ulmen und Linden umstanden und dem etwas abseits liegenden Schulhaus. Dem einzigen Bauernhof des Unterdorfes gegenüber lagen die Häuser der Tagelöhner, die großen Ställe und Scheunen des Gutes sowie die Häuser der Guts-

mitarbeiter (Kutscher, Schweinemeister, Oberschweizer, Stellmacher und Schmied). Die Straße führte auf den Gutshof und endete an einer großen Mauer.

Mein Weg zum Bauern Gutzmann hätte mich normalerweise die etwa 1,5 km lange Strecke auf der Unterdorfstraße links ab über die Teerstraße geführt. Da mir der einzuschlagende Weg freigestellt war, wählte ich eine kürzere Strecke, die hinter der Schule steil abfallend durch das Erlenbruch über das Grundbachtal (der Bach am Fuß des ehemaligen Urstromtals war über Steine gut zu überqueren) wieder steil bergauf direkt zum Gutzmannhof führte. Ich sparte so die halbe Strecke und entging Begegnungen mit Dorfhunden und Dorfbewohnern. Bei den letzteren waren es vor allem die mir so sinnlos erscheinenden Fragen: „Ganz allein Butter holen, wie tüchtig?" „Wie geht es denn dem kleinen Lehrersohn?" „Wo hast du denn deinen Dackel?", die ich fürchtete. Für mich war das eher peinlich. Andererseits war der Weg durch Bruch und Tal immer wieder spannend.

In der Tat durfte ich Motte nicht mitnehmen, wegen der Dorfhunde und dem Hund auf dem Bauernhof. Für mich traurig, aber nicht zu ändern und vernünftig.

Was aber war das für ein Hund bei Gutzmanns? So stand ich denn vor dem großen Hoftor mit kleiner Fußgängerpforte und drückte die Klinke hinunter. Im gleichen Augenblick wusste ich, was für ein Hund mich erwartete: ein mir riesig erscheinender Wolf.

Wölfe waren in vielen Sagen und Märchen grimmige Feinde des Menschen, die es vor allem auf sein Vieh abgesehen hatten. Diese Gedanken rasten mir durch den Kopf und gleichzeitig die Einsicht, dass ein Wolf wohl kaum auf einem Bauernhof als Wachhund gehalten würde. So stand ich denn wie angewurzelt und wedelte mit hilfloser Geste mit dem gehäkelten Beutel, den Mutter mir für die Butter mitgegeben hatte. Mir erschien es wie eine Ewigkeit, es waren aber sicher wohl nur Augenblicke, bis die Stimme des Bauern vom Hof her auf den Hund und mich einredete: „Wolf, lass das, das ist der Sohn des Küsters, der will Butter holen." Und zu mir: „Du brauchst keine Angst zu haben, unser Wolf tut nur bösen Menschen was und du bis doch ein guter Junge!"

Mich beruhigte das nicht so richtig, zumal das Hundetier auch noch Wolf genannt wurde und nicht zu bellen aufhörte. So wartete ich, bis der Bauer mich an die Hand nahm und in die Küche brachte. Dort saß Oma Gutzmann, die ich sofort in mein Herz schloss. Ich setzte mich auf die Küchenbank, bekam einen Becher Kirschsaft und bewunderte die mit einer Kurbel angetriebene Milchzentrifuge, eine damals bahnbrechende Technik auf den Höfen. Oma Gutzmann streichelte mir immer wieder leise über das Haar und erklärte mir die Zentrifuge. Was mich wesentlich mehr interessierte, waren aber der Hund und die Pferde, die an langer Deichsel auf dem Hof immer im Kreis liefen. Ich erfuhr, dass mit einer so angetriebenen Maschine („Göpel") gerade die Häckselmaschine betrieben wurde. Als es diese Technik noch nicht gab, musste diese Arbeit von Hand ziemlich mühsam erledigt werden. Wenige Jahre später wurde das pferdegetriebene Göpelwerk überflüssig. Der Strom hielt Einzug und übernahm die Arbeit.

„Der Hund", meinte Oma, „sieht ja wirklich ein bisschen wie ein Wolf aus. Aber Wölfe sind viel größer. Ich habe noch einen gesehen, den der Förster auf der Gutsweide geschossen hatte. Und der hatte auch keinen Ringelschwanz. Unser Wolf ist ein Wolfsspitz und ein prima Kerl. Er kann sofort sehen, ob ein Mensch oder ein Tier in guter oder böser Absicht auf den Hof kommt. Du solltest mal erleben, wie er bellt, wenn ein Fuchs in der Nähe ist. Er verlässt den Hof auch nicht und geht nie wildern. In das Haus darf er nicht, aber im Hof und Garten kann er laufen, wo er will, und bei schlechtem Wetter und im Winter hat er einen gemütlichen Platz mit Stroh in der Scheune. Hast du das Loch in der Tür unten links gesehen? Das ist sein Ein- und Ausgang. An die Kette kommt Wolf nicht, da habe ich für gesorgt und mich mag er am liebsten, weil ich mit ihm rede."

Während Oma so erzählte und ich meinen Saft trank, nahm sie ein großes Paket mit goldgelber Butter, wog einige Pfund ab, machte den Batzen glatt und verzierte ihn mit einem Muster. Sie packte ihn in Pergamentpapier („Butterbrotpapier") und gab mir die „Wiesenpacht".

Dann brachte sie mich vor die Tür, wo Wolf tatsächlich freudig wedelnd ankam und von mir etwas zögerlich gestreichelt wurde. „Merk dir den Jungen, der holt jetzt jede Woche die Butter", machte Oma Gutzmann uns bekannt, bevor ich auch schon wieder durch das Hoftor verschwunden war.

Von da an war der Gang, die Butterpacht einzutreiben, jedes Mal eine große Freude. Zwischen Wolf und mir entwickelte sich eine gute, distanzierte Freundschaft. Von Oma Gutzmann gab es jedes Mal etwas Leckeres, ein paar Nüsse, ein Stück Räucherspeck, Saft oder Kuchen. Und natürlich hatte ich bald heraus, dass ich nur fragen musste und sie erzählte mir von allem, was auf dem Hof und in der Natur ablief. Am liebsten erzählte sie Sagen und Märchen, manches Mal gruselig schön, manches Mal schön gruselig. In ihrem Herzen hatte ich jedenfalls einen festen Platz. Ich erfuhr noch viel von Wolf, dem Wolfspitz, der von dem Hof ihrer Eltern aus einem Dorf in Vorpommern stammte.

Ich lernte viel über Spitze im Allgemeinen. Ihre Treue und Intelligenz, ihr Beschützerwille und auch ihr Mut. Wissen und Erfahrungen, die mir viel später wieder einfielen, als ich während meiner Doktorarbeit die Jugendentwicklung von Hunden verschiedener Rassen untersuchte und auch Wolfspitzwelpen aufzog.

Ich konnte ein Programm unterstützen, das von der Landesjäger-schaft Schleswig-Holstein zu der Zeit durchgeführt wurde: „Wolf-spitze auf die Höfe!" In verbandseigenen Zuchten wurden diese Rassehunde aufgezogen, die dann kostenlos an Bauern abgegeben wurden. Sehr erfolgreich wurde damit dem Trend entgegengewirkt auf dem Land große Bastarde, meist mit Schäferhundblut, zu hal-ten. Da diese Hunde oft schlecht gehalten wurden, rissen sie von zu Hause aus und wildernde Hunde waren in der Folge an der Tages-ordnung, der Konflikt mit den Jägern vorprogrammiert. Tatsächlich war die Aktion „Spitz" zu meiner Freude ein voller Erfolg, dank vorausdenkender Jäger und hoftreuer Wolfspitzen.

Lord, der große Schotte

Zu jedem Hund sollte jedenfalls ein Besitzer, also ein Herrchen oder Frauchen gehören. Ich bin allerdings der Meinung, dass bei Jägern/ Jagdhunden und Polizei/Polizeihunden der gebräuchliche Begriff „Führer" treffender ist.

Der Führer von Lord, Besitzer des für pommersche Begriffe kleinen Gutes Ackerhof, war Herr Fink. Das Anwesen war etwa drei Kilometer von unserem Dorf Goldbeck entfernt und über einen Landweg mit Fahrradspur erreichbar. Mit der Familie Fink waren wir eng verbunden. Mein Großvater mütterlicherseits, der Prototyp eines hinterpommersch-preußischen Dickschädels war mit zweiundzwanzig Jahren nach abgeleistetem Wehrdienst bei den Ulanen vom väterlichen Hof im sogenannten „Rügenwalder Amt", einem der wenigen sehr fruchtbaren Landstriche Pommerns, in die Fremde gezogen. Grund war, was auf solchen Höfen nicht selten war, ein Familienstreit, der damit endete, dass der Vater sagte: „Wenn du nicht gehorchen willst, hau ab."

Das tat der Sohn mit aller Konsequenz, was ihn selber nicht hinderte, sich im späteren Leben ähnlich wie sein Vater zu verhalten. So durften wir unsere Verwandten auf den großen Höfen im Rügenwalder Amt, angeblich waren die Bauern bereits vom Ritterorden dort als Wehrbauern angesiedelt worden, erst nach dem Tod meines Großvaters besuchen.

Großvater blieb unter den selbst gewählten Umständen nichts anderes, als sich als Tagelöhner auf anderen Gütern zu verdingen. Wie der Begriff „Tagelöhner" schon sagte, war man einerseits frei, seine Stelle jederzeit zu verlassen, andererseits konnte die Gutsherrschaft aber auch den Tagelöhner ohne Angabe von Gründen wegschicken. Positiv für den Tagelöhner war vielleicht, dass von der Herrschaft Wohnung, Stall und Garten zur Verfügung gestellt wurden, was die Gründung einer Familie und deren Versorgung, verbunden mit harter Arbeit, möglich machte. Aus diesem Tagelöhnerdasein auszubrechen erforderte neben hartem persönlichem Einsatz auch Glück. Mein Großvater hatte wohl dieses Glück, neben seinem eisernen Willen, viel Verständnis und Einsatz bei Ackerbau und Viehzucht. Der damalige Besitzer des Gutes Ackerhof, auf dem er landete, war der oben genannte preußische Forstrat a. D. Fink. Dieser verstand sicher viel von Forstwirtschaft und Jagd, aber wenig von Ackerbau und Viehzucht. Andererseits war das Gut zu klein, um sich einen Verwalter leisten zu können. Da kam der frühere Jungbauer als Tagelöhner gerade recht. Der Forstrat erkannte sehr bald die Führungskraft und die Fähigkeit des jungen Mannes. Nach kurzer Zeit wurde er zum „Hofmeister" gemacht, dem die gesamte Gutsbelegschaft unterstand und die Arbeitsorganisation oblag. Forstrat Fink überließ seinem Hofmeister außerdem ein Grundstück mit Haus und Garten, Weiderecht für zwei Kühe und ein Stück Kartoffelacker, das vom Gut bewirtschaftet wurde. Ein großzügiges Deputat (= zusätzlicher Lohn in Naturalien) machte es ihm möglich, den Reallohn weitgehend zu sparen. Meine Großmutter, Magd im Viehstall des Gutes, hatte diesen starken Mann wohl gerne geheiratet, hart arbeiten und sparen war sie gewohnt.

Immerhin reichte das Ersparte, um dem Sohn Richard nach der Ausbildung beim Vater einen Bauernhof zu kaufen und dem anderen Sohn Ewald, den Start als Domänen-Pächter (= Übernahme eines Staatsgutes auf eigene Rechnung) zu ermöglichen. Beide Söhne waren übrigens später auf eigenem Grund und Boden passionierte Jäger und Hundeführer.

Diese alten familiären Verbindungen, natürlich mit gebührendem Respekt vor Herrn und Frau Forstrat, hielten bis in meine Jugend. Noch als Witwe lud uns Frau Forstrat zweimal im Jahr zum Tee ein. Eine Einladung, der meine Mutter mit den Kindern immer gern folgte. Ich habe Frau Fink als eine sehr feine, gebildete ältere Dame in Erinnerung, die mir übrigens einiges beibrachte, was für den Umgang in der „feinen Gesellschaft" unbedingt wichtig war. So übte sie den regelgerechten Handkuss mit mir und überwand meine zunächst harte Ablehnung dieser Zeremonie mit pädagogischem Geschick und Humor. „Beim Handkuss musst du wenigstens einer hässlichen Frau nicht ins Gesicht sehen."

Mein Vater, der Unterhaltungen mit älteren Damen (in Gegensatz zu jüngeren) nicht besonders schätzte, zog sich meist mit Herrn Fink schnell in das Herrenzimmer zurück oder beide Männer gingen gleich zur Jagd auf die Felder, Wiesen und Gewässer Ackerhofs. Ich sah dann von Ferne auf dem Hof auch den großen schwarzen

Jagdhund, der fröhlich um die abfahrende Kutsche sprang. Bekanntschaft mit dem Hund, auf den ich schrecklich neugierig war, machte ich allerdings bei einer anderen Gelegenheit.

Eines verregneten Sommertags mit heftigem Gewitter, kam Herr Fink zu Pferd mit diesem Hund bei uns vorbei, um sich vor dem Unwetter in Sicherheit zu bringen. Das Pferd kam in die Box, bekam Hafer und Heu, der Reiter kriegte trockene Klamotten und der pitschnasse Hund fand einen Platz auf Stroh in der Scheune. Ich hatte endlich Gelegenheit zu fragen, wie der Hund hieß und was es für eine Rasse sei. Herr Funk erklärte mir bereitwillig: „Es ist ein schottischer Setter, auch Gordon Setter genannt. Ich habe ihn von meinem Freund aus Schottland mitgebracht. Diese Hunde sind prima auf Rebhühner und Enten und apportieren gerne. Die schottischen Setter werden in ihrer Heimat aber auch zu Nachsuchen auf Rotwild eingesetzt. Um sie dafür brauchbar zu machen, hat man schwarze Bluthunde eingekreuzt. Sie sind auch deutlich stärker als die englischen Vorstehhunde wie Pointer, Irish und English Setter und du siehst ja auch selbst, was der Lord für ein Brocken ist. Wie die meisten Gordon Setter ist Lord sehr an seinen Führer gebunden, wachsam und scharf. Geh also besser nicht in die Scheune zum Hund.“

Wie das so ist, Verbotenes reizt und außerdem hatte mir das, was ich von Lord gehört hatte, gut gefallen, soweit ich als kleiner Bub (ich muss so sieben Jahre alt gewesen sein) alles verstanden hatte. Als Vater und Herr Fink dann bei einer Schachpartie im Herrenzimmer gelandet waren, wusste ich, das ist die Gelegenheit mit Lord Kontakt aufzunehmen. An der Scheunentür angekommen, musste ich zu meinem Leidwesen feststellen, dass Lord wenig Neigung zeigte, meine Kontaktfreude zu erwidern. Da saß der riesig große, schwarz-braune Hund vor mir, fixierte mich, zog die Lefzen an den gewaltigen Zähnen etwas in die Höhe, so dass ein Fangzahn blitzte und knurrte grollend leise den kleinen Menschen an der Tür an.

Einen Rückzug brauchte ich nicht einzukalkulieren. Zum einen sprang Lord nicht zornig umher, er warnte nur. Das kannte ich von Motte. Zum anderen war er ja fest angeleint. So setzte ich mich denn in entsprechender Entfernung auf ein paar Strohgarben. Leise erzählte ich ihm, dass ich ihn sehr schön fände und ihm gerne näherkommen würde. So ganz allmählich erstarb das Knurren in der Kehle des Hundes. Auch die Augen bekamen einen anderen Ausdruck. Die Ohren hingen herunter und ließen den schönen runden Schädel, der allen Settern und auch Cocker Spanieln eigen ist, erkennen. Schließlich legte der Rüde sich in meine Richtung und wedelte kaum merkbar mit der Schwanzspitze. Auch diese Geste war mir von Motte her bekannt. Ganz langsam kroch ich auf allen vieren auf den Hund zu, bereit beim kleinsten Anzeichen von Aggression zurückzuzucken. Unbekannte Hunde streichelt man nie von oben, der Hund fühlt sich dann bedroht. Nichts dergleichen passierte und ich streichelte den Kopf und den Rücken. Als Lord sich unter meiner Hand auf die Seite drehte und wir uns in die Augen schauten, war es klar: das Eis war gebrochen, eine Freundschaft begann. Ich weiß nicht, wie lange wir so beieinander saßen. Ich hörte meinen Vater nach mir rufen, reagierte aber nicht. Die neue Zweisamkeit war einfach zu schön, wohl für beide, den Rüden und den kleinen Jungen.

Die Eltern und Herr Fink, der wohl trocken und an Leib und Seele gestärkt, nach Hause wollte, begannen mich zu suchen. Meine Mutter kam auf die Idee, bei Lord in der Scheune nachzusehen. Erst erschrak sie vor dem knurrenden Hund, an dessen Seite friedlich der kleine Gottfried saß. Dann lächelte sie und ich wusste, sie war nicht böse. Ich lief zu ihr, in ihre Arme und stammelte ziemlich zusammenhanglos: „Er ist so schön und er mag mich leiden." Ich wusste, dass ich verstanden wurde und mein Untertauchen einen als gut erkannten Grund hatte. Schließlich stand auch Herr Fink in der Scheunentür und meine lakonisch: „Du riechst wohl wie ein Hund, sonst hätte Lord nicht so mit dir paktiert. Der Schwarze mag eigentlich keine fremden Leute und Kinder schon gar nicht." Vater kam hinzu und eigentlich war ein Donnerwetter fällig, aber Herr Fink und Mutter beruhigten den aufbrausenden Zorn mit dem Argument, dass es doch etwas Besonderes sei, wenn ein so großer, einsamer, starker Hund und ein kleiner einsamer Junge mit Mut und „Tierverstand" so schnell zueinander gefunden hätten.

In den Folgejahren war fast jeder Besuch in Ackerhof für mich und Lord ein Freudentag. Schließlich durfte ich auch mit, als die beiden Männer, mein Vater und Herr Fink, mit Lord auf Rüben- und Kartoffeläckern Rebhühner jagten. Ich fand diese Jagd nicht so toll, bei

Hitze und Durst auf kurzen Beinen durch das hohe Kraut zu stolpern und dann auch noch die geschossenen Hühner tragen zu müssen. Und überhaupt war diese Jagd kein Kunststück in meinen Augen. Bewundert habe ich lediglich den Hund, der mit hoher Nase suchte und schließlich, Hühner wie aus einem Guss vorstand, von der Schnauzen- bis zur Rutenspitze der Körper gestreckt und der eine Vorderlauf angewinkelt.

Die Jäger hatten nicht mehr zu tun, als sich hinter dem Hund zu stellen und zu warten, dass die Hühner aufflogen. Auch der Schuss auf so abstreichende Hühnervögel schien mir nicht besonders schwer zu sein. Suchen mussten die Schützen die geschossenen Hühner auch nicht. Das übernahm Lord und er apportierte sie auch. Nein, das war damals schon nicht meine Jagd und ist es bis heute nicht geworden.

Obwohl ich selbst noch nicht dabei sein durfte, hörte ich doch, dass Lord auch sehr gut am Schweißriemen krankes Reh- und Rotwild nachsuchte. Sauen gegenüber war er ein Draufgänger, was er später auch mit einem von einer Bache zerbissenen Hinterlauf bezahlen musste. Diese Verletzung wurde zwar vor Ort behelfsmäßig geschient und versorgt, sie heilte auch wieder, aber seine einst so harmonischen Bewegungen waren stark behindert.

Es zeigte sich, dass Lord mich nachhaltig beeindruckt hatte, denn viele, viele Jahre später drängte ich darauf, dass in meine Arbeit am Institut für Haustierkunde an der Universität Kiel auch ein Wurf Gordon Setter einbezogen wurde. In meiner Zeit an der Vogelwarte auf Helgoland führte ich dann auch noch zwei weitere Gordon Setter, einen Rüden namens Kim und eine Hündin mit dem Namen Akka, über die später zu berichten sein wird.

Weimaraner, die „silbergrauen Geister"

Schon seit frühester Kindheit faszinierten mich die Weimaraner, doch bis ich schließlich selbst einen führen konnte, gingen viele Jahrzehnte ins Land. Immer wieder einmal dachte ich an sie, nicht zuletzt, weil meine erste Begegnung mit diesen Hunden geheimnisvoll, kurz und tragisch war.

Von meiner „Laubhütte" in der Fliederhecke aus (in der Nähe von Mottes Grab) hatte ich nicht nur einen guten Blick auf die zum Gut führende Kopfsteinpflasterstraße, sondern konnte auch Mensch und Tier auf dem gegenüberliegenden Bauernhof beobachten. So lernte ich Vogelarten vom Haussperling bis zum Star, von der Rauchschwalbe bis zum Hausrotschwanz kennen. Von den Haustieren lernte ich so allmählich, wie das mit der Liebe und dem Jungekriegen funktionierte, und ich vermutete, dass es bei den Menschen wohl ähnlich ablaufen müsste. Aufklärung war unnötig, das nahm auch so seinen natürlichen Gang.

Besonders spannend war es, wenn der Milchwagen vorbeifuhr, um die Milch vom Gut zur Molkerei in die Stadt zu bringen. Noch spannender war die Rückkehr der Kühe und Gänse von der Weide oder Stoppel. Fast jeder Tagelöhner hatte eine oder mehrere Kühe und ich staunte immer über die Sicherheit mit der die Tiere abends aus der Herde ausscherten, um in ihre Ställe zu gelangen. Bei den Gänsen ging das nicht so ruhig ab. Auch hier fand jede Gruppe ihr Zuhause, aber meist wurden die letzten Meter im Laufflug und mit Geschrei absolviert. Natürlich kannte ich auch alle Pferde des Hofes. Welch ein Anblick, wenn die voll beladenen Erntewagen vor dem anrückenden Gewitter in voller Fahrt den Gutsscheunen zustrebten, die kreischenden Mägde oben auf der Ernte. Beinahe ehrfürchtig bestaunte ich die Kutschpferde, braune Oldenburger, die im Sommer die „Herrschaften" im offenen Wagen, mit dem Kutscher auf dem Bock, irgendwohin fuhren. Noch schöner war es, wenn im Winter der offene Schlitten mit Schellengeläut über den Schnee glitt. Dann war da noch der Jagdwagen: ein Wagen mit Doppelsitz vorn und Plattform für erlegtes Wild hinten, gezogen von einer Trakehner Fuchsstute. Oft lenkte der Gutsherr den Wagen, manchmal mein Patenonkel, der Förster. Sein brauner Deutsch-Drahthaar, ein schon etwas betagter Rüde, saß immer auf der Pritsche und konnte mir keine besondere Aufmerksamkeit abringen.

Doch eines Tages sah ich etwas schrecklich Aufregendes. Ich war in meinen ersten Sommerferien aus dem weit entfernten Internat nach Hause gekommen und hockte mal wieder in der Fliederhecke. Vor allem als Rückzug vor meinen älteren Schwestern und deren Gerede und Gekicher, welches ich ohnehin nicht verstand. Da kam der wohlbekannte Jagdwagen, auf dem Bock der Förster und der Gutsherr. Aber was war das? Direkt zwischen den Hinterrädern des Wagens, die Schnauzenspitzen fast an der Achse, liefen zwei Hundewesen wie aus einer anderen Welt: geschmeidig und flüssig im Trab, silbergrau schimmerndes Fell, auffällig und doch sich auflösend im wirbelnden Straßenstaub. Von der Größe und Gestalt waren es Jagdhunde. Aber sonst? Ich kannte braune, schwarze, rote, gescheckte und geschimmelte Hunderassen, aber solche silbergraue, die kannte ich nicht; und ich hätte auch nicht geglaubt, dass es so eine Fellfarbe geben könnte.

Vater konnte mir auf meine bohrenden Fragen nur wenig, Mutter gar nichts sagen. Onkel Paul erzählte etwas von Tell und Thekla, so hießen die beiden. Sie hätten schon oft auf Jagdurlaub in Vorpommern mit dem Gutsherren bei einem Verwandten gejagt. Dieser züchtete Weimaraner und schenkte Tell und Thekla seinem Vetter und da waren sie nun in unserem Dorf. Ich erfuhr dann noch, dass diese Hunde einer alten deutschen Rasse mit Blut vom Windhund einerseits und vom Leithund andererseits entstammten. Sie wären auch für die Feldarbeit auf Hühner und Hasen einsetzbar. Ihre große Stärke läge aber in ausdauernder Arbeit im Wasser, bei der Nachsuche auf krankes Schalenwild und ihrer unvergleichbaren Anhänglichkeit an ihren Herrn, dem außerordentlichen „Jagdverstand", der eine Führung nach kurzer Zeit kaum noch bedürfe. Ein Lobgesang kam da über die Lippen meines Onkels. Das Tollste wäre, dass sie ihre Wildschärfe immer richtig und zum rechten Zeitpunkt einzusetzen wissen, ansonsten aber nett zum ganzen Familienverband, einschließlich Hühnern und Katzen wären. Einem Fremden gegenüber wären sie zurückhaltend und abwartend wie ihr „Leithund" sich gegenüber den neuen Bekannten verhielte. Ein paar freundliche Worte würden genügen, um dem Weimaraner klar zu machen: das ist ein Freund.

Einmal so eingestellt, wäre die Begrüßung auch Jahre später immer freundlich. Haus und Hof wären das Revier und dies würden sie mit aller Kraft verteidigen, einschließlich menschlichem und tierischem „Inventar". Und erst ihre Augen: bei keiner anderen Rasse gibt es diese hellgelb und leicht stechend wirkende Farbe. Vergleichbar vielleicht mit den Augen des Habichts. Angeblich würden die Weimaraner augenblicklich böse, wenn Fremde versuchten, ihnen in die Augen zu sehen. Nur ihrem Besitzer würden sie gerne und lange ansehen mögen.

Ich nahm diese sehr positiv gefärbte Schilderung in mich auf, trug sie bei mir, bis ich viele Jahre später selbst einen Weimaraner führte. Onkel Pauls Erzählungen fand ich tatsächlich weitgehend bestätigt. Doch davon später mehr.

Tell und Thekla waren über den Tag in ihrem großen Zwinger untergebracht. Eigentlich war es eher ein Gehege mit Büschen und Bäumen gleich am Eingang zum Gutshof. Der Förster konnte sie jederzeit holen, wenn er sie brauchte. Nachts hatten sie ihren Platz in der Halle des Gutshauses.

Natürlich schlich ich mich in den Ferien so oft ich konnte zu dem Zwinger. Wie später noch oft, lief es zwischen mir und den Hunden ab nach dem Motto: nur Geduld und Gefühl schafft Freundschaft zwischen Mensch und Hund. Es gab zunächst kein Riesengebell, sondern beide Hunde standen am Gitter und knurrten deutlich, als ich mich näherte. Fasziniert von ihrer Schönheit und den gelben Augen setzte ich mich auf einen alten Eimer, der in der Nähe herumlag. Unter meinem ständigen leisen Reden wurden die Hunde allmählich ruhig, blieben aber wach und aufmerksam. Und dann – der alte Eimer brach unter mir zusammen und ich fiel mit Armen und Beinen fuchtelnd nah an den Zwingerzaun. Natürlich verstanden das die Hunde als Provokation, vielleicht sogar als Angriff und fingen an zu toben und sogar in den Draht zu beißen. Ich hatte schreckliche Angst und rannte davon. Gerade noch rechtzeitig, bevor der heranstürzende Gutsverwalter mich erwischte. Der hätte mir wohl nicht geglaubt, dass nur der alte Eimer schuld an dem Terror war und hätte vielleicht angenommen, dass ich die Hunde bewusst gereizt hätte. Das wäre dann wohl das Ende der Bekanntschaft gewesen.

Trotzdem saßen der Schreck und die Angst vor den Hunden und dem Verwalter mir so tief in den Knochen, dass ich erst in den nächsten Ferien einen neuen Anlauf wagte, Tell und Thekla für mich zu gewinnen. Da lief das dann auch ganz glatt. Nur Onkel Paul wunderte sich etwas, dass die Hunde und ich gleich gut Freund waren.

„Wer Schweinsköpf will jagen, muss Hundsköpf dran wagen!"

Dieser uralte Jägerspruch geht auf die Zeit zurück, als es noch keine oder nur sehr umständlich zu handhabende Feuerwaffen mit wenig Treffsicherheit und geringer Durchschlagskraft gab. Aber selbst in heutiger Zeit hat der Spruch immer dann noch Gültigkeit, wenn ein krankgeschossenes oder bei einem Verkehrsunfall verletztes Wildschwein nachgesucht werden muss.

Tell und Thekla bezahlten ihren Einsatz in einem solchen Fall mit dem Leben. Es muss in den Weihnachtsferien gewesen sein. Ich war jedenfalls zu Hause und es lag eine dicke Schneedecke auf der Erde. Einer der Bauern aus dem Dorf, der im Schadensfall die Jagderlaubnis auf Sauen hatte, hatte in der Nacht auf einen starken Überläufer geschossen, der sich an seiner Kartoffelmiete direkt hinter dem Hof zu schaffen. Der Bauer hatte bei Tageslicht auch die Schweißfährte gefunden, die direkt in eine dichte Fichtenschonung führte. Weiter nachzugehen habe er sich aus Respekt, besser aus berechtigter Angst, nicht getraut. So sein Bericht, verbunden mit der Bitte, der Förster möge doch mit seinen Hunden die Nachsuche weiterführen. Es ging dem unglücklichen Schützen natürlich auch und nicht zuletzt um das Wildbret, zusätzliches Fleisch für die Familie.

Wenig später stand Onkel Paul mit dem Jagdschlitten, gezogen von der Trakehner Fuchsstute, bereit. Vater war natürlich sofort einverstanden mitzufahren und Hilfe zu leisten. Er entschied, dass ich noch zu klein und Motte überflüssig für solch ein Unternehmen sei. Natürlich gab es bei mir Tränen, Motte blieb bei der Schneelage wohl ganz gern zu Hause. So fuhren sie denn davon und ich blickte auf die beiden wunderschönen grauen Hunde, die mich noch mit ihren gelben Augen ruhig angesehen hatten und nun fast hoheitsvoll im Stroh auf der Ladefläche lagen.

Was dann draußen geschah, habe ich wohl hundertmal gehört, wenn Jäger zusammensaßen und sich die Geschichte erzählten. In meiner Fantasie wurde das Gehörte für mich zu so einem realen Bild, dass ich es oft als selbst erlebt weitererzählt habe. Aber was ist schon die Wahrheit im Erleben und der Fantasie eines emotional geprägten Kindes mit regem Seelenleben?

Draußen angekommen wurde der Anschuss untersucht und als ein hoch sitzender Vorderlaufschuss festgestellt. Thekla war bei der Nachsuche ruhiger und gewissenhafter, wie Onkel Paul meinte, und so kam sie an den Schweißriemen und Tell durfte frei suchen. Die im Schnee deutlich zu sehende Schweißfährte war bis in die Fichten leicht zu verfolgen. Mein Vater folgte dem Schweißhundführer im guten Abstand. Tell konnte sein Temperament nicht bremsen und raste auf der Fährte in die Fichten. Es muss alles sehr schnell abgelaufen sein. Wütender Standlaut des Rüden nahe dem Dickungsrand, ein deutlich hörbarer Angriff des Hundes, gefolgt von einem lauten Schrei und Tell flog aus dem Wald in einen kleinen Graben. Inzwischen waren auch die beiden Jäger mit Thekla angekommen. Die Hündin übersprang den Graben, gab Standlaut am Ort des Geschehens, die Jäger versuchten den Keiler zu erspähen, um schießen zu können. Wahrscheinlich hatte auch „Thekla" sofort angegriffen, sie jaulte jedenfalls auf, kam an den Dickungsrand, verfolgt vom Wildschwein, dessen Haupt nur kurz zu sehen war. Von meinem Vater konnte dieser Augenblick genutzt werden und der Keiler rollte tot in den Graben.

Jetzt war Zeit, sich um die Hunde zu kümmern. Tell war bereits verendet, die Wunden, die ihm der Keiler zugefügt hatte, waren zu groß gewesen. Junge, zwei- bis dreijährige Keiler haben bekanntlich die spitzesten, in „Schlagrichtung" stehenden Eckzähne (Hauer). In der Dickung sehr unbeweglich hatte der Rüde wohl von vorn angegriffen, der Keiler hatte nachgesetzt und dem Hund mit einem Schlag die Flanke aufgerissen, so dass die Därme heraushingen.

Auch Theklas Ende war unabwendbar. In Angriff und Abwehr hatte die Sau ihr einen Schlag an den Hals versetzt, was Thekla zwar nicht an einem weiteren Angriff hinderte, der den Keiler in der Abwehrbewegung wohl zwang ihr bis an den Dickungsrand zu folgen. Der Schlag hatte aber eine Ader getroffen und alles Bemühen der Jäger, die Blutung zu stillen, war vergeblich.

Es war eine traurige Heimfahrt. Ich stand natürlich schon voller Erwartung am Tor, als der Schlitten ankam. Wie ein Foto hat sich der Anblick der beiden toten Hunde und des Wildschweins in meinem Kopf eingeprägt. Irgendwie war meine Traurigkeit nicht definierbar. Meine Hände gingen noch einmal über das seidenweiche Fell der Hunde und dann habe ich in meinem Zimmer gesessen und geweint. Mir waren die Nähe von Leben und Tod zum ersten Mal so grausam bewusst geworden.

Im Stillen machte ich den beiden Männern Vorwürfe. Heute weiß ich, dass es in solchen Situationen keine Vorwürfe gibt. Nach Wissen und Gewissen muss gehandelt werden. Die Folgen, wie auch immer sie aussehen mögen, sind in Freunde oder auch Leid nur noch zu verarbeiten.

„Wer Schweinsköpf will jagen, muss Hundsköpf dran wagen!"

Der zählende Apporteur

Ich mag meine Erlebnisse mit den „grauen Geistern" nicht so traurig enden lassen, in meinem Kopf nicht und nicht bei den Lesern.

Ohne langes Nachdenken fällt mir eine Entenjagd mit dem Förster auf unserem See ein. Die Giebelfenster unseres Schulhauses gaben einen weiten Blick nach Osten frei über den Kartoffelacker, gesäumt von zahlreichen alten Sauerkirschbäumen, dem Blumen- und Gemüsegarten und zwei langen Spargelbeeten, der ganze Stolz meines Vaters, der sonst mit Gartenarbeit wenig im Sinn hatte. Er war aber allem Neuen in der Landwirtschaft und Technik gegenüber sehr aufgeschlossen und dann scheute er auch harte Arbeit nicht.

Hinter dem Garten lag die große Gutswiese, an deren südlicher Ecke unser See angrenzte. Für pommersche Verhältnisse ein kleiner See, der keinen eigenen Namen hatte. Ein Teich war er aber nicht, dafür war er mit etwa drei Hektar Fläche zu groß. Sein Ufer wurde von einem breiten Schilfgürtel umgeben. Nur an der Mündung des Grundbaches, der mit seinem säumenden Erlenbruchwald direkt hinter unserem Haus vorbeifließend am Rand der Wiese sich entlangschlängelte, konnte man die Fläche frei überblicken. Das Fischereirecht hatte unser „Wachtmeister" (wie Landpolizisten genannt wurden) vom Gut gepachtet. Da er selbst nicht angelte, sondern mit Reusen und feststehenden Nachtangeln den Barschen und Hechten nachstellte, durfte ich meine Angelrute nutzen. Zunächst nur vom Ufer im Mündungszufluss, wo auch das Boot vertäut lag.

Mit zwölf Jahren bekam ich für die Ferien vom Wachtmeister einen Schlüssel für den an eine Erle geketteten Kahn, weil ich ihm immer so nett über meine Erlebnisse und Angelerfolge erzählte. Kein Wunder, dass ich tagsüber während der Ferien immer wieder Stunden am See verbrachte, um Frösche, Fische, Stockenten, Haubentaucher und Blässhühner zu beobachten und natürlich um zu angeln. Die Stille und die Einsamkeit des Gewässers zogen mich in seinen Bann. Dieser Platz mit dem Kahn war später auch der heimliche Treffpunkt mit meiner ersten Freundin, der Tochter des Kirchbauern. Er wurde so genannt, weil er Land, Äcker und Wiesen von der Kirche gepachtet hatte und zusammen mit seinem eigenen Land übrigens der größte Bauer im Dorf war.

Das Jagdrecht auf dem See gehörte zum Gut. Genutzt wurde es selten und wenn, dann nur vom Förster und von uns mit einer Sondererlaubnis der Gutsverwaltung. Aber mein Vater bevorzugte die Entenjagd auf dem kleinen durch das Revier fließenden Fluss, der Gozel. Hier schoss er am Ufer entlanggehend die auffliegenden Enten mit großem Geschick so, dass sie meist auf seiner Uferseite auf die Erde fielen. Schließlich hatten wir keinen Hund, der Enten aus dem schnell fließenden Wasser apportieren konnte. Stockenten waren überdies in unserer Küche sehr beliebt, wenn sie ab Oktober bis zum Einsetzen des Frostes schön durchgemausert und rund und fett von der Stoppeläsung waren.

Aber zurück zur seltenen Jagd auf dem See. Eines Tages zogen wir also zu viert los: mein Onkel, die beiden Weimaraner Tell und Thekla und ich. Hut, Hosen und unsere Jacken hatten die Farbe des trocken gewordenen Schilfs. Das kleine flache Holzboot wurde in das Wasser geschoben und stehend mit einem Paddel, mal rechts, mal links eintauchend erreichten wir eine Stelle, an der man ein Stück weit in das Schilfdickicht hineinfahren konnte. An beiden Seiten des Bootes wurden Schilfhalme so geknickt, dass sie Boot, Menschen und Hunde ausreichende Tarnung gaben. Zum offenen Wasser gewandt postierte sich mein Onkel, die beiden Hunde in der Mitte und ich hatte strenge Anweisung ganz still auf der Heckbank zu hocken. Je näher der Abend rückte, desto lauter wurde das Geschnatter und Geschrei der im Schilf und auf dem Wasser liegenden Enten. Schließlich brachen die beiden ersten zum abendlichen Nahrungsflug auf und bald strich das erste Schoof am Schilfrand auf zwanzig bis dreißig Meter an uns vorbei. Die Flinte des Schützen zuckte hoch, zwei Schüsse krachten und zwei Enten klatschten mausetot ins Wasser. Das wiederholte sich noch einige Mal. Anfangs hatte ich mitgezählt: sechs Schüsse und fünf Enten waren gefallen. Für meinen Onkel reichte die Beute.

Auf meine Frage, warum er nicht auch auf die „kleinen" Enten geschossen hätte, bekam ich eine präzise Antwort: „Erstens sind die Krickenten schwerer zu treffen und so ein guter Schütze bin ich nicht. Zweitens sind sie so klein, dass ein Mann mindestens zwei für eine Mahlzeit braucht. Die Arbeit will ich deiner Mutter nicht zumuten. Also was soll's? Aus lauter Gier kleine Enten schießen, das tu ich nicht."

Die beiden Hunde lagen während der ganzen Zeit aufmerksam und still im Boot. Und dann kam das, was mir wie ein kleines Wunder erschien. Wasserarbeit war Tells Sache. Auf den Befehl: „Such verloren, apport", sprang er begeistert ins Wasser, holte die erste Ente, brachte sie ans Boot, machte kehrt, holte ohne zu zögern die zweite Ente und dann die nächste. Das ging bis zur fünften Ente so weiter. Dann wartete er am Bootsrand, bis sein Herrchen ihm ins Boot half, schüttelte sich und die Sache war für ihn erledigt.

Für mich war klar, der Silbergraue hatte mitgezählt und fünf Enten fallen hören und fünf Enten geholt. Eine solche Zählkunst habe ich viele Jahrzehnte später bei meiner Langhaar-Weimaraner-Hündin noch einmal erlebt. Bis drei konnte sie sicher zählen und es brauchte von eins bis drei keine gesonderten Befehle. Wie auch immer, imponiert hat es mir damals gewaltig.

Hexe und Teufel, zwei Dackel und ein Witwer

So gut Erinnerungen auch im Kopf verankert zu sein scheinen, wenn es um zeitliche Abläufe und Zuordnungen von Personen geht, gewinnen die Subjektivität und das individuelle Erinnerungsbild die Oberhand. Als stark auf subjektive Erfahrung geprägter Mensch sind meine Erinnerungen bestimmt von einer Abfolge von Bildern, die fast jederzeit abrufbar sind. Um diese Bilder herum gibt es viel Dunkelheit und Nebel.

So geht es mir auch mit einer Reise, die ich wohl mit zwölf Jahren auf ausdrücklichen Wunsch meines Vaters zu einem befreundeten Förster nach Ostpreußen unternehmen musste. Der Begriff „müssen" ist dabei bewusst gewählt. Wenn viele Menschen, denen ich im Laufe meines Lebens begegnete, das anders sehen mögen, war und ist es doch immer so gewesen: Reisen sind mir nie eine große Freude und neue Menschen kennenzulernen, war mir auch kein Bedürfnis. Eine größere Anzahl Menschen an einer Stelle sind mir sogar ein Gräuel.

Ich möchte umgeben sein von Menschen, denen ich vertrauen kann und die mir vertraut sind. Landschaften möchte ich nicht besuchen, wenn ich nur als Fremder komme und als Fremder gehe. Ich möchte das Gefühl haben, dass eine Wiese meinen Schritt kennt, jeder Baum und Busch mir „Guten Tag" wünscht, ich möchte wissen, was da kreucht und fleucht, möchte an vertrauten Orten still sein und still werden.

Von Hinterpommern sagte man: „Ein Hinterpommer steht nicht nur mit beiden Beinen auf der Erde, er steckt bis zu den Knöcheln darin." So mag es wohl sein und das hat auch Vorteile, heute allerdings mehr Nachteile, die ich aber gern in Kauf genommen habe, um meines Seelenlebens und meines Berufs willen. Nur so konnte ich über dreißig Jahre auf Helgoland leben. Obwohl aus dem Wald stammend und aus der Heimat vertrieben, wurde die Nordseeinsel, jeder Stein und jede Blume dieses einzigartigen Eilands mir vertraut. Jeder Tag war ein Arbeits- und oft auch Kampftag, umgeben von vertrauten Menschen und einer Umgebung, deren Gestalt und Regungen ich schließlich mit jeder geistigen und körperlichen Phase erkannte, durch- und erlebte und manches Mal auch erahnte. Eine Art Hassliebe zwischen dem Meer und seinen Urgewalten mit der kleinen Felseninsel einerseits und mir andererseits war das wohl. Aber immer noch schöner für mich, als überall Neues zu erleben und fremd zu bleiben.

Mit der Reise eines Jungen im Jahr 1937 hat das durchaus allerlei zu tun. Ich ging nicht mit Freuden auf Reisen. Nein, es war eher Angst und nur der Gehorsam gegenüber dem Willen meines Vaters. Er wollte einen Förster aus mir machen, mich mit dem ihm eigenen pädagogischen Geschick so früh wie möglich festlegen. Was bei meinem Patenonkel Förster Paul in unserem Dorf gelang, ging bei der Ostpreußen-Reise voll daneben. Schon allein die Reise, dazu durch den polnischen Korridor mit dem D-Zug von Köslin nach Königsberg machte mir Angst. Schließlich erreichte ich das Städtchen (war das Ortelsburg?), wo mich Onkel Karl mit der Kutsche erwartete.

Onkel ist nicht gleich Onkel und Förster nicht gleich Förster

Im Gegensatz zu Onkel Paul war Onkel Karl ein Mensch, der nur sprach, wenn es unumgänglich war und dann noch im breitesten ostpreußischen Dialekt. Auch Themen wie Wald, Jagd und Hunde rangen ihm allenfalls kurze Antworten ab. So verlief die Kutschfahrt recht schweigsam und ich hatte nur Freude an der munter trabenden Trakehner Fuchsstute und Angst vor den acht Tagen, die vor mir lagen. Onkel Karl war eigentlich kein richtiger Onkel, sondern ein Freund meines Vaters, wie und wo auch immer es zu dieser Freundschaft gekommen sein mag. Er war auch ein paar Mal bei uns Gast gewesen, war zum Jagen und Fischen gegangen und ich hatte wenig Kontakt zu ihm, was ihn wohl eher freute als ärgerte.

Vielleicht tue ich ihm unrecht und er liebte seinen Beruf, den Wald, das Wild, die Hunde, gemerkt habe ich es nicht.

An meiner Meinung änderten auch die Tage in seiner Försterei nichts. Ich war heilfroh, als uns bei der Ankunft im Birken umstandenen Forsthaus zwei schwarzrote Kurzhaardackel entgegensprangen, den Onkel kurz und mich ausgiebig begrüßten.

Und dann war da noch „Marjellchen", die Haushälterin, die das Haus und den Witwer betreute. Beide verband wohl mehr als die

Haushälterei. Marjellchen nahm mich jedenfalls herzlich in den Arm und drückte mich an ihren Busen, was mich verbunden mit dem Hundegetobe etwas fröhlicher stimmte. Erlebt habe ich in den Tagen nicht viel, was mir im Gedächtnis erhalten geblieben ist. Zur Jagd abends durfte ich mit, wurde aber einsam und allein irgendwo abgesetzt mit der Bemerkung: „Sitz schön ruhig Jungchen, ich hol dich wieder ab." Da saß ich dann mit meinem kleinen galileischen Fernglas, sah Rehwild, Vögel und hatte doch Beklemmungen, alles war fremd und selbst das Rotkehlchen und die Ricke mit ihrem Kitz sahen mich als Eindringling, so schien es mir.

Über den Wald bekam ich nur heraus, dass die vielen Birken „viel jutes Holz zum Haizen" brachten und daher auch „jutes Jeld". Das war es dann aber auch schon. Eine Freude war aber das von Marjellchen bereitete Essen, das wohl mir zuliebe immer von Obst, Kuchen, viel Honig und leckerer Marmelade garniert war, und natürlich auch die Streicheleinheiten vom Marjellchen für das liebe Jungchen.

Und dann gab es ja noch die beiden Dackel, die nie mit in den Wald durften, was ich bis heute nicht verstehe. Klar, dass die beiden sich über mich und meine Bereitschaft mit ihnen zu toben freuten. Abends musste ich meist früh zu Bett, ich schlief in der einen Hälfte des breiten Ehebetts und überlegte, was der Onkel wohl für eine Frau gehabt hatte. Irgendwie konnte ich ihr nicht verdenken, dass sie sich früh von ihm verabschiedet hatte. Wenn Onkel Karl endlich auch ins Bett ging und sich prustend an dem großen Waschtisch mit der Schüssel darin wusch, war ich sofort hellwach und wartete schon auf das folgende Schauspiel.

Natürlich tat ich so, als ob ich schlief, und wäre vor Lachen beinahe geplatzt. Lag der ziemlich schwergewichtige Onkel endlich im Bett neben mir und begann zu schnarchen, hörte ich die beiden Dackel sich anschleichen und am Fußende auf dem Bett sich einrichten. Die Reaktionen des Schläfers liefen dann immer gleich ab. Mit Fußgestrampel und derben Flüchen vertrieb er die beiden Hundchen aus dem Bett. „Ihr said verdammte Miststücke, raus mit Eich, auf Eure Plätze!" Die Dackel wichen geschickt und nicht mehr als nötig den Fußtritten aus. Sie blieben auf dem Bett. Das Fluchen wurde leiser, die Fußtritte weniger und nach einer Weile schnarchte das Herrchen

und die Hundchen atmeten seufzend durch und wir – ein ältärer Onkel, ein keiner Junge und zwei schlaue Dackel – schliefen gemeinsam in einem großen Ehebett.

Marjellchen schimpfte, wenn sie die Betten machte. Ich war trotz
dieses abendlichen Schauspiels aber froh, als ich die Zeit hinter
mich gebracht hatte und wieder unter Menschen, Bäumen und Tieren war, die mir so vertraut waren.

Ein Traum ...!?

Länger als ein Jahr war dahingegangen seit Mottes Abgang in die ewigen Hundejagdgründe. Ich war allein und oft traurig. Mutter schaute immer wieder nachdenklich in Mottes Kiste, Vater hatte manches Mal schlechte Stimmung, wenn er beispielsweise gebeten wurde, beim Fuchssprengen zu helfen. Ohne eigenen Hund hatte er offensichtlich keine Lust mitzumachen. Endgültig voll war das Maß aber wohl im Herbst 1935, als er einen Überläufer nicht mit einem Schuss auf den Fleck bannen konnte und einen anderen Hundeführer um Hilfe bitten musste. Vater war eigentlich nicht menschenscheu, aber andere um etwas zu bitten, was man selbst können musste, war ihm zuwider. So rückte auch für mich deutlich spürbar ein neuer Hund immer greifbarer in das Denken und Fühlen aller Familienmitglieder.

Für mich hatte das unter anderem zur Folge, dass ich verdrängte, dass ein für mein weiteres Leben sehr entscheidendes Datum immer näher rückte. Es war klar, dass ich Ostern 1936 zur höheren Schule gehen sollte und Abschied vom Haus, den Eltern, meinen Schwestern, dem Wald, Wasser und Feld nehmen musste. Meine beiden Schwestern hatten die Trennung schon hinter sich. Sie waren auf der Internatsschule Salem in Stettin und nur in den Ferien zuhause, was mich nicht sonderlich störte.

Da meine Mutter in Fragen der Erziehung und Schulausbildung der Kinder völlig freie Hand hatte, hatte sie so entschieden. Als ehemalige Diakonisse und Lehrerin (u. a. an einer evangelischen Schule in der Türkei) war es für sie wichtig, dass die Kinder ihre Ausbildung an einer christlichen und patriotischen Internatsschule absolvieren sollten. Für die Mädchen war das Internat Salem ja noch relativ nah, für Jungen gab es keine ähnliche Einrichtung in Pommern. Für mich wurde daher die Internatsschule der Herrnhuter Brüdergemeinde in Niesky/ Oberlausitz ausgewählt. Ich hatte im Schulatlas nachgeschaut, wo dieser seltsame Ort lag, in Schlesien und weit, weit weg. Aber eigentlich bewegte mich die Sache nicht allzu sehr. Zu spannend war es in der einklässigen Schule bei meinem Vater und der Herbst und Winter in Hinterpommern waren für mich sooo schön und die Tage waren von früh bis spät ausgefüllt mit Arbeit und Abenteuern, abends konnte ich schmökern und erzählen bei bullernden Ofenfeuer.

Weihnachten 1935 rückte immer näher und mir fiel auf, dass über einen neuen Hund auffällig weniger und schließlich gar nicht mehr geredet wurde. Die Schwestern kamen in den Ferien nach Hause und füllten das Haus mit Leben und Gekicher. Ich verzog mich gern in mein Zimmer unter dem Dach oder nach draußen.

Weihnachten war auch im streng protestantischen Hinterpommern ein großes Fest, bestimmt von althergebrachten Ritualen. Am 23.12. zogen Vater und ich in den Wald und holten mit dem Schlitten eine zimmerhohe Fichte, die im Esszimmer aufgestellt und von Muter geschmückt wurde. Am Heiligen Abend war Vater vor der Kirche plötzlich verschwunden und ich sah ihn mit dem Fahrrad, eine ziemlich große Kiste auf dem Gepäckträger befestigt, ziemlich mühsam auf der schneebedeckten Straße davonfahren. Zum Gottesdienst war er wieder zurück, schließlich war er als Organist und mit seinem Schulchor für die musikalische Umrahmung des Gottesdienstes verantwortlich. Für mich waren die zwei riesigen, nur mit weißen Kerzen geschmückten Fichten im Altarraum und die Orgelmusik ohnehin das Schönste an der ganzen Veranstaltung.

Nach der Kirche folgte zu Hause die Bescherung. Na ja, Bescherung im heutigen Sinn war das nicht. Selbst gestrickte oder genähte praktische Sachen zum Anziehen, ein Buch vielleicht und ein bunter Teller für jeden mit Nüssen, Äpfeln, Lebkuchen und Schokoladenkringeln. Dieser Teller war für mich immer das beste Geschenk, nur dass meine Schwestern immer gleich alles auffutterten und dann bei mir bettelten (ein Apfel gegen zwei Schokoladenkringel?) oder zu klauen versuchten, ärgerte mich und konnte zu Zornesausbrüchen führen.

Aber in diesem Jahr war alles ganz anders. Wir wurden in das Esszimmer geführt. Vater saß am Harmonium, der Weihnachtsbaum leuchtete dunkelgrün im Kerzenlicht und natürlich musste erst gesungen werden. Kennen Sie noch das Lied: „Am Weihnachtsbaum die Lichter brennen?" Ich mochte immer die zweite Strophe besonders gern:

> „Zwei Engel sind herein getreten,
> kein Auge hat sie kommen sehn.
> Sie gehn zum Weihnachtsbaum und beten
> und wenden wieder sich und gehen."

Wenn die anderen die Engel nicht sahen, ich habe sie immer gesehen. Es kann sehr schön sein, viel Phantasie zu haben, ganz für sich.

Dieses Jahr allerdings war für meine Träumerei wenig Zeit, sondern meine Gedanken beschäftigen sich mit greifbar hörbaren Dingen. Die Kiste, ich erkannte sie wieder, stand unter der Weihnachtsfichte und aus der Kiste kam Kratzen und Pfiepen. Mir war sofort klar: das musste ein kleiner Hund sein, warum stand sonst die Kiste unter dem Baum?

Doch das Christkind verlangte erst Singen und Beten. Endlich war es so weit! Vater stand vom Harmonium auf, machte ein ernstes Gesicht und sagte: „Jetzt könnt ihr eure Geschenke auspacken. Deins Gottfried ist in der Kiste." Ich konnte es kaum fassen, der kleine Hund sollte mein Hund sein? Ich weiß nicht mehr genau, wie es weiterging. Wahrscheinlich haben mir die Hände gezittert, als ich die Kiste öffnete. Und dann war er zu sehen, ein kleiner schwarz-roter Kerl, der sofort aus der Kiste krabbelte, direkt in meine Hände. Der Hund und ich blieben unter, hinter dem Weihnachtsbaum. Das Hündchen leckte, krabbelte und ich streichelte und schubste und schließlich hatte der Kleine seinen Spaß und bellte. Ich war so glücklich, endlich wieder einen Gefährten zu haben. Vater holte mich mit einem Ruf in die Familie und in die Realität zurück: „Nun kommt mal raus aus dem Wald, ich habe euch noch etwas zu sagen."

Da saßen wir nun auf dem Teppich vor meinem strengen Vater, mein zappelnder Dackelwelpe und ich. Was er mir sagen wollte, das wusste ich schon vorher und so war meine Aufmerksamkeit eher geheuchelt. „Du trägst nun Verantwortung für ein lebendes Tier, du musst ihn betreuen und erziehen." So ungefähr war der Sinn seiner Ansprache.

Auf meine Frage, wie der Kleine denn hieße, kam die etwas brummige Antwort: „Argo, ich weiß nicht, was sich Förster Klotz dabei gedacht hat. Aber du kannst ihm ja einen neuen Namen geben."

Na, das war das Signal für meine Schwestern sich lautstark einzumischen. Dorle kniete sich vor den Kleinen hin: „Der ist ja so süß, der soll Bubi heißen!" Meine ältere Schwester, schon etwas vernünftiger: „Nein, lieber Bautzi, der wird sicher ein richtiger Raubautz werden." Ich fand beide Namen irgendwie dämlich und unpassend für einen Jagdhund. Es war mein Hund, also würde er seinen Namen von mir bekommen! Ich dachte nach, das musste aber schnell gehen und dann fiel mir ein: „Trutz soll er heißen!"

So recht wusste ich eigentlich nicht, wie ich auf diesen Namen gekommen war. Spontan war wohl nur der Trotz gegen die Ideen meiner Schwestern. Trotz ging nicht, aber Trutz gegen die böse Welt, ich und mein Hund, das gefiel mir. Vaters Stirn runzelte sich etwas „Meinetwegen, es ist dein Hund." Sprachs und die Sache war entschieden, die Diskussion beendet, ich zufrieden, Trutz unbeeindruckt.

Trutz

Ich dachte natürlich an diesem Weihnachtsabend noch nicht an die Pflichten, die auf den Besitzer eines jungen Hundes zukamen. Nach einer Weile Herumkullern von Herrchen und Dackel kamen Vaters mahnende Worte: „Der Kleine muss jetzt sicher pinkeln und du musst ihn draußen so lange rumlaufen lassen, bis er sein Geschäft gemacht hat. Dann lobst du ihn tüchtig und ihr könnt drinnen weiterspielen."

Also zog ich die Pudelmütze auf den Kopf, band den Schal um, zog die Stiefel an und nahm den kleinen Trutz mit in den Schnee und die Kälte. Vom Rumlaufen konnte aber natürlich nicht die Rede sein, wir gingen nur auf den vom Schnee gefegten Wegen zwischen Haus, Stall, Holzschuppen und Klo herum. Ich setzte den Welpen zwar in den höheren Schnee, dort blieb er aber auf dem Bauch liegen und zitterte nur. Auf den Wegen lief er herum oder besser er kam höchst widerwillig hinter mir her. Das ging vielleicht eine Viertelstunde so und nichts passierte. Doch, wir froren und zitterten bald beide um die Wette. Deshalb schlichen wir wieder in das schöne warme Weihnachtszimmer. Da passierte es dann: der weiche Teppich animierte Trutz augenblicklich und er pinkelte. Vater sah es und polterte: „Der hat draußen bestimmt nicht sein Geschäft gemacht. Du hast nicht aufgepasst!" Mutter, die im Haus den Ton angab, ging dazwischen: „Der Junge und der Hund werden es schon lernen, es ist doch nicht so schlimm." Sprachs, holte einen Eimer und Seifenlauge aus der Küche und putzte das Malheur sorgfältig weg. Dabei lernte ich dann gleich noch, dass man eine Hundepfütze mit stark riechender Seife behandelt, weil sonst der Hund immer wieder auf den gleichen Fleck pinkelt.

Weihnachten war der einzige Abend im Jahr, an dem wir Kinder nicht pünktlich zu Bett mussten, sondern so lange aufblieben, wie wir wollten. Und wir durften das schönste Weihnachtsgeschenk mit an das Bett nehmen. Ich stellte zunächst einfach fest: „Ich nehme Trutz mit." Vater protestierte. Mutter, immer die Gerechtigkeit in Person, hielt sofort dagegen: „Wenn die Mädchen ihre Sachen mitnehmen, darf der Junge auch Trutz mitnehmen." So geschah es. Mutter trug die von ihr ausgeschruppte Kiste von Motte, ausgelegt mit einer weichen Rehdecke, in mein Zimmer. Die Kiste kam oben an das Kopfende des Bettes. Während des Ausziehens und Waschens erkundete der Kleine das Zimmer, bis ich ihn wieder in die Kiste hob und laut „Platz" sagte. Und siehe da, nach einigen Proben klappte es. Ich lernte also: „Platz" muss ein junger Hund als Erstes begreifen und Dunkelheit bedeutet Ruhe halten, eine angeborene Reaktion beim Hund, auch Wölfe jagen in der Regel nur bei Tag. Trutz quiemte leise in seiner Kiste, er vermisste wohl den Körperkontakt, den er beim Schlafen durch seine Mutter und seine Geschwister gewohnt war. So hielt ich dann meine Hand in die Kiste und der kleine Hund kuschelte sich gleich an, seufzte tief und schlief ruhig ein. Nur wenn ich meinen Arm wegnahm, fing er an unruhig zu werden. Also verbrachte ich, im Gegensatz zu meinem Hund, eine ziemlich unbequeme Nacht mit wenig Schlaf.

Beim ersten Morgengrauen, im Winter zum Glück recht spät, war aber kein Halten mehr. Ich musste aus den Federn, rein in die Klamotten und raus mit dem Hund in die Kälte und den Schnee. Und tatsächlich, der kleine Kerl hatte die Nacht durchgehalten und draußen gab es gleich einen großen gelben Fleck im Schnee.

Ich lobte ihn und auch mein Vater, der längst auf den Beinen war, um die Öfen im Haus zu heizen, war zufrieden. Und ich war ganz glücklich.

Später habe ich alle meine jungen Hunde auf die gleiche Weise an mich, meinen Rhythmus und die Ruhe in der Nacht gewöhnt: Kiste an das Bett, Hand bei Bedarf in den Korb und Kommando „Platz". Es hat immer geklappt.

Der schöne Traum wird zum Alptraum

Wie schnell waren die Weihnachtsferien zu Ende. Noch ein paar Tage im Wald beim Holzmachen, Umherstreifen, Jagen mit Vater und schon hieß es Abschied nehmen von den Eltern, der Heimat und diesmal auch von meinem ersten eigenen Hund.

In den Folgemonaten kam es, wie es kommen musste. Immer nur das eine oder andere Wochenende kurz daheim und die viel zu kurzen und mit Arbeit reichlich ausgefüllten Ferien sahen Trutz und ich uns. Sagte ich Arbeit in den Ferien? Heute würde man das wohl schnell als schreckliche Kinderarbeit ansehen.

Osterferien = Gartenarbeiten, alles für die neue Saat vorbereiten;
Sommerferien = Erntearbeiten, Heu, Getreide, Gartenfrüchte mussten geerntet werden;
Herbstferien = Kartoffelarbeiten;
Weihnachtsferien = Zeit zum Holzmachen schon für den übernächsten Winter.

Ich hatte das Glück, im Gegensatz zu meinen Schwestern, dass Vater mich meist morgens und abends mitnahm zur Jagd. Da war Trutz zwar mit dabei, aber ich merkte bald, dass Vater in der Zwischenzeit seine eigentliche Bezugsperson geworden war. Ein Wunder war das nicht, für mich dennoch immer wieder eine herbe Enttäuschung. Zwar durfte ich mit ihm spielen, aber nur solange Vater nicht in Sicht war. Während er Vater gut gehorchte, was durchaus auch Dackel können, ging es bei mir eher nach dem bekannten Motto: „Wenn ich zu meinem Hund sage, kommst du her oder nicht, dann kommt er her oder nicht!"

Allmählich gewöhnte ich mich an diese Realitäten und begann sie zu verstehen. Traurig war ich trotzdem. Es war alles so ganz anders als bei Motte, der geduldigen Begleiterin durch die Kinderzeit.

Unter schrecklichen Umständen wurde ich dann meinen begrenzt eigenen Hund endgültig los. Es war eine Trennung ohne Abschied. 1939 war der Krieg über uns gekommen und in meinem Elternhaus waren der Widerstand und die tiefe Sorge deutlich spürbar. Ich wurde mit siebzehn Jahren Ende 1942 zum Arbeitsdienst eingezogen und gleich anschließend ging es zur Wehrmacht. Die Kriegsjahre davor waren für einen Jungen eigentlich gar nicht so schlecht. Förster und Jäger waren im Krieg, so durfte und musste der Vierzehnjährige bereits jagen so weit die Füße oder das Fahrrad trugen. Galt es doch Wildschaden zu verhindern und Wild für die Küchen zu beschaffen. Es waren auch Jahre, in denen Trutz und ich uns langsam näherkamen, und er sprang gern auch in meinen Rucksack, wenn ich mit dem Rad ins Revier fuhr. An Großeinsätze für den kleinen Kerl und mich Jungjäger erinnere ich mich freilich nicht. Diszipliniertes Schießen, mir vom Vater eingebleut, verhinderte schwere Nachsuchen.

Im August 1944 wurde mein Panzer an der Ostfront abgeschossen und ich landete schwer verwundet mit dem Lazarettschiff über Gdingen (damals noch Gotenhafen) schließlich in der zum Militärhospital umgebauten Berufsschule in Rendsburg. Anfang Dezember 1944 erhielt ich nach dieser Verwundung den üblichen vierwöchigen Genesungsurlaub. Daheim war die Stimmung unerträglich. Für meinen Vater bestätigten sich seine von Beginn des Krieges an gehegten Befürchtungen und meine Mutter weinte viel, weil sie vor Sorgen um mich fast aufgefressen wurde.

Die Front rückte näher und näher und es wurde von Vater immer wieder die Frage aufgeworfen: Flucht oder dableiben?

Ich entzog mich diesem Elend auf meine Weise und war mit Trutz bei herrlichstem Winterwetter von früh bis spät im Wald unterwegs. Kurz vor Weihnachten wurde ich vorzeitig aus dem Urlaub abgerufen und hatte mich bei der Panzertruppenschule in Groß Glienecke bei Potsdam zu melden. Der Abschied von Haus, Familie, Hund und Wald war schrecklich. Jeder von uns wusste, dass wir uns, wenn überhaupt, hier und so nicht wiedersehen würden. Der reaktivierte alte Gutskutscher brachte mich mit dem Pferdeschlitten nach Bublitz zur Bahn und Trutz sprang auf, wohl im Glauben, jetzt geht's mit dem Schlitten zur Jagd, und war somit der einzige „Verwandte", der mich bei dieser Abschiedsfahrt begleitete. Ich sollte ihn nie wiedersehen.

Mein Vater hatte sich im Februar 1945 zur Flucht auf eigene Faust entschlossen und zog nicht mit dem Dorftreck gemeinsam los. Seine

Befürchtungen waren berechtigt, der Treck wurde von den Russen überrollt. Die zwei Fahrradflüchtlinge (meine Mutter und mein Vater) schlugen sich auf abenteuerliche Weise bis in die Lüneburger Heide durch. Ich war inzwischen zur Panzertruppenschule nach Munster (auch in der Lüneburger Heide) versetzt worden. Über die Anschrift unserer einzigen Verwandten im Westen in Diesten bei Celle erfuhren wir später voneinander und konnten uns treffen. Die Osthannoversche Kleinbahn verkehrte auch während der letzten Kriegswochen noch pünktlich zwischen Munster und Celle.

Natürlich galt auch eine meiner ersten Fragen nach dem Verbleib von Trutz. Natürlich war es unmöglich gewesen ihn mitzunehmen. Vater hatte ihn im Schulhaus zurückgelassen. Von nach Goldbeck zurückgekehrten Dorfbewohnern erfuhr ich später, dass er bei einer polnischen Familie aufgenommen und gut behandelt worden war. Diese Familie war in das leer stehende Schulhaus eingezogen. Es war wohl sein Glück, dass sein Charakter flexibel und anpassungsfähig war. Er hatte keine zu große Bindung an bestimmte Menschen und scharf gegen Fremde war er nie gewesen.

„Ubi bene, ubi patria." – „Wo es mir gut geht, da bin ich zuhause."

Gut, dass Motte das nicht so erleben musste, ihr hätte es wohl das Herz gebrochen und von Fremden hätte sie sich kaum anfassen lassen.

Es kamen schrecklich harte Zeiten für mich, auch weil ich in dieser Zeit keinen Gefährten mit kalter Schnauze und heißem Herzen hatte.

Hunde im Krieg

Nicht nur Menschen litten seelische und körperliche Qualen und starben einen elendigen Tod im Wahnsinn des Krieges. Von Menschen entfesselt, die bar jeder Seele und gesunden Geistes diesen 2. Weltkrieg begonnen hatten.

So ist bekannt, dass Millionen von Pferden in den Jahren 1939 bis 1945 verreckten, von Menschen ge- und missbraucht. Es starben beispielsweise am Anfang des Krieges Reiter und ihre Tiere bei einer Attacke polnischer Kavallerie gegen deutsche Panzer. Man hatte den Polen wohl erzählt, dass diese Panzer durchaus mit Säbeln zu bekämpfen wären.

Bespannte Artillerie und berittene Soldaten gab es an der Ostfront auf beiden Seiten. Neben all den anderen Schreckensbildern, erschienen mir immer wieder die aufgedunsenen oder zerfetzten Pferdeleiber, die ich auf Schlachtfeldern sah. Mit Sicherheit sind auch Hunde als Melde- und Sanitätshunde in nicht geringer Zahl gefallen.

Ich selbst erlebte den Tod eines Sanitätsgefreiten, Ulrich hieß er, und seiner Schäferhündin Cora, die in unserem Panzerbataillon Dienst taten. Beide machten großen Eindruck auf mich. Riskierten sie doch oft genug ihr Leben, wenn der oft markerschütternde Schrei „Sanitäter" über das Gelände hallte. Ulrich und Cora taten dann alles, um zu helfen.

Nach einem Einsatz unserer Einheit im Juli 1944, bei dem wir einen kleinen Einbruch in unsere Front „bereinigt" und wieder Stellung bezogen hatten, hörte man zwischen den Fronten das leise Wimmern und Stöhnen eines Verwundeten. Die Sanitätslastwagen („Sankra") waren hinter unseren Panzern aufgefahren und die Sanitäter bargen und versorgten die Verwundeten. Ulrich und Cora standen neben meinem Panzer und Ulrich erzählte mir, dass er froh sei, nicht kämpfen zu müssen, sondern helfen zu können. Die weißen Binden mit dem Roten Kreuz, die er und der Hund trugen, waren aber an der Ostfront praktisch bedeutungslos. Geschossen wurde von den gegnerischen Scharfschützen auf alles, was sich beim Feind bewegte, Rotes Kreuz hin oder her.

Wir hörten während des Gesprächs leise Rufe. Waren das Hilferufe?

Doch sobald wir verstummten, um genau hinzuhören, war nichts mehr zu vernehmen.

Also setzten wir unsere Unterhaltung fort – da war das Wimmern wieder! Ulrich und sein Hund wurden zunehmend unruhiger. Schließlich machten sich beide auf den Weg, um dem armen Kerl, Russe oder Deutscher, zu suchen und vielleicht zu helfen. Meine Warnungen hielten Ulrich nicht zurück. Mit dem Kommando „Such" zog der Hund an der langen Leine in das zwischen den Russen und uns liegende unübersichtliche Gelände. Ich verfolgte die beiden mit dem Fernglas, als ich eine Granate heranheulen hörte. Mir war klar, dass dieses Geschoss in der Nähe der beiden einschlagen würde, die den Verwundeten wohl schon gefunden hatten. Dann kam der Einschlag: Blitz und Knall, der durch die Luft geschleuderte Körper eines Menschen und

……….. Stille, Totenstille.

Ulrich und Cora würden nie mehr anderen in der Not helfen können.

Eine wahnwitzige, perverse Idee, die Hunde im Krieg betraf, wurde meines Wissens nie in die Tat umgesetzt. Es wurde bei den Soldaten erzählt, dass bei den Hundeeinheiten in Deutschland Tiere ausgebildet werden sollten, die mit einer scharfen Mine auf dem Rücken unter feindliche Panzer kriechen sollten, um diese dann kampfunfähig machen zu können.

Mensch, wozu ist dein Hirn fähig?

Flüchtlinge unter sich

Vier Jahre, was sind das schon in einem langen Leben? Und doch gibt es vier Jahre in meinem Dasein, die mir noch heute wie eine Ewigkeit in verschwommener Erinnerung sind: 1943 bis 1949.

Geprägt von den Schrecken des Krieges, von sehr guten und sehr bösen Menschen, von schwerer Verwundung, elender Kriegsgefangenschaft, Heimatverlust für immer, Ende aller familiären und sonstigen menschlichen Verbindungen.

In allem Elend, aller Angst vor der Zukunft hatte ich Glück. Ich begegnete einer Frau, die ihre sichere Heimat verließ, um mit mir in das Elendsleben eines Flüchtlingslagers in der Nähe von Celle zu ziehen. Hier wollten wir irgendwie ein gemeinsames Leben meistern.

Diese kurze Einleitung ist nötig, obwohl sie noch nichts mit Hunden zu tun hat. Welcher Flüchtling konnte sich schon einen Hund leisten, hatte er doch größte Mühe, sich selbst am Leben zu erhalten. So klaute ich im Herbst und Winter Kartoffeln vom Acker oder aus Mieten, stets auf Zusammenstöße mit Einheimischen gefasst und bereit für das Überleben zu kämpfen. Außer den kargen Rationen durch Lebensmittelkarten gab es nichts, fast nichts zu kaufen. Ratten- und Mausefallen gab es aber. Als Hilfsarbeiter in einer provisorischen Kupferschmiede, betrieben von einem ehemaligen Kavallerie-Hufschmied, verdiente ich etwas Geld. Mit diesem fast wertlosen Geld (Zigarettenwährung war besser) kaufte ich mir zehn Rattenfallen, beköderte sie mit Fallobststückchen und stellte sie an Stellen im Wald auf, an denen ich Drosseln und Amseln beobachtet hatte. Drei Rotdrosseln gaben eine karge Suppe, drei Amseln oder Wacholderdrosseln waren schon besser. Diese Suppe war gut, nahrhaft und für zwei Personen ausreichend. Nach ganz großen Jagderfolgen konnte ich sogar meiner Schwester, die mit vier kleinen Kindern im selben Lager lebte, zu einer Mahlzeit verhelfen.

So gingen die Tage dahin, der Winter 1945/46 war eisig kalt und zum Hunger kam das Frieren.

Was ich jetzt zu berichten habe, kann ich heute kaum selbst noch nachvollziehen und ich erinnere mich an keine Hintergründe. Wie auch immer, eines Tages schlich ein älterer grün gekleideter Mann mit zwei Dackeln um unsere Baracke und sprach mich an: „Sind Sie Herr Vauk aus Pommern und Jäger? Ich hab gehört, dass Sie gute Jagdhunde suchen. Ich hab zwei." Sprachs und zeigte auf die beiden Rüden neben sich. Zunächst war ich sprachlos, sagte dann, dass ich zwar Förster werden wollte und dass daraus in dieser Zeit wohl nichts werden wird. Die Dackel gefielen mir gut. Der eine war sehr robust gebaut mit großem Fang und vielen Narben an Kopf und Körper, ohne jedes Farbzeichen. Der andere – auch schokoladenbraun – war kleiner mit hellbraunem Brand an Kopf und Hals.

Der Mann redete darauf los, im besten ostpreußischen Dialekt. Die Hunde wären vorzüglich unter der Erde. Sie hätten eigentlich auch Zuchtpapiere, die wären aber in Ostpreußen geblieben. Er hätte auch gehört, ich könnte Wild „besorgen" und damit doch sicher auch die Hunde ernähren, die wahrhaftig erbarmungswürdig klapprig aussahen. Treu hieß der kleinere und Seppel der andere, der sei sehr wild- und mannscharf. In mir tobte ein Kampf. Eigene Hunde, Trost in diesem Elend. Aber Hilfe, wie und wobei? Und fressen sollten sie auch. Entscheidend war dann wohl, dass Treu an meine Füße kroch und meine Holzschuhe leckte und Seppel, leise dabei knurrend, ihm folgte.

Der Mann erzählte dann noch, dass er in Celle in einem kleinen Dachkämmerlein bei Leuten eingewiesen worden sei, die weder ihn noch die Hunde leiden könnten. Die Lebensmittelration reiche kaum für ihn, womit er ohne Zweifel recht hatte. Ohne eigentlich zu wissen, wie es geschah, sagte ich: „Gut ich behalte die Hunde, hier sind sie wenigstens frei." Ich fragte dann noch, was er für die Tiere haben wollte. „Nüscht, jar nüscht, wenn die Hundchen es nur jut haben." Sprachs und zog von dannen.

Da stand ich nun und wusste nicht, woher der Mann kam, wohin er ging und von wem er von mir wusste. Die Dackel ließen mir keine Zeit zum Nachdenken. Wir zogen in unsere Barackenräume, ohne Möbel auf Betonboden, aber immerhin etwas wärmer als draußen, denn die kleine Kochhexe, beheizt mit Kiefernzapfen, verbreitete etwas Wärme. Und auf ihr stand eine (geklaute) Kohlrübensuppe mit etwas Amselfleisch darin. Elke, meine junge Frau, erschrak, als sie die Hunde sah, sagte aber nichts und bot den beiden mageren Gesellen in einem Blechnapf Steckrübensuppe an. Im Nu war der

Napf leer und außerdem hatten die beiden wohl die Erfahrung gesammelt, dass man sich tunlichst gut mit der Hausfrau stellt. So erwedelten und erschmusten sie sich noch einen Nachschlag, diesmal sogar mit Fleischstückchen. Ich ging fast leer aus, war aber froh, dass ich keine bösen Worte erntete, sondern nur den Stöhner: „Was soll das denn nun werden?"

Meine Versuche, wortreich zu erklären, wie das alles gekommen war, wurden von zwei spielenden Dackeln und einer begeisterten Frau kaum richtig zur Kenntnis genommen.

Die etwas andere Jagd

Wer fragte damals kurz nach dem Ende des Krieges nach legal oder illegal? Meine Drosselfangerei war auch damals illegal, aber wer wollte Gesetze gegen hungernde Menschen durchsetzen?

Die beiden Dackel entwickelten sich in kurzer Zeit zu wertvollen Helfern im Kampf ums Überleben. Dass letztlich alles so gut ging, die Dackel zu ihrer eigenen Ernährung beitrugen, hatte ich selbst kaum zu hoffen gewagt.

Da galt es aber auch noch die anerzogene jagdliche Ethik (deutsche Waidgerechtigkeit) zu vergessen. Aber schließlich hatte ein Jäger der Vorzeit auch keine Skrupel, wenn es um die Ernährung von Frau und Kindern ging. Hungrige Kinder sind, neben dem eigenen knurrenden Magen, unwiderlegbare Argumente für das Vergessen von Tierschutzethik und Waidgerechtigkeit. Erschreckend für alle, die es nicht selbst erlebt haben, wie schnell sich auch der heutige Mensch unter solchen Umständen zum Steinzeitmenschen zurückentwickeln kann.

Die Bodenjagd

Welcher Jäger weiß heute noch, was eine „Fuchshaube" ist? Ich weiß es nur, weil bei uns in Hinterpommern die Füchse oft nicht geschossen, sondern gefangen wurden, wenn sie in Panik vor den Dackeln aus dem Bau flüchteten. Und eben dieser Fang gelang gefahrlos mit der „Fuchshaube".

Sie besteht aus einem etwa ein Quadratmeter großen, feinmaschigen, aber festen Netz. An jeder Ecke des Netzes ist eine ziemlich schwere Bleikugel mit einer etwa dreißig Zentimeter langen Schnur befestigt. Waren die Hunde scharf genug am Fuchs und verhielten sich die Jäger ruhig beim Anschleichen, breiteten lautlos die Netze über die Röhren und blieben nicht nah am Bau stehen, dann konnte das Unternehmen erfolgreich gelingen. Die Schützen hatten bei dieser Jagdart nur die Aufgabe gesprengte Füchse, die aus einer übersehenen Ausfahrt entwischen wollten, möglichst mit einem Schuss zu erlegen. Ein Jäger war nur mit einem Eichen- oder Eschenkrückstock bewaffnet. Sprang nun der Fuchs, gejagt von den Hunden, in voller Fahrt aus der Röhre in das Netz, dann schlugen die Bleikugeln unter ihm zusammen und er rollte gefangen über den Boden.

Das war der Einsatzmoment für den „Knüppeljäger". Er musste den rollenden Fuchs fassen, ohne gebissen zu werden, und mit einem gezielten(!) Schlag auf die Nasenwurzel schnell und schmerzlos töten. Es gab Experten auf diesem Gebiet. Die Schützen entluden und hielten die griffig gewordenen Hunde davon ab, den Fuchs zu arg zu zausen.

Der Grund auf diese Art die Baujagd zu betreiben war pragmatisch, und eigentlich auch leicht zu verstehen. Der Wert eines Fuchsbalges war für damalige Zeit sehr hoch und einige Löcher durch Schrotkugeln konnten diesen Wert erheblich mindern. Auch das Abbalgen war sehr viel leichter und sauberer ohne Einschüsse. Gegenüber dem Fang mit Eisen, den schon mein Vater damals grundsätzlich ablehnte, war das „Unternehmen" auch für den Fuchs schneller und schmerzloser.

Aber wie gesagt, es ging damals allein um den Balg, der entweder verkauft oder selbst verwertet wurde. Niemals stand der Spaß oder die Raubwildbejagung „für das Niederwild" im Vordergrund.

Wie lautete der Spruch meines Försteronkels Paul? „Wenn wir so wenig Hasen und Hühner haben, dass wir Fuchs und Habicht ihren Anteil nicht gönnen, dann höre ich auf zu jagen."

Fuchsbälge und was nun?

Zwar hatte ich die Fähigkeiten und auch die Passion, mit den Dackeln Füchse zu jagen, aber es bestand auch eine harte Notwendigkeit. Allerdings konnte ich unter den gegebenen Umständen weder die nötigen Netze beschaffen, noch hatte ich die blasseste Ahnung, wie man aus einem erbeuteten und zugerichteten Fuchsbalg etwas zum Essen, zum Überleben machen könnte.

Aber da gab es ja meinen Schwager, der es schließlich fertigbrachte, trotz aller Not, seine Frau und seine vier kleinen Kinder, wenn auch mehr schlecht als recht, durchzufüttern. Überdies war er das, was man so als guten „Organisator" bezeichnete. Er tröstete mich denn auch und machte mir Mut: „Ich besorge dir die Netze, und aus den Fuchsbälgen, wenn du überhaupt welche kriegst, werde ich auch schon etwas Brauchbares machen!"

Tatsächlich bekam ich sehr schnell die Netze von ihm und passende Fuchsbaue hatte ich längst ausgekundschaftet. Der Winter 1945/46 war wie geschaffen für die Baujagd auf den Fuchs: kalt, sonnig, mit viel Schnee. So schlich ich denn mit meinen Dackeln zu einem Bau im Kiefernaltholz, zu dem frische Fuchsspuren deutlich führten. Alles ganz leise: die Netze vor die Röhren gelegt und dann die Dackel ansetzen. Beide verschwanden auch eifrig unter der Erde, und bald hörte ich ihren Standlaut, der in Hetzlaut überging. Es dauerte auch nicht lange, und ein Rotrock rauschte aus seinem Bau in das Netz und kugelte gefesselt über den Boden. Meine „Knüppelwaffe" trat in Aktion, und ehe das Füchslein begriff, was geschah, war es in den ewigen Jagdgründen.

Durch die zwischenzeitlich offene Röhre sprang ein zweiter Fuchs und suchte schleunigst das Weite. Treu folgte bald, nur Seppel knurrte, bellte und polterte unter der Erde herum. Er hatte es wohl mit einem etwas härteren Gegner zu tun. An Seppels Narben hatte ich schon ablesen können: dieser Dackel war hart im Austeilen und im Nehmen und gab so leicht nicht auf. So dauerte es eine Weile, bis der dritte Fuchs sprang und wieder in einem Netz landete. Seppel war ihm dicht auf den Fersen, und ich hatte Mühe, den Fuchs für mich in Besitz zu nehmen. Seppel hätte Reineke zu gerne noch gebeutelt, aber ich wusste schließlich, dass jeder Biss dem herrlichen Winterbalg nicht gut tat und in seinem Wert minderte.

An einem Knüppel die beiden Füchse über die Schultern gehängt, machten wir uns auf den Heimweg. Ins Lager gingen wir allerdings erst in tiefer Dämmerung, mussten doch nicht alle anderen sehen, mit welcher Beute ich heimkehrte. Meine junge Frau, von allem Jagdlichen unbefleckt, staunte nicht schlecht. So hingen die beiden Füchse über Nacht in unserem „Schlafzimmer" neben den Strohsäcken, die Hunde darunter. Obwohl die Füchse den Raum nicht gerade mit Wohlgerüchen erfüllten, schliefen wir alle vier gut und fest.

In der Nacht hatte ich nicht arbeiten können, elektrisches Licht gab es nicht in den Baracken, allenfalls eine Funzel, so man denn Petroleum hatte oder gar eine Kerze. Am nächsten Morgen ging es dann frisch ans Werk, natürlich auch in der Wohnung. Ich dankte im Stillen meinem Vater, der mir das schnelle und sorgfältige Fuchsabbalgen beigebracht hatte. So ging die Arbeit locker von der Hand. Auf ein selbstgefertigtes Spannbrett gezogen, trockneten die Felle langsam vor sich hin.

Mit der fortschreitenden Trocknung wurde auch der Gestank erträglicher. Eine Hoffnung erfüllte sich allerdings nicht. Die Hunde hatten schließlich Hunger und ich dachte mir: gut durchgekochte Fuchskeulen würden sie schon fressen. Unter heftigem Protest meiner Frau kochte ich zwei Stunden lang auf der kleinen gusseisernen Kochhexe das Fleisch. Als ich dann den beiden tüchtigen Jägern die in meinen Augen ansehnliche und annehmbare Mahlzeit servierte, machten beide eine krause Nase und lehnten dankend ab.

Auch wir konnten trotz knurrenden Magens einer Fuchsbrühe mit Einlage nichts abgewinnen. So trug ich die Fuchsreste in den Wald und hängte sie hoch in einen Baum. Warum? Im Gegensatz zu uns finden Meisen und Spechte Fuchsfleisch sehr lecker, besonders im Winter. Sie leisteten auch diesmal ganze Arbeit, und bald hingen die Füchse nur noch als Knochengerüst am Baum. Aus den Schädeln konnte man noch die „Fuchshaken" (Reißzähne) entfernen, die gerne zu Jagd- und Trachtenschmuck verarbeitet werden. Tatsächlich konnte ich die Fuchshaken aus dieser Zeit sehr viel später als Student bei einem Goldschmied versilbern.

Mein Schwager fragte mich beinahe täglich, wann sie denn nun endlich so weit wären, die Bälge, dass er sie unter die Leute bringen könnte?

Endlich waren die beiden ersten sachgerecht getrocknet und sahen, fein gebürstet, schon nach etwas aus. Schwager Ernst schnappte sich das Pelzwerk und verschwand damit. Spät am Abend tauchte er fröhlich in unserer Baracke auf und präsentierte mir acht Stangen „Lucky Strike" Zigaretten.

Stellen Sie sich sechs richtige Zahlen im Lotto vor, so ähnlich war uns zumute. Wie er und bei wem er diese Tauschaktion zuwege gebracht hatte, verriet mein Schwager nicht. Ich vermute, dass er einen Kürschner aufgetan hatte, der mit fertigen guten Pelzen Schwarzmarktgeschäfte machte. Natürlich überließ ich ihm auch den weiteren Tauschweg: Zigaretten zu Essbarem zu machen. Wenige Tage später gab's dann ein Festessen. Dosen mit Fleisch, Wurst und Fisch, Speiseöl und für die Kinder sogar Schokolade.

Auch unser Nachbar bekam etwas ab. Ich sehe den ausgemergelten, hageren Mann noch vor mir stehen, ungläubig und dankbar zugleich, als ich ihm drei Dosen Schweinefleisch in die Hand drückte. Der arme Kerl, ein Musikprofessor aus Danzig, hatte nicht nur zwei linke Hände, er war von Angst und Skrupeln so geplagt, dass er wohl vor einem Feld mit Kartoffeln verhungert wäre. Was es offiziell auf Lebensmittelkarten gab, hat ihn, seine Frau und seine fast erwachsene Tochter zu Skeletten abmagern lassen. Hätten wir ihm und den Seinen nicht gezeigt, dass es im Wald Beeren, Pilze und Holz zum Heizen gab, und man sammeln müsste, obwohl es nicht ganz rechtens war, die drei hätten wohl noch erbärmlicher überleben müssen. Und dass die beiden Dackel zu diesem Überfluss verholfen hatten, kapierte er schon gar nicht. Ich habe es auch nicht versucht zu erklären.

Natürlich bekamen auch die Hunde eine Mahlzeit Corned Beef mit Maismehl.

Weitere zwei Füchse kamen noch in diesem harten Winter dazu. In den folgenden Wintern 1946/47 und 1948/49 wurden es insgesamt dreizehn, ich weiß es noch sehr genau. Es klappte auch mit dem Tausch, so dass wir für damalige Verhältnisse dank der ostpreußischen Dackel eigentlich gut über die Winter kamen.

Zwei Dackel, ein Fuchs und ein Bücherwurm

Noch viele Geschichten fallen mir ein, wenn ich an die Zeit als Flüchtling im Lager in der Lüneburger Heide und an die beiden Dackel denke. Neben Füchsen machten wir auch noch andere Beute auf eher ungewöhnliche Weise.

Natürlich ließ ich dem Brackenblut der Dackel freien Lauf. So lernten sie, einzelne junge Hasen zu finden und zu fangen. Ich musste dann allerdings schnell zur Stelle sein, wollte ich von dem kleinen Braten noch etwas für uns Menschen ergattern. Treu buddelte mit großer Begeisterung und Ausdauer Kaninchenbaue aus, und manchmal erwischte er auch einen der grauen Flitzer. Ich musste nur geduldig abwarten, ob es, selten genug, wieder einmal klappte. Seppel fand diese Jagdart seines Kumpels eher langweilig. Dafür griff er dann schon mal eine Henne, die sich zu weit vom Hof entfernt hatte. In solchem Fall allerdings mussten wir unsere Beine in die Hand nehmen, damit Bauer und Bäuerin uns nicht erwischten. Allerdings waren wir im Lager sicher. Kein Einheimischer hätte sich zu dieser Zeit in eine Ansammlung zu allem entschlossener Ostpreußen und Pommern gewagt. Beide Seiten mieden sich und betrachteten sich von Weitem voller Misstrauen.

Heute kaum noch vorstellbar, aber es sollte lange dauern, bis sich das Verhältnis Einheimischer zu Flüchtlingen änderte.

Indirekt hatten die Dackel auch Einfluss auf meinen späteren beruflichen Werdegang. Meine vom Landesforstamt der Preußischen Provinz Pommern, nach intensiver körperlicher und geistiger Prüfung nach preußischen Kriterien ausgesprochene Annahme für den Forstdienst war hinfällig. Ich werde nie vergessen, wie ich nach beschwerlicher Reise im Landesforstamt in Saarstedt bei Hannover ankam und meine Zulassungen dem alten Landesforstmeister Hausmann vorlegte. Er schaute zunächst die von meiner Mutter geretteten Papiere und dann mich über seine Brille hinweg an: „Junger Mann, Pommerland ist abgebrannt, und geflüchtete Förster aus Pommern, Schlesien und Ostpreußen gibt's bei uns mehr als genug. Für absehbare Zeit werden wir niemanden mehr ausbilden. Lassen

Sie sich also was anderes einfallen als Beruf." Sprach es und zerriss vor meinen Augen die Unterlagen.

Es dauerte lange, bis ich mich von diesem Schock erholt hatte. Nach einiger Zeit stand für mich fest: Wenn schon kein Förster, dann doch ein Beruf, in dem ich mit Tieren oder Pflanzen zu tun hatte. Mir fiel da nur Landwirt und/oder Biologe ein. Von beiden Berufen hatte ich, im Gegensatz zum Förster, keine Ahnung. Und, was für mich ganz schrecklich war, es gab auch keine Bücher zu kaufen oder zu leihen. Im Lager gab es allenfalls ein paar Bibeln. Buchhandlungen befanden sich außer Reichweite. Von meinem Schwager erfuhr ich, dass es in Celle sogenannte „Tauschzentralen" gab, in denen er auch viele Bücher hätte stehen sehen.

In der Tat waren diese Tauschläden der einzige Ort, wo man etwas bekommen konnte, was es sonst nicht gab. Voraussetzung war allerdings, dass man etwas anzubieten hatte, was für einen Tausch geeignet erschien. So schwer es mir fiel, ich nahm eine Stange Fuchsbalg-Zigaretten und machte mich auf den Fußmarsch von Ovelgönne nach Celle, zehn Kilometer oder mehr; im Rucksack die Stange Zigaretten und im Kopf die Hoffnung, dafür Bücher mit biologischem oder landwirtschaftlichem Inhalt eintauschen zu können.

Ich weiß es noch genau, kurz bevor die Triftstraße in den Großen Plan mündet, fand ich an der rechten Straßenseite den ersten Tauschladen. Ein höchst unangenehmer Mensch, ich meine, er stank mir im wahrsten Sinne des Wortes, fragte mich, was ich wolle. Meine Antwort „Bücher" ließ ihn in lautes Gelächter ausbrechen: davon hätte er reichlich, und er würde schon lange alle rauswerfen, die mit Büchern als Tauschobjekt ankämen. Glühbirnen, Kerzen, Bügeleisen und so etwas, das wär's und natürlich noch Wurst, Speck, Schinken und nicht zuletzt was Rauchbares, das wär's. So packte ich denn meine Stange Zigaretten aus dem Rucksack, und sofort wurden die Augen des Tausch-Kaufmanns gierig.

Er führte mich an eine große Regalwand im hinteren Teil des Ladens, die vollgestopft war mit Büchern. „Pack dir deinen Rucksack voll und nimm, was du willst." Da standen Romane, Kochbücher, Lyrik und Prosa, erstklassig ausgestattete Schiller- und Goethe-Ausgaben. Alles interessierte mich herzlich wenig. Schließlich fiel mein

Blick auf die Rücken von großen Bänden, die sich als in prächtige, geprägte Ledereinbände mit Goldschnitt versehene Ausgaben von „Brehms Tierleben" entpuppten. Das war's! Zunächst wusste ich selbst noch nicht, was für Schätze ich da entdeckt hatte. Es war die zweite Ausgabe von „Brehms Tierleben" aus dem Jahr 1877, die sich ein gewisser Carl Schulz zu Weihnachten 1882 hatte schenken lassen. Jetzt steht stolz auf der ersten Seite: „Gottfried Vauk, Ostern 1946". Hätte der Ladenbesitzer gewusst, was ich da für Schätze eingesackt hatte, er hätte mich wohl nicht gehen lassen. Und das alles für eine Stange Zigaretten.

Und ich konnte in der Baracke im Lager lesen und staune noch heute über meine handschriftlichen Eintragungen, wann ich was gelesen hatte. In der Tat stellte ich sehr viel später als Student fest, dass viele Beobachtungen des alten Brehm nicht nur richtig, sondern wegweisend waren.

So stehen diese herrlichen Bände noch heute in meinem Bücherschrank und wenn ich sie ansehe, mag ich selbst kaum noch glauben, welche Geschichten daran hängen. Ob meine Erben neben dem materiellen Wert auch die anderen Erkenntnisse und Werte, die an diesen Büchern hängen, erkennen werden?

Flüchtlingsdackel – Fuchsbälge – Lucky Strike Zigaretten – Brehms Tierleben – der Anfang eines Biologenlebens.

Zweihundert Meter Elektrokabel und das „verlorene Schaf"

Kann sich eine total verzweifelte Situation des Menschen normalisieren? Sie kann! 1947 hatten wir bereits mehr als zwei Jahre ums Überleben gekämpft. Täglich neuer Einsatz, Organisationstalent und nicht zuletzt harte Arbeit waren gefordert, und natürlich Solidarität. „Liebe deinen Nächsten wie dich selbst", nicht den Übernächsten. So wurden wir, die Familie meiner Schwester mit vier kleinen Kindern und meine Frau und ich, zu einer Gruppe von „Nächsten". Wir halfen und ergänzten uns. Langes Fragen und Diskutieren war nicht nötig. Es wurde, nein, es musste gehandelt werden, jetzt und meistens sofort. Trotzdem „bezahlten" wir mit einer Fehlgeburt meiner Frau, verursacht durch Hungern, Kälte und Arbeit bis an die Grenze der Kraft.

Und da waren ja noch Seppel und Treu, die selbst oft mit uns hungerten (gefroren haben sie gemeinsam in ihrer Kiste schlafend sicher weniger).

So klauten wir Holz aus dem Wald, Kartoffeln von den Äckern, sammelten Ähren von den Stoppeln und zerquetschten das Korn zu Brei. Und manchmal gab's sogar Fleisch und „Leckereien" aus dem Wald, Dank sei den Dackeln! Förster, Waldbesitzer und Bauern ließen uns gewähren, man hatte sich wohl an unser Treiben gewöhnt, und es ahnten auch die Einheimischen: „Not kennt kein Gebot!"

In meiner Erinnerung war der Herbst 1947 ein wunderschöner Heideherbst. Der Wald lieferte uns Beeren, Kräuter und Pilze in Hülle und Fülle. Für mich waren die vielen Stunden draußen mit meinen Hunden oder beim Pilze sammeln mit den Kindern ein Geschenk des Himmels. Hunger und Sorgen waren nicht weggeblasen, aber sie schienen geistig und körperlich verkraftbar.

So war ich denn auch an einem schon dämmerigen Abend eigentlich ohne Ziel im Wald unterwegs. Auf einer kleinen Lichtung lag ich im Heidekraut, das um mich Duft nach Honig verbreitete. Die beiden Hunde amüsierten sich auf ihre Weise, buddelten, schnüffelten und fingen sich auch wohl das eine oder andere Mäuslein zum Abendbrot. Als ich mich auf den Heimweg machen wollte, wollten die zwei absolut nicht vom Buddeln an einem kleinen überwachsenen Erdhaufen lassen. Ich sah mir die Stelle an und entdeckte gummiisoliertes Elektrokabel, Stecker und Verlegeklemmen. Es kamen beim Weiterbuddeln etwa zweihundert Meter Kabel zum Vorschein. Trotz meiner technischen Unbedarftheit war mir klar, dass die Hunde einen Schatz entdeckt hatten. Mein Schwager geriet schier aus dem Häuschen, als ich mit der Nachricht im Lager ankam. Zwei Tage später holten wir das „Elektrozeug" mit einem Bollerwagen ab und er hatte den Fund auch bald in Ess- und Rauchbares verwandelt.

Am Fundtag selbst sollte aber das Glück noch einmal kräftig zuschlagen. Wir waren auf dem Heimweg. Die Sonne war eben untergegangen, als beide Hunde ihre Nasen in die Luft steckten, in Windrichtung an der Leine zerrten und wie irre bellten. Es gab nur eine Erklärung: Sie hatten Witterung von etwas Fressbarem in der Nase. Was die Hunde so aufregte, war auch für mich von großem Interesse. So schnallte ich denn die beiden, die sofort ihrer Nase nach losrasten und ich hinterher, stolpernd im Dämmern durch den Wald. Plötzlich verstummten die Hunde, und ich konnte gerade noch zwei Menschen erkennen, die eiligst davonliefen.

Als ich bei den beiden Dackeln ankam, bot sich mir ein einzigartiges Bild. Vor mir lag eine Heidschnucke, die offensichtlich kurz vorher getötet worden war und noch mit den Beinen schlegelte. Aus der Wunde rann Blut, und die beiden Dackel hingen dem Schnuckentier an der Kehle, knurrend und zerrend. Ich dachte und handelte sehr schnell.

Offensichtlich hatten die zwei Menschen das Schaf gestohlen, in den Wald geschleppt und geschlachtet. Zu unserem Glück haben die meisten Menschen vor Hunden panische Angst und schließlich konnten die zwei auch nicht mehr sehen, welche Bestien da auf sie losstürmten und wer sie entdeckt hatte. Also entschlossen sie sich lieber zur Flucht und ließen die Beute liegen.

Ich bin auch ziemlich sicher, dass die beiden Hunderabauken vor Hunger, angetrieben durch den frischen Blutgeruch, diese zwei Menschen auch gegen ihren Widerstand vertrieben hätten. Für mich war klar, das Schaf musste so schnell wie möglich ins Lager zu meinem Schwager gebracht werden. So lud ich mir das Tier auf, zwei Beine rechts, zwei Beine links auf den Schultern, die Hunde mit Fußtritten weggescheucht, und los ging's. Im Laufschritt, im fast Dunkeln durch den Wald auch noch den rechten Weg finden, war ganz schön abenteuerlich. Ich stolperte und fiel mehrfach lang hin, das Schaf beinahe verlierend. Natürlich folgten die Hunde ohne Aufforderung und mussten bei jedem Sturz wieder „weggebissen" werden von der Beute, die doch eigentlich die ihre war.

Schließlich kamen wir im Lager an, zum Glück erst bei totaler Dunkelheit. Mein Eintritt in die „Wohnung" meiner Schwester löste zunächst einmal Panik aus. Die Kinder schrien, die Hunde bellten, mein Schwager schrie dazwischen, um Ruhe zu gebieten. Nur meine Schwester war sprachlos auf einen Stuhl gesunken. So allmählich dämmerte wohl allen, was diese „Beute" für uns bedeutete. Mein Schwager und ich, vertraut mit der „Aufbereitung" geschlachteter Haustiere, waren fix bei der Hand. Die Hunde wurden schon beim Abziehen mit Fleisch- und Fellteilen, an denen sie zerrten, ruhig gestellt, die Kinder in ihre Strohlager gebracht. Was aber nun mit dem vielen Fleisch machen und dem Fell? Zunächst einmal gab es Hammelkohl reichlich und tagelang. Andere Fleischstücke wurden eingesalzen und so haltbar gemacht. Und natürlich bekamen unsere Nachbarn, der Musikprofessor und seine Familie, ein gutes Stück von unserem Glück ab.

Tage- und wochenlang satt sein, was für ein Gefühl. Die Eingeweide wurden für die Hunde gekocht, so dass auch sie runde Bäuche hatten. Das größte Glückslos zog aber wohl ich. Natürlich war es wieder einmal mein Schwager, der die Idee hatte: „Ich weiß, dass es in Celle eine Stelle gibt, bei der man ganz offiziell Schafwolle gegen Stoff eintauschen kann. Wir scheren das Schaffell und bringen die Wolle da hin!" Er übernahm diese Tauschaktion selbst, ich hatte Angst, dass man mich fragen würde, wie ich denn an diese Wolle gekommen sei. In der Tat kam mein Schwager mit einem Paket etwas flusigen, aber neuen braunen Wollstoffs zurück. Ein Schneider nähte mir daraus, natürlich im Tauschverfahren, meinen ersten Anzug, Sakko und Hose, den ich Jahre später als Student noch trug. Es war schon ein tolles Gefühl, endlich wieder, nach jahrelanger Eintönigkeit in gefärbten (Vorschrift: schwarz, blau oder braun) Militärklamotten wieder einmal als „Zivilist" auftreten zu können.

Meine Frau gab dem Kleidungsstück den richtigen Namen: „Dackelanzug". So wurde man ständig und zu Recht an Seppel und Treu erinnert.

Stubenrein

Zum Thema „Wie mache ich einen jungen Hund stubenrein?" fällt mir eine Geschichte ein, die man sich bei uns gerne erzählte:

Förster „Raubein" musste einen neuen Hund haben und wie immer sollte es eine Hündin, ein Deutsch-Drahthaar, sein. Die Wahl fiel auf einen Welpen, den ein benachbarter Kollege anbot. Leider war es ein Herbstwurf, was wegen des strengen Winters bei der Aufzucht und Erziehung Probleme machen konnte. Andererseits gab es um diese Zeit reichlich Wild, so dass der junge Hund mit kraftvollem Futter aufgezogen werden konnte.

Voller Freude brachte Raubein seine neue Gefährtin nach Hause. Einen Namen hatte er auch schon ausgesucht: Anka. Kaum in seinem Arbeitszimmer angekommen, spielte er mit der kleinen Hündin auf dem weichen Teppich und dann passierte es. Anka machte einen kleinen Knicks und setzte eine kleine Pfütze auf den Teppich. Der Förster gab ihr einen kleinen Klaps auf den Po, sagte „Pfui" und trug sie nach draußen auf den verschneiten Rasen. Anka weigerte sich aber standhaft nun noch einmal eine Pfütze zu fabrizieren und sich mit dem Hintern in den Schnee zu hocken, was Raubein ja auch verstand.

Immer wieder war der Teppich in den kommenden Wochen der Lieblingsplatz der Hündin, um ihr kleines Geschäft zu machen. Das ging so bis zum Frühjahr und Raubein war schon ziemlich verzweifelt. Eines Tages arbeitete er in seinem zu ebener Erde liegendem Arbeitszimmer, das Fenster war bei schönem Wetter geöffnet, wie es seine Gewohnheit war. Natürlich war Anka bei ihm. Plötzlich sah der Förster mit halbem Auge, dass Anka wieder auf dem Teppich in die Hocke gehen wollte. Er sprang schnell auf, packte das Tierchen, es folgte ein Klaps, ein „Pfui" und dann warf er sie aus dem Fenster auf den Rasen. Anka fiel weich, war verdutzt und erledigte ihr Geschäft. Einen Tag später ereignete sich die gleiche Szene, Anka pinkelte auf den Teppich, wurde im Nacken gepackt und befand sich auf dem Rasen. Dieses Spiel wiederholte sich und nach ein paar Tagen wollte der Förster die freche Hündin wieder packen, aber ehe Raubein sie ergreifen konnte, sprang sie ganz allein und fröhlich aus dem offenen Fenster in den Garten.

Raubein war zunächst wütend, musste dann doch lachen und freute sich über die enorme Assoziationsleistung seiner Anka: auf den Teppich pinkeln war nicht schlimm, man musste danach nur aus dem Fenster springen.

Irgendwann soll aber Anka es dann doch kapiert haben: Teppich – nein, Garten – ja, ohne Fenstersprung.

Zwischenspiel mit Hunden

Die Ostfriesen des Ostens

Hinterpommern und Ostpreußen waren im ehemaligen Deutschen Reich so ungefähr das, was die Ostfriesen für die Bundesrepublik sind. Sie „lebten hinter dem Mond" und der Fortschritt war nicht zu erkennen. Dafür waren Disziplin und oft Dickköpfigkeit hervorstechende Eigenschaften, die zum Beispiel im Rheinland oder auch im relativ nahen Berlin deutlich weniger ausgeprägt schienen. Und diese Dickköpfe waren nicht gerade redselig. Oft waren Ausbrüche von Zorn oder gar Wut zu beobachten, vor allem wenn es um Faulheit und angeblich vertane Zeit ging. So galt es denn als unschicklich, seine Zeit mit unnützen Reden zu vergeuden. Wer dies allerdings mit Dummheit oder mangelnder Kreativität gleichsetzte, wurde bei näherem Kontakt bald eines Besseren belehrt. Diese „Hinterwäldler" konnten sehr gut Geschichten, überlieferte Sagen und reale Erlebnisse erzählen und trockene Witze über sich selbst machen.

Jagd, beispielsweise war nichts, über das man wie über Heldentaten schwadronierte. Erwähnenswert waren meist nur Witze und wahre absonderliche Geschichten. An zwei Beispielen will ich das belegen und beide haben etwas mit Hunden zu tun.

Zuerst eine wahre Geschichte

Ein ostpreußischer Forstmeister ärgerte sich jedes Mal, wenn aus Berlin ein „hoher Herr" als Jagdgast geschickt wurde. Meist verstand der nicht viel von der Jagd, hatte kaum innere Beziehung zum Wald und zum Wild, wollte aber dauernd darüber reden. Ganz besonders unbeliebt war ein nassforscher General, der schon zum dritten Mal kam und endlich einen Auerhahn schießen sollte und wollte. Zweimal hatte der besagte Soldat schon beim Anspringen an den balzenden Auerhahn versagt, einmal den abfliegenden Gockel auch noch vorbeigeschossen. Die Schuld daran hatte natürlich immer ein anderer Umstand: das Wetter, der Hund, der Forstmeister und so weiter.

Der Förster hatte von diesem, ihm so fernen, fremden Jäger endgültig genug und sann auf schnelle Abhilfe. So schoss er selbst einen Auerhahn am Abend, bevor der General wieder zum Ansitz kam. Noch in den frühesten Morgenstunden schickte er seinen Kutscher, kein sehr heller Kopf, mit dem geschossenen Auerhahn in den Wald und erklärte ihm: „Du weißt, im Revier drei ist ein Kahlschlag auf dem wir drei hohe alte Kiefern wegen der Naturverjüngung stehen gelassen haben. Du steigst mit den Steigeisen auf die rechte Kiefer und nimmst den geschossenen Auerhahn mit. Versteck dich aber gut in der dichten Krone. Ich komme dann im Morgengrauen mit dem dusseligen General und rede ihm so lange ein, dass in der linken Kiefer ein Hahn sitzt, bis er auf Verdacht hineinballert. In diesem Augenblick lässt du den Auerhahn runterfallen. Ich lass ihn denn von Hasso, meinem Drahthaarrüden apportieren, sag dem Döskopp „Waidmannsheil" und wir sind den Kerl ein für alle Mal los. Angst brauchst du nicht zu haben, ich pass schon auf, dass er nicht in die rechte Kiefer schießt!"

Gesagt, getan. Es lief alles wie abgesprochen. Nach mehrmaligen Aufmunterungen und Beteuerungen schoss der General in die linke Kieferkrone – und es polterte etwas herunter. Dass der Hahn nicht aus der linken Kiefer fiel, bemerkte der General in der Aufregung nicht. Hasso wurde zum Apportieren geschickt und brachte auch brav – einen schweren Rucksack. Der masurische Kutscher hatte vergessen, den Auerhahn auszupacken!

Der Schütze verstand und wutentbrannt reiste der General ab. Der Forstmeister erhielt von der Berliner Forstverwaltung eine Geldbuße und Schussverbot auf Auerwild als Strafe. Die Reaktion war gelassen: „Die damlichen Auerhühner schmecken sowieso nicht! Und für das Geld bin ich den Quatschkopp gerne los."
So tut ein preußischer Forstmeister eben seine Pflicht, aber nicht im blinden Gehorsam. Sondern nach bestem Wissen und Gewissen.

Und nun der Witz

Nach anstrengender Hühnerjagd durch Rüben- und Kartoffeläcker kehren drei Jäger mit ihren Hunden in das Hinterzimmer eines Gast-

hofs ein. Ein kühles Bier und hochprozentiger „Bärenfang" (ostpreußischer Honigschnaps) sollen die Anstrengungen des Jagdtages
vergessen machen. Alle drei schweigen und trinken, schließlich ist
die Rebhuhnjagd kein Vergnügen, sondern harte Arbeit durch die
man aber an ein leckeres Sonntagsessen kommt. Schließlich sagt der
redseligste: „War ein scheener Jachtach heute." Es folgt eine lange
Pause, dann sagt der zweite: „Ja", und dann der dritte: „Ja!" „Jetzt
rejnets draußen!" „Ja." „Ja."

Nach einem weiteren Schnaps und einem Bier meint der erste: „Hier
drinnen stinkts!"
   Nun haben die beiden anderen kein trockenes „Ja" auf den Lippen, sondern antworten ausführlich. „Werden wohl de Hundchen
sain." – Pause – „Sind doch jar nich drin!" – Pause – „Werden schon
noch reinkommen!"

Anka – Zwischenspiel fast ohne Hund

Der Mahnbrief des zuständigen Forstamtes, dass meine Wilderei ein Ende haben müsse, gab den letzten Anstoß. Ich versuchte zunächst vergeblich, einen neuen Weg in die Zukunft zu finden. Meine nach bestandener Vorprüfung erteilte Zulassung zum höheren Forstdienst durch die Preußische Provinz Pommern, die meine Eltern mit anderen wichtigen Unterlagen gerettet hatten, erntete bei der Vorlage auf dem Niedersächsischen Landesforstamt nur ein müdes Lächeln. Das war's. Aus der Traum vom Förster, von Wald, Einsamkeit, Hunden und Jagd.

Es dauerte einige Zeit, bis ich mich von diesem ersten Schlag erholt hatte, und der zweite folgte schnell.

Meine Bewerbungen um einen Studienplatz für Biologie bei mehreren norddeutschen Universitäten brachten die nächsten Enttäuschungen, nämlich Ablehnungen. Damals waren die Möglichkeiten an allen deutschen Universitäten durch Bombenzerstörung und Professorenmangel sehr eingeschränkt; es gab daher einen strengen „Numerus clausus", den ich mit meinem durchschnittlichen Abiturzeugnis nicht überspringen konnte. Es blieben nur zwei Möglichkeiten: die Ableistung einer vorgeschalteten Berufsausbildung oder ein mindestens einjähriges Praktikum. Dadurch konnte man zusätzliche Pluspunkte für die Bewerbung um einen Studienplatz sammeln.

Zu meinem Glück hatte ich gehört, dass die „Staatliche Lehr- und Versuchsanstalt für Viehhaltung" in Echem bei Lüneburg Ausbildungs- und Praktikumsplätze für Kriegsteilnehmer anbot. Nach schriftlicher Anfrage durfte ich mich dort vorstellen und bekam tatsächlich eine Praktikantenstelle. Die Ausbildung war hart und für heutige Landwirtschaftslehrlinge sicher nicht mehr vorstellbar. Man lernte, den großen Milchviehbestand mit der Hand zu melken und auch Schafe scheren gehörte zur Ausbildung. Die Ackerbestellung wurde ausschließlich mit Pferden betrieben, davon verstand ich etwas und ich war froh und glücklich, als ich nach einem halben Jahr zum Gespannführer ernannt wurde.

Ich erinnere mich gerne daran, wie ich mit „meinen" beiden Fuchsstuten Evita (Trakehnerstute) und Goldspiel (Hannoveraner Staatsprämienstute) Furchen durch den schweren Boden der Elb-

marsch ohne Hektik und Motorengeknatter ziehen konnte. Und –
nach Jahren des Hungerns und Frierens – konnte ich gute Sachen
essen, so viel ich wollte, was meinem ausgemergelten Körper zunächst allerdings gar nicht gut bekam.

Der Abschied vom Flüchtlingslagerleben fiel mir wahrlich nicht
schwer. Auch um meine tüchtige und tapfere Frau, die mich mit guten Wünschen ziehen ließ, brauchte ich mir keine Sorgen zu machen.
Sie hatte sich eine Stelle als Kindergärtnerin in Eschede bei Celle
gesucht und konnte dort auch mit unserem kleinen Sohn wohnen.

Aber was wurde aus Seppel und Treu? Die beiden Rabauken haben
wohl nicht viel davon mitbekommen. Bei meiner Schwester und ihren vier Kindern waren sie schon häufig zu Gast gewesen und waren
von ihnen auch schon zum Holz und Pilze sammeln mitgenommen
worden.

So wurde denen das Abschiednehmen erspart, und die zwei ver-
lebten in dieser Umgebung, versorgt mit allem, was eine Hundesee-
le und ein Hundekörper braucht, noch einige gute Jahre.

Wie eigentlich immer in meinem Leben war der Abschied schnell,
hart und total. Ich tauchte kopfüber in eine neue Welt ein. Auf dem
Hof Echem gab es zwar viele Kühe und einen gewaltigen Zuchtbul-
len, viele Schweine, Schafe und acht Pferde, aber nur einen Hund:
eine sehr schöne, schwarz-gelbe Schäferhündin, die im Pferdestall
eine geschützte Ecke als Heimstatt hatte. Versorgt wurde sie (wie
wir) aus der Hofküche, und schlecht ging es ihr gewiss nicht. Ihren
Wach- und Hütedienst beim Umtreiben von Rindvieh und Schafen
versah sie hervorragend. Ihre Bezugsperson war der zur Stammbelegschaft gehörende Melkermeister, auch Oberschweizer genannt.
Sehr eng war diese Beziehung freilich nicht, sie beschränkte sich
sozusagen auf das „Dienstliche".

Ich versuchte, mich Anka anzunähern, zunächst mit sehr mäßigem
Erfolg. Die Hündin ließ sich von mir anfassen und streicheln, hielt
aber deutlich Distanz.

Das Verhältnis änderte sich fast schlagartig, als die Weihnachtszeit
kam. Natürlich wollten die Lehrlinge und Praktikanten möglichst
heimfahren und Festtage mit Eltern, Geschwistern und Freunden

feiern. Angeordnet wurde aber, dass einer von uns als „Stallwache" zur Unterstützung der Stammbelegschaft auf dem Hof zu bleiben hatte. Wer dieser Eine sein sollte, war dem Chef egal, wir sollten uns untereinander einigen. Zunächst sollte gelost werden, ein Unternehmen, dem ich schnell ein Ende machte. Lange überlegen musste ich nicht. Wohin sollte ich auch fahren? Weder meine beiden Schwestern noch meine Eltern hatten schon wieder ein richtiges Zuhause. Außerdem war Schmalhans Küchenmeister bei allen Flüchtlingen, und nicht einmal die Kinder hatten Geschenke zu erwarten. Heimweh, Bedürftigkeit und Traurigkeit würden die Tage bestimmen. Was also sollte ich dort?

Da war ich auf dem Hof gut versorgt, wurde vom restlichen Küchenpersonal verwöhnt und traurig sein wollte ich lieber allein. Die Kollegen staunten mich zunächst wegen dieser freiwilligen Heldentat (die eigentliche keine war) an, freuten sich dann aber, und ihre Dankbarkeit kam von Herzen.

So kamen Tage, in denen alles Notwendige für die Tiere zu tun war und in denen in der restlichen Zeit Stille auf dem Hof herrschte. In der Küche wurde gewerkelt, ich wurde verwöhnt, dass es eine Freude war. Ansonsten hatte ich liebe, nett gemeinte Einladungen abgelehnt. Ich hoffte, dass man mich verstand: ich wusste schließlich genau, dass mich bei Tannenbaum und Kerzen sowie leuchtenden Kinderaugen Heimweh und Einsamkeit überwältigt hätten und ich den anderen feiernden, fröhlichen Menschen mehr Last als Freude gebracht hätte.

Und siehe da, auf einmal war ich gar nicht mehr allein. Anka ging plötzlich neben mir über den Hof, freute sich, wenn ich abends an ihre Box im Pferdestall kam und mich zu ihr setzte. Sie hörte mir geduldig zu, wenn ich ihr pommersche Wintergeschichten erzählte, den Kopf in meinem Schoß, die Ohren gespitzt, die dunklen Augen weit offen. Manchmal schliefen wir beide im Stall auch ein und träumten so unsere Träume. Wir saßen bei den Kühen und Schafen, meist aber bei den Pferden, den Schweinestall mieden wir. Wir mochten wohl beide den Geruch nicht.

Ich glaube, dass die Weihnachtszeit und der Jahreswechsel bei „Ochs und Eselein" für Anka und mich gleichermaßen eine sehr schöne

Zeit war. Zwei Geschöpfe unter anderen Geschöpfen. Weit weg von allen Alltäglichkeiten, von Arbeit und Hektik.

Ich habe in den Tagen gelernt: stille Traurigkeit kann viele gute Gedanken und Kraft bringen, sie macht nicht mutlos. Wie weit ein Hund miterleben, mitfühlen und helfen kann? Die Sicht und das Gefühl des Tieres kenne ich nicht, von beiden Seiten können nur Gesten, Blicke etwas von der Wechselwirkung Mensch – Hund, Hund – Mensch erkennbar werden lassen.

Die stille Zeit war vorüber, der Hof nach etwa acht Tagen wieder voller Leben. Ankas Bindung an mich wurde deutlich lockerer, nur abends wenn ich zu den Pferden und zu ihr in den Stall kam, war die Freude auf allen Seiten spürbar.

Mein Praktikum neigte sich dem Ende zu und dank dieser Ausbildung bekam ich einen Studienplatz an der Universität Kiel. Dort gab es ein „Institut für Haustierkunde", bei dessen Direktor ich mich schon bei meiner Bewerbung vorgestellt hatte. Er hatte mir auch zugesichert, dass ich für 50 DM (kurz nach der Währungsreform eine Menge Geld) im Monat als sog. „Technische Hilfskraft" arbeiten und beim Wiederaufbau helfen könnte.

Eine Freundin und Anka brachten mich zur Bahn zum Antritt einer Reise in eine total ungewisse Zukunft. Ich ahnte damals zwar, dass die kommenden Studienjahre mir viel geistige und körperliche Arbeit unter schwierigsten Umständen abverlangen würden. Dass diese Jahre aber bestimmend geprägt sein würden von Hunden, Hunden, Hunden; das ahnte ich nicht.

Zwergpudel – Studieren und leben in einem Trümmerhaufen

Eigentlich sollen sich meine Geschichten ja auf mein Erleben und Leben mit den vielen Hunden beziehen und beschränken, denen ich begegnet bin. Allerdings ist das von meinem eigenen Leben nicht vollständig zu trennen. Es gab Lebensabschnitte, in denen Hunde überhaupt keine Rolle spielten und trotzdem waren sie von Bedeutung für mein Leben mit Hunden. So war es auch in den ersten Jahren meines Studiums an der Christian-Albrecht-Universität in Kiel.

Irgendwie bin ich 1948 in Kiel gelandet und sollte zum ersten Mal für Jahre in einer Großstadt leben. Was aber war das für eine Stadt?! Als Marinestadt war sie heftigsten Bombardements ausgesetzt gewesen, und Hafen, Werften, Fabriken, aber auch große Wohngebiete waren restlos oder teilweise zerstört worden.

Zwar hatte die Währungsreform vor einigen Monaten den Menschen wieder Hoffnung gegeben, aber bezahlte, auskömmliche Arbeit war knapp. Und natürlich dachte kein Mensch daran, Studenten mit Geld zu unterstützen. Ich fand, nachdem ich Monate in Trümmerhäusern gehaust hatte, ein winziges Zimmer bei sehr netten Wirtsleuten und hatte bei aller Primitivität (kein Bad, keine Dusche, Klo draußen) ein Dach über dem Kopf und jeden Morgen ein Töpfchen Milch, ein Döschen Zucker und ein Kännchen Malzkaffee zum Frühstück. Selten hatte ich dazu auch eine Scheibe Brot mit „was drauf". Nur wenn der Bäcker nebenan mir alte Brötchen schenkte, wurde ich satt.

So musste ich mir also Arbeit suchen. Die 50 DM, die ich als technische Hilfskraft am Institut für Haustierkunde bekam, reichten vorne und hinten nicht, zumal 25 DM für Miete gleich weg waren. Ich fand eine harte Gelegenheitsarbeit am Seefischhafen, der damals regelmäßig von großen und kleinen Fischereifahrzeugen angelaufen wurde. Ihre Fracht an Fischen musste gelöscht und in die nahe gelegenen Fischfabriken gebracht werden. Es war eine Knochenarbeit. Aber man konnte neben dem geringen Lohn auch

Fisch mitnehmen, den meine Wirtin gerne für sich, ihren Mann, beide schon Rentner, und mich zubereitete.

Ich könnte noch viel vom damaligen Studentendasein erzählen, aber es würde wohl ein eigenes Buch werden.

Von der alten Universität waren kaum Gebäude unbeschädigt geblieben. Unser Institut arbeitete, so gut es ging, im erhaltenen Souterrain und in Kellerräumen des früheren Anatomischen Instituts. Das hatte neben allen Problemen auch einige Vorteile. Wir arbeiteten oft gemeinsam mit unserem Professor daran, die Räume und das umliegende Trümmergelände zu säubern und aufzuräumen. Dabei stellte sich heraus, dass große Flächen mit Terrazzo-Böden ausgelegt waren, draußen und drinnen unter den Trümmern noch Mobiliar und Geräte, sogar Mikroskope geborgen werden konnten.

Im Außenbereich konnten Ställe und Ausläufe für geflügeltes Getier aller Art und ein Taubenschlag eingerichtet werden. Auch Ställe für Kaninchen, Schafe und Schweine wurden von uns, das heißt den Studenten und einem Hausmeister, der zum Glück gelernter Maurer war, gebaut.

An Hundehaltung war vorläufig nicht zu denken. Zunächst einmal wurde ich von der technischen Hilfskraft zur technisch-wissenschaftlichen Hilfskraft (HiWi) „befördert". Es blieb allerdings bei den 50 DM.

Unser Professor hatte ein Forschungsziel formuliert: Wie kam es zur Domestizierung von Wildtieren zu Haustieren, und wie konnte es zu so gewaltigen Unterschieden innerhalb einer Art (wie zum Beispiel Zwerghuhn auf der einen und sehr großen Hühnern auf der anderen Seite) kommen?

Ähnlich sieht es ja auch bei Pferden (Zwergpony und Kaltblüter) und Hunden (Zwergpinscher und Dogge) aus. Auch die Fragen, wie es zur Domestikation durch den Menschen kam und welche Voraussetzungen dabei bei Tier und Mensch gegeben sein mussten, sollten erforscht werden.

Mir gefielen diese Gedanken sehr gut, besonders was Hund, Pferd und Mensch betraf. Zunächst aber einmal wurde ich auf physiologische Probleme angesetzt, was mir überhaupt nicht passte. Aber was half es, ich musste am Ball bleiben. So ging ich im Labor ganz interessanten Fragen nach. Haben kleine und große Hühner und Kaninchen das gleiche Blutbild, die gleichen Körpertemperaturen oder unterscheiden sie sich neben ihrer Körpergröße auch bei den „inneren Werten"? Ganz leicht fiel mir diese Arbeit nicht. Sie brachte mir dennoch viel, eingedenk eines Spruches meiner Mutter: Es gibt kein Glück auf Erden als wollen, was man soll!

So kam es auch, dass ich bereits im 4. Semester eigene Arbeiten in angesehenen wissenschaftlichen Zeitschriften publizierte. Mein Verständnis vom Studium lag allerdings nach wie vor beim Beobachten von Hunden und Pferden mit dem gleichen Ziel, wie der Chef es hatte: Wie kam es zur Domestikation, und gibt es Unterschiede im Bereich des Verhaltens und des Verhältnisses Mensch/Tier zwischen den unterschiedlichen Rassen?

Die Situation in Trümmer-Kiel und Trümmer-Uni ließ zwar Träume zu, machte aber eine Realisierung der Forschung zunächst unmöglich. Die Wende zu meinen Gunsten kam dann aber doch schneller als gedacht. Zunächst war da die Tatsache, dass unser Professor sich zwei Pudelhündinnen hielt und sehr gerne gezüchtet hätte, es aber weder in seiner kleinen Wohnung noch im Institut realisieren konnte.

Der zweite Schub kam durch die beim Trümmerräumen gemachte Entdeckung, dass unsere Kellerarbeitsräume nicht nass wurden, weil sie durch eine große wasserfeste Decke geschützt wurden. Wahrscheinlich war es der Boden des Studenten-Präpariersaales der alten Anatomie. Er war nicht nur wasserfest, sondern auch die Abflüsse funktionierten noch. Aus meiner Sicht der ideale Boden für die Anlage von mehreren großen Hundezwingern. Voller Hintergedanken machte ich dem Chef das Angebot, dass ich zusammen mit dem Hausmeister dort einen Zwinger mit Hütten bauen würde, den er für seine Pudel dann zur Zucht nutzen könnte.

Wie erwartet, sagte er: „Gute Idee, ich besorge das nötige Material und ihr baut den Zwinger. Vielleicht können wir dann später noch mehr Zwinger bauen, wenn ihr das jetzt ordentlich hinkriegt."

Ich war Feuer und Flamme und hätte am liebsten Tag und Nacht gearbeitet, ein Drang, der meinem Vorarbeiter, Hausmeister und Maurer zu der Bemerkung veranlasste: „Nun werd bloß nicht verrückt, mein Junge, ich will meinen Feierabend haben."

Immerhin war nach ein paar Monaten ein prächtiger Zwinger mit schöner Wurfhütte fertig, und die Professoren-Pudelhündin, inzwischen schon gedeckt und tragend, konnte einziehen, und ich hatte wieder einen Hund, um den ich mich kümmern durfte und sollte.

Ein kleiner schwarzer Hund namens „Tina" oder„Ich bin noch nie von einem Hund gebissen worden!"

Natürlich hatte der Institutschef längst gemerkt, dass ich jede vorlesungs- und arbeitsfreie Stunde bei seiner Pudelhündin Iris und ihren vier Jungen zubrachte. Die Hündin hatte sich in dem neuen Zwinger in der mit Heu ausgepolsterten Wurfhütte gut eingerichtet und freute sich, wenn ich still bei ihr saß, um sie und die Welpen zu beobachten. Alles was sich an Verhaltensweisen im Laufe der Tage bei Hündin und Welpen abspielte, schrieb ich sauber auf.

Anlass für diese Arbeit war die Tatsache, dass Anfang der fünfziger Jahre die Verhaltensforschung, auch Ethologie genannt, immer mehr von sich reden machte. Die Wissenschaftler der traditionellen Forschungsrichtungen in menschlichen und zoologischen Bereichen waren damals dieser neuen Forschungsrichtung gegenüber mehr als skeptisch. Es gab da schließlich nichts zu zählen und zu messen. Es waren nur Beobachtungen möglich und allenfalls ein paar kleine Versuche mit den Tieren. Lediglich an der Universität Freiburg gab es Professor Koehler, der sich mit dem Verhalten von Affen beschäftigte, und im Max-Planck-Institut für Verhaltensforschung in Seewiesen setzte Professor Lorenz gerade zu seiner Karriere an, die ihn schließlich zum Nobelpreis führte.

Ich hatte alles gelesen, was ich über die Ethologie in die Finger bekam. Unter anderem ein Buch von einem Herrn Fischel: „Die Seele des Hundes"

Mir gefiel das Buch, und natürlich glaube ich auch heute noch, dass Tiere, besonders Hunde, eine „Seele" haben, was immer man darunter verstehen mag. Andererseits war mir klar, dass Fischels Ausführungen von der Wissenschaft so nicht anerkannt werden würden. Da müssten schon exaktere Beobachtungen, Aufzeichnungen, Fotos und Zeichnungen her. Bei meinen Pudelbeobachtungen wurde mir auch bewusst, dass exakte Beobachtungen zunächst nur bei angeborenen Verhaltensweisen möglich sein würden, also beim Geburts- und Aufzuchtsverhalten der Hündin sowie der Entwicklung arteigenen Verhaltens der Welpen.

Mit meinen stillen Beobachtungen und geheimen Vorstellungen stand ich jedenfalls auf der ganzen Linie allein und traute mich auch nicht, darüber zu sprechen.

Aber wie gesagt, der Chef hatte meine Aktivitäten sehr wohl bemerkt und rief mich eines Tages in das damals noch sehr spartanisch eingerichtete Direktorenzimmer.

Obwohl wir eigentlich einen recht lockeren Umgang pflegten, schließlich waren wir beide Soldaten, sogar bei der gleichen Panzerdivision an der Ostfront gewesen, hatte ich doch gewaltigen Respekt vor dem Chef und seiner natürlichen Autorität. So war ich denn auch gespannt, was dieser Ruf ins selten betretene Zimmer bedeuten würde. Die Sekretärin zuckte auch mit den Schultern.

Der Chef bot mir nett und freundlich einen Stuhl an und begann die Unterhaltung wie gewohnt in wohlwollendem Du: „Sag mal, Gottfried, was machst du da eigentlich stundenlang im Zwinger von Iris und ihren Welpen?"

Irgendwie hatte ich diese Frage erwartet und sprudelte nur so los. Von Hunden im Allgemeinen und von Iris und ihren Welpen im Besonderen. Natürlich ließ ich auch all mein im Stillen angesammeltes Wissen über die neue Verhaltensforschung los. Der Chef unterbrach mich nur selten mit Zwischenfragen. Erst als ich erzählte, dass ich alle meine Beobachtungen in einer Kladde aufgezeichnet hätte, reagierte er spontan: „So, so, dann bring mir diese Aufzeichnungen mal, damit ich sie mir in Ruhe ansehen kann!"

Kurz kam er noch darauf zu sprechen, dass gegebenenfalls der ständige Umgang mit Hunden, vielleicht ja auch Polizei- und Jagdhunden, nicht ganz ungefährlich sei. Schon aus diesem Grunde müsse er sich überlegen, ob er mir eine solche Hundearbeit übertragen und dafür die Verantwortung übernehmen könne.

Ich hörte aus diesem Gespräch nur heraus, dass der Professor ernsthaft daran dachte, meine Gedanken aufzunehmen und zu realisieren. Wohl aus Freude darüber vergaß ich die notwendige Zurückhaltung und meinte ziemlich großspurig und, wie ich später auch erfuhr, falsch, dass das kein Problem sei. Ich hätte schon viel mit Hunden zu tun gehabt (was so nur bedingt stimmte) und ich wäre noch nie von einem Hund gebissen worden. Die Antwort kam deutlich miss-mutig: „So, so, ich werde mir das überlegen. Ach ja, bring doch bitte Tina eben nach draußen, damit sie ihr Geschäft machen kann."

Tina, eine kleine schwarze Zwergpudelhündin, lag friedlich in ih-rem Körbchen in der Zimmerecke. Mir kam diese Anordnung zwar seltsam vor, ging der Chef mit seinem kleinen Liebling normaler-weise doch immer selbst vor die Tür, aber ich lockte die Kleine den-noch mit den Worten: „Komm mit, wir gehen spazieren!" All mein Locken und Schmeicheln wie auch härtere Töne blieben erfolglos. Tina lag regungslos und schaute mich nur starr mit ihren schwarzen Knopfaugen an. „Na, dann nimm sie doch einfach an die Leine!", so ihr Herrchen mit etwas Hinterlist im Blick. Ich nahm also die Leine und beugte mich zu Tina hinunter. In dem Augenblick, als ich zu ihrem Halsband griff, fuhr die kleine schwarze Hexe wie ein Blitz hoch und krallte mir ihre spitzen Zähne so in die Hand, dass sofort Blut floss.

Ich stand wohl ziemlich dumm, ratlos und mit schmerzender Hand da. Tina lag wieder brav auf ihrem Platz und der Chef lachte aus vollem Hals: „Na, bitte, jetzt kannst du wenigstens nicht mehr behaupten, dich habe noch nie ein Hund gebissen. Desinfiziere die Wunden, den Schmerz wird ein alter Soldat wohl aushalten und merk dir die Lehre, die so ein kleiner Pudel dir erteilt hat."

Ich schlich mich blamiert und im Ärger über mich selbst davon.

In den kommenden Tagen wartete ich gespannt, ob und welche Re-aktionen auf die Lektüre meiner Aufzeichnungen wohl kommen würden.

Bessy – All' Not hat nun ein Ende ...",
den Hunden, den Pferden und dem
lieben Gott sei Dank

Die heutige Studentengeneration wird es sich in der Tat kaum vorstellen können: Die meisten Studenten meiner Generation lebten, arbeiteten und studierten unter den schwierigsten Bedingungen, und oft war schiere Not angesagt. Die Städte mit ihren Universitäten lagen noch Anfang der 50er Jahre in Schutt und Asche.

Kaum einer hatte von Eltern oder über Stipendien Geld genug, um den Lebensunterhalt zu sichern. Es wurde gehungert und gefroren, dass es nur so eine Art hatte. Das Studium selbst und die vage Hoffnung auf bessere Zeiten und – nicht zu vergessen – eine unglaubliche Solidarität, frei von Egoismus und Anspruchsdenken, hielten uns bei der Stange. Und natürlich wurde neben dem Studium gearbeitet, wo immer es ging, und „organisiert" wurde auch.

So gab es in der weiteren Umgebung meiner Studentenbude kaum noch Holzlatten an den Gartenzäunen. Zwei bis drei nachts auf dem Heimweg „mitgenommene" Latten sicherten mir für ein paar Stunden eine halbwegs warme Bude.

In der Heizungsfrage gab es bald einen Lichtblick, unten im Erdgeschoss unseres Mietshauses befand sich auf der einen Seite ein kleiner Milchladen, in dem ich meine damals noch aus großen Kannen abgefüllte Buttermilch (gut, preiswert, nahrhaft) kaufte, und manchmal gab's ein altbackenes Brötchen dazu.

Auf der anderen Hausseite lebte und arbeitete die Familie des Kohlenhändlers Schmidt. Eine große Toreinfahrt führte auf den Hinterhof. Dort waren in weitläufigen Schuppen Briketts, Steinkohle und Koks gelagert, und in einem Pferdestall standen neben großen Plattenwagen zwei Belgische Kaltblutstuten. Jeden Morgen wurde ich früh durch den Arbeitsbeginn im Kohlenhof geweckt: Kohlen abwiegen, auf die Wagen werfen, Pferde rausholen und anspannen. Mit Hufgeklapper und Wagenrumpeln wurden die Kunden in der Stadt bedient.

Ich hatte mich mit dem Sohn, auch einem Kriegsteilnehmer, etwas bekannt gemacht. Da ich ohnehin wach war (dabei schlafe ich gerne länger!), ging ich eines Tages nach unten in den Pferdestall, half beim Putzen und Anschirren der Pferde. Schmidt jun. merkte, dass ich die Sache beherrschte, und fragte mich, ob ich nicht am arbeitsfreien Sonntag die Pferde für ihn putzen und füttern würde. Ausreichend Briketts für meinen Kanonenofen würden dabei wohl abfallen. So war das Heizungsproblem ein für allemal gelöst und die Zaunlatten von da an sicher vor mir.

Trotz des frühen Aufstehens am Sonntag (wir zählten die Wochentage ohnehin nicht, Sonntag war wie alle Tage) hatte ich Freude an der Arbeit. Die beiden Stuten kannten mich sehr bald, genossen die zusätzlichen Streicheleinheiten und meine oft lange sonntägliche Gesellschaft bei ihnen im Stall.

Die Schichtarbeit beim Entladen von Fischkuttern im damaligen Fischereihafen in Kiel war dagegen hart und schwer. Meine Wirtin meinte auch immer, wenn ich heimkam: „Sie stinken wie ein Walfisch." Zu dem kargen Lohn gab es aber die Möglichkeit, ein paar Fische mitzunehmen, die dann auf dem Bunsenbrenner im Institut gekocht und mit Heißhunger im Kollegenkreis verputzt wurden.

Zum Weihnachtsverkauf arbeitete ich meist im Kaufhaus Weipert in der Teppichabteilung. Eine staubige und Schweiß treibende Angelegenheit. Mir kam es so vor, als ob die meisten Kundinnen immer nur einen der Teppiche ganz unten im Stapel zu sehen wünschten. Also: ganzen Stapel abtragen und nachher wieder aufschichten.

Etwa zwei Jahre hungerte ich mich durch die Zeit, als sich plötzlich und völlig unerwartet das Blatt zu meinen Gunsten wendete. Eines Morgens rief mich der Professor in sein Büro. Ich hatte vor dem Institut einen dicken Mercedes, wo sonst nur Fahrräder standen, bemerkt. Im Zimmer des Chefs saß ein Herr, dem ich den betuchten Gutsbesitzer und Jäger sofort ansah: Schaftstiefel, Reithose, Tweed-Jacke, grünes Hemd und grüne Krawatte – eindeutig. Der Professor sagte nur: „Das ist der junge Mann", und stellte mich vor. „Also Vauk", ging das sehr einseitige Gespräch weiter, „Herr R. möchte, dass seine Jagdhündin fit gemacht wird. Vor allem soll sie Hasen, Kaninchen, Fasanen und Enten nach dem Schuss finden und apportieren. Ihr guter Ruf ist, wie auch immer, bis auf den Gutshof von Herrn R. gedrungen. Er möchte gerne, dass Sie die Abrichtung seiner Hündin übernehmen."

Ich war sprachlos und wahrscheinlich stand mein Mund vor Staunen weit offen. Mir schossen die Gedanken nur so durch den Kopf: Ich hatte professionell noch nie Hunde abgerichtet. Wollte der „Herr" immer dabei sein? Und natürlich musste ich mit dem Hund auch in der Praxis jagen können. Und was würde meine Arbeit dem „Herrn" wert sein? So als hätte er meine Gedanken erraten, redete der Mann bedächtig nach holsteinischer Art ohne viel Umschweife zu den von mir still gewälzten Gedanken. „Also, Sie können mit dem Bus von Kiel aus bis fast vor die Tore meines Hofes fahren. Dreimal einen halben Tag in der Woche sollten Sie schon Zeit haben. Ich bezahle Ihnen die Busfahrt und für einen Vormittag 10 DM. Und natürlich müssen Sie mit Bessy (so hieß das Tierchen) auch jagen, um ihr alles Nötige beizubringen. Ich habe das nicht geschafft. Sie schleppt das geschossene Wild weg und fängt an, es aufzufressen. Aber sie ist sonst sehr lieb und sehr hübsch, ich mag sie nicht totschießen. Sie wären also sozusagen ihre und meine letzte Hoffnung. Wollen Sie das machen? Ich würde mich freuen. Habe viel Gutes von dem Jäger und Hundemann Vauk gehört."

Trotz aller Bedenken sagte ich zu. Was für eine Chance: einen Hund abrichten, Geld für die Miete und sicher auch gutes Essen. Wir verabredeten einen ersten Termin, Herr R. stieg in seinen Mercedes und rauschte davon.

Der Professor sagte nur etwas lakonisch-ironisch: „Na, da haben Sie sich ja was aufgeladen. Übrigens, klappen muss das, sonst ist Ihr und mein Ruf ruiniert."

Ich habe lange überlegt, woher dieser fremde Gutsbesitzer etwas von mir gehört haben konnte, was noch dazu nur bedingt stimmte. Später erfuhr ich es: das Gut lag im Kirchspiel meines Pastorenschwagers, und der hatte wohl in höchsten Tönen von meinem Hundeverstand geschwärmt.

„All' Not hat nun ein Ende …"

Bessy – Ein Hund, ein Kaninchen und ein Student

Da stand ich nun vor einer Herausforderung, die mich unerwartet traf, Nachdenken und auch Bammel bei mir hervorrief. Ich hatte zwar in meinem Leben viel mit Hunden zu tun gehabt, die Erfahrungen anderer aufgenommen und einige eigene gesammelt. Einen mir fremden Hund zu einem guten Jagdgefährten für einen mir fremden Menschen zu machen, war aber eine ganz andere Sache. Jedoch wollte ich weder das Vertrauen meines Professors noch den Hundebesitzer enttäuschen. Da war es beinahe nebensächlich, dass mir die Sache doch Verdienst und gutes Essen einbrachte (wie sich später herausstellte). Außerdem sollte ich mit dem Hund in einem großen Revier frei jagen dürfen. Herz was willst du mehr? Also auf geht's.

Natürlich konnte ich nur an vorlesungsfreien Tagen auf das etwa zwanzig Kilometer von Kiel entfernte Gut B. fahren. Zum Glück gab es eine recht gute Busverbindung und die Haltestelle lag nur wenige hundert Meter vom Gutshof entfernt. So stand ich denn nach einer Busreise durch Holsteiner Land an dieser Haltestelle und wanderte auf den bereits sichtbaren Gutshof zu. Der Hausherr erwartete mich und bat mich in sein Arbeitszimmer. Dort traf ich auf meinen Zögling, einen zierlichen Deutsch-Kurzhaar, der mich recht freundlich begrüßte. „Sie sind wohl erstaunt, dass Bessy so nett ist? Ich werde Ihnen gleich vorführen, dass sie sogar gut erzogen ist, bis auf einige sehr entscheidende Macken. Das finden Sie am besten selbst heraus, wenn Sie gleich mit ihr auf Kaninchenjagd gehen werden."

So wanderten Herrchen, Hund und ich durch den Gutspark, und tatsächlich staunte ich nicht schlecht. Bessy ging mit und ohne Leine bei Fuß, machte Platz auf Zuruf und Handzeichen und versuchte überhaupt nicht irgendwelche Eskapaden. Was also sollte ich dieser braven Hündin noch beibringen? „Warten Sie's ab, Sie werden schon sehen, was kommt!"

Im Haus bekam ich eine Flinte, Munition und eine Revierkarte mit Erläuterungen und mit Bessy an der Leine ging's ins Revier. Ich sollte den Hund in den damals noch zahlreichen Knicks (Wälle mit Hecken bestanden), die die Landschaft durchzogen, nach Kaninchen suchen lassen. Diese Knicks bieten den Feldern Windschutz und zahlreichen Wildtieren, vor allem auch Kaninchen, Deckung und Nahrung in Fülle. Und auch hier zeigte Bessy Passion und Können.

Ein Volk Rebhühner, das an diesem sehr schönen Spätherbsttag an der Sonnenseite des Knicks ruhte, zeigte sie durch sauberes Vorstehen an und sprang nicht hinterher, als die Hühner in schwirrendem Flug das Weite suchten. Auf Pfiff gab sie es auch auf, einem flüchtenden Hasen nachzurennen.

Dann aber kam die große Überraschung, die Macke, wie Herr R. es genannt hatte. Ein Kaninchen sprang aus dem Gebüsch und rannte von mir am Knickrand entlang weg. Den Knall meines Schusses hat der kleine graue Flitzer wohl nicht mehr gehört. Da war Bessy auch schon da und ich rief ihr ein befehlendes „Fass apport" zu. Zwar schnappte sich die kleine Hündin auch das geschossene Kaninchen, nur zu mir brachte sie es nicht. Vielmehr verschwand sie mit der Beute blitzschnell wieder im Dickicht des Knicks und reagierte auch nicht auf alle „Hierher"-Rufe und Pfiffe. Hund und Kaninchen waren einfach weg.

So musste ich mich denn auf die Suche machen und fand Bessy auch schnell: Sie lag da, wo sie verschwunden war, die Vorderpfoten auf dem Kaninchen und schaute mich fest an. Aus zunächst leisem Knurren wurde bei meiner Annäherung ein deutliches Warnen und die Zähne blitzten mich drohend an. Was sollte ich machen? Bessy begann nun nicht etwa, das Kaninchen aufzufressen, sondern sie zeigte mir nur: „Das ist meine Beute, und dir überlasse ich die nicht."

Heute wird viel von Pferdeflüsterern und Hundetherapeuten geredet. Gegeben hat es solche Menschen schon immer, sie hatten nur noch nicht so schöne Bezeichnungen.

Der tägliche Umgang mit Pferden, Hüte- und Jagdhunden gehört eben heute nicht mehr zur Erfahrung der Land- und schon gar nicht der Stadtbevölkerung.

Mir fiel in der Situation, in der ich mich mit Bessy befand, spontan mein Großvater ein. Als Bauer und Jäger hatte er Pferde und Hunde, die ihm ohne großes Aufheben folgten und gehorchten. Sein Spruch mir gegenüber war stets der gleiche: „Immer schön ruhig bleiben und mit den Tieren sprechen. Wenn du richtig mit ihnen redest, werden sie dich schon verstehen."

Diese Erinnerung kam mir jetzt wieder in den Sinn. Also setzte ich mich in drei Metern Entfernung an einen Baum gelehnt neben Bessy und tat zunächst mal gar nichts. Nach einer Weile wurde mir das Geknurre zu dumm und ich brüllte: „Sei ruhig!" Ich kann sehr laut brüllen und ich wusste, dass das Hunde stark beeindrucken konnte. Und tatsächlich war Bessy sehr erstaunt und ein paar Sekunden still. Ich versuchte es jetzt auf die sanfte Tour: „Das Kaninchen gehört uns beiden, sei lieb und gib mir was ab!" Wieder war Bessy erstaunt und schaute mich mit schief gehaltenem Kopf fragend an. Gleich darauf legte sie aber wieder mit dem Knurren los.

Das Spiel ging nun wohl eine Stunde hin und her: „Sei still" gebrüllt und ruhig erzählt meinerseits und erstauntes Stillsein und Anschauen dieses merkwürdigen Menschen ihrerseits. Schließlich bekam ich Hunger und holte das trockene Brötchen aus meinem Rucksack, das ich als Wegzehrung eingesteckt hatte. Bessy schaute mir interessiert zu und vergaß sogar für einige Minuten das Knurren. Ich wusste, dass eigentlich alle Hunde gern trockenes Brot mögen, rückte näher an Hund und Kaninchen und streckte Bessy ein Stückchen Brötchen hin: „Ich teile mit dir und du auch mit mir? Alles klar?" Und tatsächlich, die Hündin streckte ihren Kopf zum Brötchen, ich meine Hand zum Kaninchen. Mein Brötchen verschwand Stück um Stück in Bessys Magen, und ich konnte das Kaninchen an einem Hinterlauf langsam zu mir heranziehen, bis es auf meinem Schoß lag. Und dann passierte etwas Erstaunliches: Bessy legte, immer noch leise knurrend, ihren Kopf auf das Kaninchen auf meinem Schoß. Wir blieben eine ganze Weile so sitzen. Schließlich hörte unter leisem Zureden und Kraulen hinter dem Ohr das Knurren auf und Bessy schlief ein. So bildeten wir ein trautes Dreigespann: ein totes Kaninchen, eine stille Hündin und ein nachdenklicher Mann.

Meine Beine fingen an einzuschlafen, ich konnte nicht mehr sitzen. So stand ich langsam auf und nahm das Kaninchen mit hoch. Bessy tat so, als hätte das ganze Theater nicht stattgefunden, stand mit dem Schwanz wedelnd neben mir, und wir marschierten einträchtig Richtung Gutshof.

Die Mittagszeit war längst vorbei, und der Gutsherr war schon marschbereit auf dem Hof, um uns zu suchen. Als er uns kommen sah, wurden seine Augen immer größer, und er wartete fast erstarrt, bis wir vor ihm standen. „Wie haben Sie das gemacht?" Was sollte ich antworten? „Es hat eine ganze Weile gedauert, aber dann hat Bessy mir das Kaninchen gegeben. Ich weiß jetzt, was Sie mit der Macke der Hündin gemeint haben. Außerdem wird es wohl noch dauern, bis die Macke ganz überwunden ist." „Macht nichts und kommen Sie bitte bald wieder. Sie müssen ja sehr hungrig sein. Lassen Sie sich in der Küche etwas einpacken, und dort bekommt auch der Hund sein Futter. Das Kaninchen können Sie, wenn Sie wollen, behalten."

Der Bus nach Kiel fuhr in einer Stunde, und so hatten der Hund und ich Zeit genug, uns in der Küche versorgen zu lassen. Die Mamsell und die beiden Küchenmädchen erwiesen sich als wahre Förderer junger Wissenschaftler und versorgten mich bei den weiteren Besuchen mit Essen und „Fresspaketen".

Mit der mir überlassenen Jagdbeute war gleichzeitig dafür gesorgt, dass meine Studienfreunde mich nach jeder Hundereise schon freudig – meist mit knurrendem Magen – erwarteten. Das Zubereiten von Kaninchen, Hasen, Enten und Fasanen übernahm meine im Umgang mit Wild erfahrene Wirtin. So hatte ich mit meinen Wirtsleuten manch freies Abendessen, und ich war froh, dass ich ein wenig Dank abstatten konnte an meine Wirtsleute, die es ja auch nicht „sehr dicke" hatten.

So etwa zehn bis fünfzehn Besuche mit Jagdausflügen bei Bessy waren wohl noch nötig, bis alles klappte. Nach einigen Anlaufschwierigkeiten brachte sie die erlegten Kaninchen und anderes Wild, sogar Enten aus dem Wasser, ihrem eigentlichen Herrn, und ich konnte mich verabschieden, nicht ohne dass mir die Küchenfeen noch ein besonders großes Paket mit Essbarem mit auf den Weg gegeben hatten.

Natürlich sprach sich diese wundersame Geschichte schnell herum und ich konnte den Bitten von Hundebesitzern, die mit ihren Jagdgenossen Probleme hatten, leider nicht immer nachkommen. Schließlich wollte ich nicht ewig studieren.

Gegen Bessys „Macke" waren die Aufgaben, die mich andernorts erwarteten, eher ein Kinderspiel.

Immerhin war ich mit dieser „Hundearbeit", die mir auch Freude machte und Jagdmöglichkeiten bot, auch der Geldnot entronnen. Ich konnte meine Miete und Studiengebühren bezahlen. Die mir überlassene Jagdbeute und die guten Sachen „aus deutschen Landen" vertrieben meinen Hunger und auch oft genug den meiner Kollegen.

Doktorarbeit: Hunde, Hunde, Hunde

Es vergingen nicht Tage, sondern scheinbar endlose Wochen waren es.

Hatte der Chef alles ad acta gelegt? Doch dann kam der Ruf von einem Kollegen. Ich mistete gerade den Hühnerstall im Institutsgelände aus: „Du sollst sofort zum Chef kommen." Ich ließ Forke, Karre und Hühnermist fallen, wusch mich und stand schon vor dem Professor. Der meinte zunächst, dass ich nach Hühnerstall streng riechen würde, was aber wohl mit meiner Arbeit zu tun hätte und deshalb in Ordnung sei. (Können Sie sich vorstellen, dass ein heutiger Student im Ablauf seines Studiums Hühnerställe ausmistet?)

Das Einführungsgespräch war damit erledigt, und der Professor kam sofort und direkt zur Sache, wie es so seine mir sehr sympathische Art war. „Also, nach unserem letzten Gespräch, einschließlich Tinas Lektion für dich, und dem Lesen deiner Aufzeichnungen über Iris und ihre Jungen bin ich zu der Ansicht gekommen, dass ich dir eine Dissertation anvertrauen will zu dem Thema ‚Geburtsverhalten von Hündinnen und Entwicklung angeborener Verhaltensweisen bei Welpen verschiedener Hunderassen'."

Ich war zunächst sprachlos und etwas erschrocken. Schließlich war mir klar, dass die Bewältigung dieser Aufgabe langwierig und sehr aufwendig sein würde. Und schon kamen Schlag auf Schlag Hinweise und Anordnungen.

„Eigentlich bist du von der Semesterzahl und den absolvierten Vorlesungen und Praktika noch gar nicht dran mit einer Doktorarbeit. Andererseits ist mir klar, dass die Sache relativ viel Zeit brauchen wird und ein Marsch durch wenig bekanntes Terrain wird."

„Ich kann dir nicht allzu viel helfen, ich verstehe von der Ethologie (Verhaltensforschung) zu wenig und bin nach wie vor skeptisch. Du musst dir also Grundwissen selbst aneignen und auch einen Arbeitsplan selbst entwerfen, wie du das Thema angehen willst. Ich werde versuchen, den Kollegen Konrad Lorenz zu den nächsten Kieler Universitätstagen einzuladen, damit wir über deine Vorhaben ein Gespräch mit ihm führen können. Das wird dir vielleicht weiterhelfen."

„Es ist klar, dass du eine möglichst große Zahl von Hündinnen und Welpen von vielen verschiedenen Rassen beobachten musst, um überhaupt Vergleiche anstellen zu können."

„Beim Beschaffen solcher Hündinnen musst du helfen. Wir sollten uns in der Hauptsache auf Polizei- und Jagdhunde beschränken. Das ist aus der Sicht der Praxis sicher auch sinnvoll. Vielleicht kommst du zu Ergebnissen, die für die Züchter und Hundeführer von Interesse sein könnten."

„Ich kenne den Leiter der Kieler Landespolizei-Hundestaffel ganz gut, ein alter Oberst, der schon für die Wehrmacht Hunde ausgebildet hat. Da werde ich dich hinschicken. Du kannst da sicher viel lernen, und vielleicht hat er ja Hündinnen in der Staffel, von denen er gerne Nachwuchs haben will. Wenn du es geschickt anstellst, können die ihre Jungen ja dann hier bei uns aufziehen. Für Jagdhunde musst du sorgen, du hast da doch viele Verbindungen."

„Und natürlich sind Futterbeschaffung vom Schlachthof, die Zubereitung des Futters, das Füttern und Sauberhalten der Zwinger deine Sache."

„Alles darf möglichst gar nichts kosten. Als Doktorand bekommst du 50 DM. Du musst sehen, wie du über die Runden kommst. Das Geld für Futter, soweit du es auf dem Schlachthof nicht umsonst bekommst, werde ich aus dem Institutsetat abzweigen."

So, da stand ich nun, mir schwirrten die Gedanken im Kopf herum. So stammelte ich nur ein „Vielen Dank, ich will mich bemühen, die Sache gut zu machen."

Draußen lief ich zu den bereits wohlbestallten Doktoranden, und die mussten mich erst mal beruhigen, bevor ich zusammenhängend erzählen konnte.

Einer traf den Nagel wohl auf den Kopf: „Mein lieber Mann, da hast du dir aber was aufgeladen!"

Start mit Adda in die Doktorarbeit

Mit vielen Hunden erlebt man viel, und ich muss wohl aufpassen, dass ich nicht über Gebühr von mir, meiner Dissertation, von Lust und Freude und harter Arbeit erzähle. Es geht schließlich um Hundegeschichten und nicht so sehr um mich.

Zunächst erfüllte ich so gut es ging die Vorgaben des Chefs. Jagdhunde waren schnell besorgt: je eine Deutsch-Drahthaar-Hündin, eine Irish-, eine English- und Gordon-Setter-Hündin, eine Pointer- und eine Langhaardackel-Hündin.

Auch die Verbindung zur Polizeihundestaffel klappte bestens, ich konnte eine gute Beziehung zu dem Oberst a. D. und seinem Vertreter aufbauen. So nahm ich am Ausbildungs- und Einsatzdienst teil und war bei der Beschaffung neuer Hunde dabei. Diese Erfahrungen waren ungemein wertvoll für meine eigene Arbeit.

Die ersten Hündinnen landeten auch bald bei uns im Institut für Haustierkunde, so dass unsere Zwinger gut und ständig besetzt waren mit Polizeihunden verschiedener Rassen: Rottweiler, Boxer, Airedale Terrier. Aber auch andere Rassen gab es und natürlich die Zwerg-, Mittel- und Großpudel vom Chef, eine Chow-Chow-Hündin und eine Promenadenmischung namens Struppi, Liebling aller Kolleginnen.

Und Geschichten erlebten wir: die Hunde, ich, der Chef, die Kollegen und auch andere, eigentlich Unbeteiligte, reichlich.

Ich sehe ihn noch immer vor mir, diesen Klotz von einem Hund: Adda, die Rottweilerhündin. Ich glaube, dass die Legenden über Herkunft und Eigenschaften dieser Hunderasse nicht so falsch sein können.

Römische Legionäre sollen Rottweiler als Kampf- und Wachhunde mit nach Süddeutschland gebracht haben. Jeder, der diese schönen Hunde kennt, weiß, dass sie anhänglich und geradezu liebesbedürftig sind, gleichzeitig sind sie hervorragende Wachhunde, die im Ernstfall gegenüber Feinden ihres Herrn zu wahren furchterregenden Kampfmaschinen werden können. Einfühlsame und konsequente Erziehung wird sie allerdings zu allen guten Taten befähigen.

Hunde also, die so gar nicht in das Bild passen, das man sich heute gerne und schnell von „Kampfhunden" macht.

Solche verkorksten Bestien sind ausschließlich durch falsche Zucht und idiotische Dressur durch den Menschen erst möglich geworden. Wie gesagt, ich kann mir gut vorstellen, dass Rottweiler am Limes, dem Grenzwall der Römer, als Wachhunde und im Einsatz als Kriegshunde gehalten wurden. Sie passen genau in das Bild von gut ausgebildeten römischen Legionen.

Da die Schwaben sicher schon damals kluge und weltoffene Leute waren, erkannten sie die positiven Eigenschaften dieser Hunde, und vielleicht waren tatsächlich die Einwohner von Rottweil die ersten, die den Rottweiler in ihre Obhut und Dienste nahmen.

Adda war eine klassische Vertreterin der Rottweiler. Ein wenig behäbig wirkte sie, und der massige Kopf mit tiefdunklen Augen und kräftigem Gebiss strahlte Gelassenheit und Liebenswürdigkeit aus. Bei der Polizei war sie als guter und zuverlässiger Spürhund eingesetzt worden.

Ihre Hitze sollte unmittelbar bevorstehen, als der uniformierte Führer sie zu uns brachte. In unserm Institut sollte sie unter meiner Obhut und Beobachtung zum ersten Mal Welpen bekommen.

Die Gewöhnung an mich gestaltete sich etwas schwierig. Adda hatte sich von ihrem Führer anstandslos in einen Zwinger bringen lassen. Als ich dann aber mit ihr allein war, zog sie sich in die hinterste Ecke des Zwingers zurück. Näherte ich mich, zeigte sie ihr gewaltiges Gebiss, begleitet von leisem, aber eindeutigem Knurren. So holte ich mir einen Schemel, stellte ihn neben der Tür auf (sicher ist sicher!), setzte mich und redete leise und ruhig auf den heimwehkranken Hund ein. Diese Taktik hatte ich schon früher erfolgreich eingesetzt.

Addas Führer hatte mir noch gesagt, dass die Hündin sehr gern fressen und Belohnungen annehmen würde. So begleitete ich denn meine Schmusereden mit dem Herumwedeln eines Fleischbrockens. Langsam rückte ich mit meinem Schemel näher an Adda heran, und ihr Drohen und Knurren blieben allmählich aus. Endlich war es geschafft: Adda machte die letzten Schritte auf mich zu und nahm vorsichtig den Fleischbrocken. Der Bann war gebrochen. Wir haben bestimmt noch Stunden beisammen gesessen, und ich hatte den Eindruck, dass wir beide Gefühle austauschten. Als sie schließlich ihren schweren Kopf auf mein Knie legte und sich kraulen ließ, waren die Barrieren gefallen.

Allerdings mochte Adda gar nicht gerne lange ohne mich sein. Besonders nachts konnte sie richtig Lärm machen. Ihre Bellerei und Heulerei brachte uns bald Ärger ein und so gab es die Anweisung: „Entweder bringst du diesen Heulhund zur Ruhe oder Adda kommt zurück zu ihrem Führer bei der Polizei!"

Ein Anruf bei dem netten Polizisten, der ohne seinen Hund auch recht traurig war, zeigte, dass Adda es gewohnt war, fast immer mit ihrem Herrn zusammen zu sein. So blieb mir nichts anderes übrig, als Adda beinahe überall dorthin mitzunehmen, wo ich arbeitete, ruhte oder feierte. Dass sich daraus ernste und manchmal sehr komische Situationen ergeben mussten, war unausweichlich.

Das weggeworfene Frühstück

Wenn ich an diese kleine Geschichte denke, fällt mir als Erstes meine Studentenwirtin ein: Frau Brodersen. Schon Rentnerin, lebte sie mit ihrem fast gelähmten Mann zusammen, den sie rührend versorgte, in einer kleinen Dreizimmerwohnung im ersten Stock eines vierstöckigen Mietshauses. Das kleinste Zimmer bewohnte ich für 25 DM im Monat. Bei etwa 2,5 x 3 Metern war Komfort nicht angesagt. Der Waschtisch, ein eiserner Kanonenofen, eine „Chaise" (gleichzeitig mein Bett), ein kleiner Kleiderschrank (der fast leer blieb) und ein Tisch mit Stuhl füllten das Zimmer fast völlig aus. Es gab für eine Studentenwirtin einige allgemein gültige Regeln:

Waschwasser bereitstellen, Zimmer säubern und Kaffee – natürlich Muckefuck – zum Frühstück.

Frau Brodersen merkte bald, dass bei mir Schmalhans Küchenmeister war, und so bekam ich nicht nur ein Kännchen Kaffee, sondern dazu ein Töpfchen Sahne und ein Döschen Zucker. Da ich sonst nichts hatte, waren Malzkaffee, Sahne und Zucker mein nahrhaftes und auskömmliches Frühstück. Zucker- und Sahnetöpfchen waren immer ganz ausgeleert. Wenn ich Glück hatte, gab's manchmal auch ein Stückchen selbst gebackenen Kuchen. Abends stand auch schon mal ein Wurst- oder Käsebrot auf meinem Tischchen.

Ein Bad gab es natürlich nicht, und das Klo lag eine halbe Treppe tiefer außerhalb der Wohnung.

Mutter Brodersen kam eigentlich aus Sachsen und hatte sich als junges Mädchen auf einem adeligen Gutshof verdingt und es zur sogenannten „Mamsell" gebracht. Da lag ihr das Betreuen und Bemuttern von „jungen Herren" wohl im Blut. Ich versuchte, mich – so gut es ging – für ihre Freundlichkeit zu revanchieren. So holte ich die Kohlen aus dem Keller, trug und holte die von Hand gewaschene Wäsche (meine zwei Hemden und Unterhosen wusch Frau Brodersen immer wortlos mit) zum und vom Trockenboden. Es waren Verhältnisse, die ein heutiger Student sich in der Einfachheit einerseits und der Herzlichkeit andererseits wohl kaum noch vorstellen kann.

Nun stand ich vor der schwierigen Aufgabe, Mutter Brodersen um die Erlaubnis zu bitten, abends einen großen Hund in mein Zimmer mitbringen zu dürfen. Unter großen Bedenken willigte sie erst ein, als ich ihr erklärte, dass von ihrer Erlaubnis das Gelingen meiner Doktorarbeit abhinge.

Meist arbeiteten wir Doktoranden bis spät in die Nacht im Institut, war es dort doch warm, man hatte Platz für sich und seine Bücher. So wanderte ich denn die knapp drei Kilometer von meinem Arbeitsplatz mit Adda an der Leine des Nachts zu meiner Wohnung. Solche Fußmärsche waren damals normal, die Straßenbahn fuhr so spät nicht mehr und Geld für solch bequemes Reisen hatte ich ohnehin nicht. Vor der Wohnungstür angekommen, klopfte mir das Herz im Halse, und ich bat Adda inständig, doch ganz ruhig und leise zu sein. Ich wusste, dass meine Wirtsleute früh ins Bett gingen und die Schlafzimmertür zum Flur hin immer offen war. Frau Brodersen hatte sich bei mir recht oft bedankt, dass ich so leise abends oder nachts in die Wohnung und in mein Zimmer käme, dass sie noch nie davon wach geworden wäre. Ob ich das mit Adda wohl auch schaffte? Adda tapste jedenfalls so leise neben mir in mein Zimmer, dass wohl auch diesmal keine Schlafstörung bei den alten Herrschaften zu befürchten war.

Mit Adda und mir war mein Zimmerchen fast überfüllt, und auf mein Kommando „Platz", versuchte „die Dicke" einen geeigneten Ort zwischen Möbeln und Bett zu finden. Es gelang ihr erst, als ich schließlich im Bett lag. Direkt neben meiner Schlafstätte konnte sie sich auf einem dort liegenden Schafwollteppich lang machen. Mit einem tiefen Seufzer, den alle Hunde nahezu ähnlich ausstoßen, wenn sie sich wohl und müde fühlen, schlief sie ein. Auch ich schlief nach einer Weile unerwartet tief und fest bis zum Morgen.

Adda hatte sich kaum gerührt, und ich balancierte über sie hinweg, um am Waschtisch meine Morgentoilette zu erledigen. Aufs Klo musste ich schließlich auch: Also raus aus der Wohnung und eine halbe Treppe tiefer. Ich hoffte, dass Adda meine kurze Abwesenheit ruhig hinnehmen würde und es sah auch ganz so aus. Frau Brodersen arbeitete schon in der Küche und wünschte mir fröhlich einen „Guten Morgen".

Gerade als ich mein Geschäft verrichtete, ertönte der markerschütternde Schrei einer Frau aus der Wohnung. Ich sah Adda schon Frau Brodersen zerfleischen, riss meine Hose hoch und stürmte nach oben. Na, Gott sei Dank, Frau Brodersen lehnte gesund, wenn auch kreidebleich, an der Wand des Flurs. Sie wies nur sprachlos vor Schreck auf meine Zimmertür. Ich riss die Tür auf und erwartete eine zähnefletschende Bestie.

Der Anblick, der sich mir bot, war aber alles andere als furcht-erregend. Adda stand inmitten von Porzellanscherben, ausgelaufe-ner Sahne, einem Kaffeesee und Kuchenkrümeln und leckte und schleckte genussvoll Sahne und Kuchen. Ich musste unwillkürlich herzlich lachen. Auch Frau Brodersen fand ihre Stimme wieder und schimpfte im schönsten Sächsisch drauf los: „Das ist kein Hund, das ist eine Bestie, solche Viecher gab's bei uns auf dem Gut nicht! Sie hätten mir ja auch sagen können, was für ein Monstrum Sie mir hier in die Wohnung schleppen würden. Ich wollte Ihnen Kaffee und ein Stückchen selbst gebackenen Streuselkuchen aufs Zimmer bringen, mache die Tür auf, und da steht dieses Ungeheuer von einem Hund hinter der Tür und sieht mich ganz furchtbar an. Da habe ich vor Schreck geschrien und das ganze Tablett nach dem Untier geworfen."

Ich versuchte ziemlich vergeblich, die geschockte Frau zu beru-higen.

Adda hatte inzwischen mein Frühstück verspeist und tat etwas sehr Kluges. Sie tappte auf die alte Dame zu, die ich am Weglaufen hinderte, leckte ihr die Hände und lehnte den schweren Kopf an ihr Knie.

Wir beiden Menschen standen sprachlos da, die ganze Situation war bereinigt und das nachhaltig. In Zukunft musste ich mit Adda, von beiden so erwartet, zu meiner Wirtin gehen, wenn sie da war, und es wurden Zärtlichkeiten ausgetauscht.

So machte ich mich an diesem Morgen ohne Frühstück mit Adda hungrig auf den Weg ins Institut. Adda trabte für ihre Verhältnisse munter neben mir her. Sie hatte ja auch prima Kuchen mit Sahne gefrühstückt.

Adda – Was ist eine „Übersprunghandlung"?

Eigentlich ist es ziemlich unfair, wenn ich als Überschrift zu einer kleinen Hundegeschichte eine Frage stelle, die viele Leser vielleicht nicht beantworten können. Schließlich ist nicht jeder ein Fachmann in Sachen Verhaltensforschung. So muss und will ich denn vor der eigentlichen Geschichte die Frage so beantworten, dass deutlich wird, wie eng die Beziehung Hund – Mensch aus biologischer Sicht nun einmal ist.

Ich möchte auch nicht in einen Fehler verfallen, der heute schon fast normal zu sein scheint, eine Frage so zu beantworten, dass die Antwort entweder kurz und sinnlos oder langatmig und ebenso unverständlich ist. Ein schönes Beispiel hierfür hörte ich vor Kurzem aus dem Mund einer sehr bekannten Politikerin. Frage eines Journalisten an sie: „Wie sieht denn der nun von Ihnen geschlossene Kompromiss aus?" Antwort ebenso kurz wie unsinnig: „Ein Kompromiss ist eben ein Kompromiss, sonst wäre es ja kein Kompromiss!" Alles klar?

Was also ist eine „Übersprunghandlung"? Sozusagen entdeckt und beschrieben wurde diese Verhaltensweise bei Säugetieren und Menschen. Von wem? Von Konrad Lorenz natürlich, lange bevor er den Nobelpreis erhielt.

Verhaltensforschung besteht, ganz anders wie zum Beispiel Biochemie, vornehmlich aus langem Beobachten von Tieren, die sich zunächst, unbeeinflusst vom Menschen, „natürlich" verhalten. So beobachtete Lorenz, dass Tiere, die durch äußere Umstände an der Ausübung einer erwünschten Verhaltensweise gehindert wurden, oft eine gänzlich andere Handlung sozusagen als Kompensation ausführten.

Ein klassisches Beispiel aus dem menschlichen Bereich: Ein junger Mann in der Pubertät möchte sich gerne einem jungen Mädchen nähern, das ihn aber abblitzen lässt. Ohne sich über seine Handlung klar zu sein, verprügelt oder beschimpft der Abgeblitzte (eigentlich völlig grundlos) bei nächster Gelegenheit seinen schwächeren, zufällig anwesenden Kumpel. Er überwindet – „überspringt" – dadurch eine sicherlich gewünschte Handlung durch eine andere, eigentlich gar nicht beabsichtigte Verhaltensweise.

Solche „Übersprunghandlungen" gehören zum alltäglichen menschlichen Verhalten: Man kratzt sich hinter dem Ohr. Man redet sinnlos daher oder lacht grundlos. Eigentlich wird auf diese Weise unsere biologische Struktur, die eines Säugetieres, deutlich. Es mag uns gefallen oder nicht:

Wir werden gezeugt wie jedes Säugetier.
Wir wachsen im Mutterleib heran wie jedes Säugetier.
Wir fressen/essen und saufen/trinken wie jedes Säugetier.
Wir müssen jeden Tag tierisches oder pflanzliches Leben töten, um selbst zu leben, wie jedes Säugetier.
Wir altern, geben unsere „Exkremente" ab (das ließe sich auch deutlicher sagen!) wie jedes andere Säugetier.
Wir sterben und verwesen wie jedes andere Säugetier.

Unterschiede gibt es – vielleicht – im geistigen, seelischen Bereich. Aber nutzen wir immer die Möglichkeiten, die sich uns hier bieten, mit Verstand, Herz und Vernunft? Wenn ich mein eigenes Leben und Erleben und das Geschehen in der kleinen und großen Welt sehe, habe ich so meine Zweifel.

Lorenz sagte einmal sinngemäß: „Wir sind und bleiben Steinzeitmenschen, trotz der sogenannten Zivilisation und trotz allen Fortschritts, und wir werden oft genug von Steinzeitmenschen regiert."
Gerade ein Blick auf die derzeitige Situation im Nahen Osten, den Irak, scheint diese These eines alten Verhaltensforschers grausig genug zu bestätigen.

Doch nun endlich zurück zur Hundegeschichte, wieder mit der Rottweilerin Adda. Die Sache ist hocherotisch – hundeerotisch – versteht sich.

Eigentlich sollte Adda, gleich nachdem sie zu uns gekommen war, heiß werden. Leider passierte zunächst gar nichts. Adda hatte wohl aus Frust wegen der Trennung von ihrem Führer die notwendige Hormonproduktion offensichtlich unterbrochen. Aber nach etwa zwei Wochen Eingewöhnung wurde sie heiß. Die Hitze verlief wie geplant, erst Vorzeichnen und dann das deutliche Zeichnen. Den Rüden hatten wir schon im Auge, einen Klotz von Rottweilerrüden, der bei einem Landpolizisten Dienst machte. Ich weiß nicht mehr, wie der Hund wirklich hieß, also nennen wir ihn treffend einfach Klotz.

Alles wurde für die „Hochzeit" vorbereitet. Unser Gänseauslauf wurde geräumt, nur zwei Höckergänse blieben zurück. Adda tat, wie wir wussten, keinem Huhn und keiner Gans etwas zuleide, und auch Klotz sollte absolut geflügelfromm sein. Der Landpolizist reiste, sichtlich stolz auf seinen Prachtrüden, an und letzterer wurde zur Hochzeitsfeier mit Adda zu den beiden Gänsen ins Freigehege gelassen.

Adda tat alles, um Klotz aufzumuntern, nun endlich Liebe zu machen, stellte sich mit wackelndem Hinterteil vor seine Schnauze, leckte ihn ab, sprang tapsig um ihn herum. Den Herrn Hund schien das kaum zu interessieren. Er trottete in dem Gehege herum, schnüffelte hier und dort und ging der liebeshungrigen Hündin geradezu provozierend aus dem Weg. Wir standen am Gatter und schauten der Sache amüsiert und hilflos zu.

Ganz plötzlich aber änderte sich Addas Verhalten, sie bellte und knurrte den Rüden an, machte dann unvermutet kehrt, rannte auf die Gänse, die mit langen Hälsen etwas dümmlich dastanden, zu, schnappte den Ganter an seinem Hals und biss zu. Ehe wir helfend eingreifen konnten, hatte das arme Federvieh sein Leben ausgeflattert. Adda hatte uns eine typische „Übersprunghandlung" vorgeführt.

Die vom Rüden unbeachtete und unbefriedigte Lust auf Liebe hatte bei ihr zu einem Gefühlsstau geführt und zwanghaft zu einer von uns völlig unerwarteten und für Adda absolut untypischen Handlung und damit zur Abreaktion des unbefriedigten Sehnens geführt. Nach der „grausigen" Tat wanderte sie völlig entspannt umher, trabte zu mir und ließ sich ganz ruhig abführen.

Am nächsten Tag wiederholten wir den Versuch auf gleiche Weise am gleichen Ort. Nur war diesmal keine Gans im Zwinger. Wir trauten unseren Augen nicht: Adda war wieder lieb und zärtlich, der Rüde zeigte gelassenes Interesse und schon vollzog sich der bei Hunden recht lang andauernde und komplizierte Liebesakt, in dessen Folge Adda später vier gesunden Welpen zur Welt brachte.

So ist das eben mit der Liebe, mal geht's, mal nicht. Wer mehr wissen will über Hundeliebe, kann mir ja schriftlich Fragen stellen, die ich hochwissenschaftlich beantworten werde.

Parallelen zu menschlichem Verhalten sind möglich, wie jeder für sich erkennen kann oder auch nicht. Eine unbefriedigte, frustrierte Frau wird allerdings kaum eine Gans umbringen, aber wer weiß? In der Regel gibt es da feinere, subtilere Möglichkeiten.

Meine Chows

Es sind merkwürdige Gesellen, die Chows. Robust, dickfällig, von ungemeiner Vitalität und sie sind bereit, sich stark an ihre Menschen anzuschließen. Der erste Chow, den ich für meine Arbeit in die Hände bekam, war Simba. Schon seine Ankunft im Institut war bezeichnend. Der Chef stand vor meinem Arbeitszimmer und sagt: „Seien Sie vorsichtig, da ist ein wildes Tier drinnen!" Nun, ich ging hinein und sah einen goldgelben „Löwen" in einer Ecke sitzen, der mich böse anknurrte. Ich hocke mich auf den Boden, murmelte beruhigende Worte und langsam kam er heran und ließ sich von mir kraulen. Die Freundschaft war geschlossen und so blieb es auch.

Wenn mich Simba mal länger nicht gesehen hatte, dann nahm er nach der Begrüßung ganz vorsichtig meine Hand in seinen Fang und knabberte darauf herum. Eine Liebesbezeichnung, die ich bei keinem anderen Hund beobachtete.

Aber Simba leistete sich noch ein tolles Ding.

Wir hatten damals auf dem Institutsgelände eine weiße Ziege namens Meta, die friedlich das Grün bearbeitete. Eines Tages ging mein Kollege mit Simba und einigen anderen Hunden spazieren und nach kurzer Zeit hörte ich die Schreie: „Simba, Simba!" Ich spurtete nach draußen und sah schon das Unglück. Simba hing der armen Ziege in der Flanke und ein zweiter Hund beteiligte sich auch noch. Mit Gewalt trennten wir die Tiere voneinander, aber da war es für Meta schon zu spät.

Der zweite Chow, die Hündin Teddy, brachte schließlich vier Junge zur Welt, die ich auch für meine Doktorarbeit beobachtete. Diese kleinen Chows waren so mit das Netteste, was ich je an kleinen Hunden erlebt habe. Zwei weiße, ein schwarzer und ein gelber Teddybär. Auch diese kleinen Knäule zeigten schon sehr früh ihr Temperament. Es gab wilde Beißereien und Spiele. Entzückend war es zu sehen, wie die kleinen Chows sich verhielten. Manche Stunde mehr als für meine Arbeit notwendig habe ich am Zwingerzaun gesessen und zugeschaut.

„Die Seele des Hundes"
Gespräche zwischen einem Studenten, seinem Doktorvater und einem Nobelpreisträger

Anfang der 50er Jahre wusste natürlich noch niemand, dass Konrad Lorenz eines Tages Nobelpreisträger werden würde. Allerdings war Prof. Lorenz schon damals der „Papst" der gerade entdeckten Wissenschaft vom Verhalten bei Mensch und Tier.

Seine beiden populärwissenschaftlichen Bücher „Er redete mit dem Vieh, den Vögeln und den Fischen" und „Wie der Mensch auf den Hund kam" waren Bestseller und natürlich für mich von ganz besonderem Interesse. Viel Honig für meine Studienpläne konnte ich aus dieser Lektüre allerdings nicht saugen. Die Hundegeschichten waren amüsant und fesselnd zugleich zu lesen. Aber es kam dabei heraus, dass das Wesen des Hundes und seine Bindung an den Menschen sich eigentlich jeder wissenschaftlichen Erforschung entzogen. Auch die Frage, wie aus dem Wolf überhaupt ein Jagdhelfer, Wachposten und Seelentrost für den Menschen werden konnte, blieb in letzter Konsequenz wohl unbeantwortet, so viele einleuchtende Theorien es auch gab.

In seinem Hundebuch hatte Lorenz übrigens einen entscheidenden Denkfehler gemacht. Er behauptete, dass der Haushund nicht nur von einer Wildtierart abstammen könnte. Zu vielfältig wären die Hunde der Welt in Gestalt, Körperbau und Charakter, so dass der Wolf nicht allein ihr Stammvater sein könnte. Lorenz behauptete einfach ein bisschen dreist, dass eine zweite Art, nämlich der Goldschakal, mit im Spiel bei der Entstehung des Hundes gewesen sein müsste.

Er hatte da wohl nicht die vielfältigen Untersuchungen, die an unserem Institut für Haustierkunde der Universität Kiel von den Mitarbeitern unter Anleitung des Chefs, Professor Wolf Herre, entstanden waren, gekannt. Körpertemperatur, Blutbild, Gehirn und Knochen, alles führte zum Wolf. Dabei spielten auch die gewaltigen Größenunterschiede, wie zwischen Doggen und Rehpinscher, keine Rolle.

Letztendlich war die unbewiesene Theorie von Lorenz der Grund dafür, dass ich mit diesem ungewöhnlich faszinierenden Menschen und phantasievollen effektiven Forscher, der kein Labor brauchte und nur durch Hinschauen und Hinhören den Tieren und den Menschen (nicht immer zu deren Freude) so manches Geheimnis entlockte, in Kontakt kam.

Mein Chef war zu dieser Zeit gerade zum Rektor der Universität berufen worden (damals respektvoll und selbstverständlich „Seine Magnifizenz" genannt) und hatte in seiner positiv umtriebigen Art die „Kieler Universitätswoche" ins Leben gerufen. Mit großem organisatorischem Talent gelang es ihm, diese Veranstaltung zu einem hochinteressanten und beachteten Ereignis zu machen.

Eines Tages wurde ich zum Chef gerufen und mit der Frage konfrontiert: „Vauk, was hältst du davon, wenn ich Professor Lorenz zu der nächsten Universitätswoche zu einem Vortrag einlade mit dem Thema ‚Ethologie, eine neue Wissenschaft im menschlichen und tierischen Bereich' oder so ähnlich? Du wolltest ja auch unbedingt an deinen Hunden ethologisch arbeiten, und ich werde versuchen, ein Gespräch über deine Arbeit zwischen Lorenz und uns zustande zu bringen."

Natürlich war ich begeistert, hatte ich doch im engeren Umfeld niemanden, mit dem ich fachkundig über meine Gedanken und Pläne reden konnte. Es kam dann auch zusätzlich heraus, dass mein Professor noch Hintergedanken bei dieser Sache hatte. „Haben Sie auch gelesen, dass Lorenz so freiweg behauptet, es gäbe zwei Wildtierarten, den Wolf und den Goldschakal, die Stammväter des Haushundes sein müssten? Wir haben hier schließlich eindeutig bewiesen, dass nur der Wolf Urahne des Hundes ist. Es würde mir Spaß machen, ihm unsere Arbeitsergebnisse nahe zu bringen in einer öffentlichen Diskussion."
Ich dachte still bei mir: Das also ist des Pudels Kern, und mir fiel die Geschichte ein, die man sich zu der Zeit unter Studenten gerne erzählte:

Der liebe Gott hatte seine Schöpfung fast vollendet und fand sie gut. Großzügig wollte er sich in einer Art Nachschöpfung gegenüber dem Teufel zeigen. Er lud also den Teufel zu dieser Zeremonie ein und bot ihm an: Ich schöpfe etwas, und dann schöpfst du etwas. Nach etlichen Schöpfungen sagte der liebe Gott: Ich schöpfe den Wissenschaftler! Beelzebub grinste und sagte nur: Ich schöpfe dazu den Kollegen, auch einen Wissenschaftler.

Seit dieser Zeit ist Ideenstreit, Widerspruch – gepaart mit Eitelkeit und Egoismus – in der Wissenschaft wohl nicht auszurotten.

Wie auch immer, die Universitätswochen kamen und Professor Lorenz reiste an. Er hielt einen brillanten Vortrag. In der anschließenden Diskussion brachte mein Chef natürlich die Sprache auf Wolf und Goldschakal und auf die Arbeiten seiner Mitarbeiter, die ja eindeutig bewiesen, dass nur der Wolf Vorfahr der Haushunde sein könnte. Die Ethologie wäre wohl doch nicht in der Lage, in solchen Fällen wissenschaftlich unanfechtbare Beweise zu liefern. Lorenz reagierte kurz und erfrischend ehrlich: „Herr Kollege, ich habe zur Vorbereitung auf diese Veranstaltung die Arbeiten aus Ihrem Institut gelesen. Danach steht fest: der Hund stammt ausschließlich vom Wolf ab. Ich war da wohl aus meiner Erfahrung mit Hunden heraus etwas zu phantasievoll. Aber ich glaube, dass Phantasie in jeder Wissenschaft ein notwendiges Element ist und motivierend wirkt."

Die „Universitätswoche" war vorüber. Alles war spannend und interessant gewesen, aber bei mir blieb doch ein gerüttelt Maß an enttäuschender Erkenntnis zurück. Neue Ideen für meine Arbeit hatte ich nicht gewonnen und an Konrad Lorenz näher heranzukommen, war für mich kleinen Studenten einfach unmöglich. So lag ich denn grübelnd in meiner kleinen Bude auf der Couch und hatte weder Lust noch Motivation, mich mit meinen Hunden praktisch oder theoretisch zu beschäftigen. Das Klopfen an der Wohnungstür galt wohl kaum mir. Doch dann hörte ich meine Wirtin in schönstem Sächsisch sagen: „Ach, Herr Otto, kommen Sie ruhig rein, der Herr Vauk ist in seinem Zimmer."

Otto, mit Wildkaninchen und deren Skelett beschäftigt, Doktorand und nahe bei mir wohnend, stürzte herein. Etwas atemlos erzählte er: „Ich komme gerade aus dem Institut, und der Chef hat mir aufgetragen, dir diese Nachricht zu überbringen, die dich sicher aus deiner trüben Stimmung reißen wird. Der Chef hat Lorenz zu einer Dampferfahrt auf der Förde eingeladen, mit anschließendem

Mittagessen in einem Strandhotel in Laboe. Lorenz hat die Einladung angenommen, und das Tollste: Du sollst mit von der Partie sein. Mann, hast du ein Schwein! Du sollst morgen um zehn Uhr am Anleger Hindenburgufer sein! Ach ja, Badehose sollst du auch mitnehmen. Lorenz will baden!"

Ich war längst aufgesprungen, umarmte den Überbringer der guten Nachricht und komplimentierte ihn ganz fix nach draußen, was Otto gar nicht gut fand. Ich aber wollte allein sein und hatte die verrückte Idee, den Abend noch einmal schnell das Konzept meiner Doktorarbeit und alles über Ethologie zu lesen, was ich zur Hand hatte. Daraus wurde nichts. Meine Gedanken kreisten immer wieder um die möglichen Gespräche des kommenden Tages. So lag ich denn bald wieder auf meiner Couch und trudelte durch Gedanken, Träume in einen unruhigen Schlaf. Eine noch heute für mich typische Art, vor größeren Ereignissen die Nacht hinter mich zu bringen. Der Vorteil: aus dem Gedankenwirrwarr wird ein klares Bild. Der Nachteil: ich war nicht ausgeschlafen.

In diesem Zustand stand ich denn auch lange vor der verabredeten Zeit an der Dampferbrücke. Schließlich fuhr ein Taxi vor, mein Doktorvater und Professor Lorenz standen vor mir. Ich sehe diesen eher massiven Mann immer noch vor meinem geistigen Auge: graumeliertes, volles Haar, Vollbart (damals noch sehr ungewöhnlich), grau-blaue Augen. Bei der Vorstellung ein fester Blick und ein spürbarer Händedruck. Gemeinsam stiegen wir auf den Dampfer und blieben bei gutem Wetter an Deck.

Ich hatte zunächst mal Pause und das blieb auch weitgehend die nächsten Stunden so. Mit Erklärungen zu Wasser, Land und Leuten unterhielt der Gastgeber den Kollegen. Auch in Laboe angekommen, hatte ich immer noch nichts zu melden und hörte dem Gespräch der beiden Herren zu und fand es höchst langweilig. Dann das Essen, von dem ich nur weiß, dass ich wenig aß, die Spannung schnürte mir die Kehle zu. Lorenz verspeiste einen gedünsteten Dorsch, offensichtlich mit großem Appetit und für einen Österreicher mit bemerkenswertem Geschick.

Bei einer Tasse Kaffee wurde es endlich spannend für mich. Es könnte jetzt eine lange Geschichte werden, aber ich will versuchen, das Wichtigste zusammenzufassen.

„Ihr Doktorvater hat mir erzählt", begann Professor Lorenz, „dass Sie an einer Dissertation sitzen, die sich mit dem Studium der angeborenen Verhaltensweise von Hunden verschiedener Rassen befasst. Was Sie dabei herausfinden und wie Sie das anstellen wollen, ist mir allerdings nicht klar. Also erzählen Sie kurz, was Sie machen und was Sie an neuen Erkenntnissen gewinnen wollen."

Ich schaute meinen Chef an, der eigentlich weder von der Verhaltensforschung noch von meiner Arbeit wirklich Ahnung hatte, mir aber freundlich auffordernd zunickte. Noch schnell im Kopf den Vorsatz festgeklopft, nicht zu quasseln, sondern kurz und klar zu antworten, legte ich los:

„Der Hund stammt vom Wolf ab, er muss also von diesem Vorfahren Eigenschaften in seinem Erbgut haben."

„Im Laufe der Domestikation haben sich aus diesen Ureigenschaften durch Zuchtauslese und Umgang mit dem Menschen bei den verschiedenen Rassen sehr unterschiedliche Verhaltensweisen entwickelt. Dies gilt insbesondere für die verschiedenen Jagd- und Polizeihunderassen. Diese interessieren mich besonders."

„Meine Theorie ist, dass diese unterschiedlichen Verhaltensweisen zu einem großen Teil durch Zuchtwahl bereits genetisch fixiert sind und in Ansätzen schon bei der Entwicklung der Welpen erkennbar werden."

„Um dies zu beweisen, lasse ich die Mutterhündinnen in isolierten Zwingern ihre Welpen werfen. Ohne mich einzumischen, beobachte ich jetzt die Verhaltensweisen der Mütter und die Entwicklung des Verhaltens der Welpen bis zu einem Alter von acht Wochen. Ich hoffe, auf diese Weise der Beantwortung der anfangs gestellten Fragen näher zu kommen und meine Theorie beweisen zu können."

So, das war's!

Professor Lorenz schaute mich eine ganze Weile freundlich abschätzend an, und dann kam seine Antwort. Sie wurde zu einem Monolog, dem wir aufmerksam zuhörten. Zwischenfragen waren auch völlig unnötig. Was Lorenz sagte, war einfach und klar in der Sprache und getragen von Erfahrung und Logik.

„Ihre Fragestellung, lieber junger Kollege, finde ich hochinteressant und einen Einsatz wert. Allerdings habe ich große Zweifel, dass Ihr

Vorhaben gelingt. Zum einen weiß ich nicht, ob Sie die Fähigkeit und die Ausdauer haben, eine so komplexe Frage der Verhaltensforschung am Ende schlüssig beantworten zu können. Zum anderen ist der Haushund mit Sicherheit wohl das schwierigste Objekt, dass Sie sich aussuchen können. Wie Sie richtig sagen, spielt die Zuchtauswahl, die letztlich zu der großen Rassenvielfalt führte, eine entscheidende Rolle.

Die Annäherung, die zwischen Mensch und Hund stattfand, macht das Erkennen tatsächlich angeborenen Verhaltens schon bei jungen Hunden schwierig. Würde man Sie fragen, hat Ihr Hund Gefühle, hat er gar eine Seele, würden Sie wahrscheinlich mit Ja antworten. Wissenschaftlich beweisen könnten Sie es nicht. Auch ich könnte es nicht, da auch ich zu meinem Hund Gefühle und Verhalten entwickelt habe, auf die er reagiert, die aber exakt wissenschaftlich nicht zu beschreiben sind.

Nicht ohne Grund arbeiten meine Mitarbeiter und ich daher an Vögeln und Fischen. Da ist die Sache relativ einfach. Auch hier kann und wird der Mensch Gefühle, zum Beispiel zu jungen Gänsen, entwickeln. Er kann diese Gefühle aber im Griff halten und wird in der Lage sein, sich von den beobachteten Tieren so weit zu distanzieren, dass er angeborene Verhaltensweisen exakt beschreiben kann, ohne diese durch eigenes Verhalten zu beeinflussen.

Könnten Sie einem kleinen Welpen, der arglos auf Sie zutapst, zärtliches Streicheln, ein aufmunterndes Wort verweigern? Die Ethologie ist zudem eine junge Wissenschaft, und Sie werden wenig Menschen finden, die Ihnen raten und helfen können.

Und nicht zuletzt: Wir Menschen sind und bleiben auch Säugetiere. Ob wir es wollen oder nicht, alles Körperliche an uns gleicht dem der Säugetiere wie ein Ei dem anderen. Nur unser Hirn hat uns im Laufe der Evolution Möglichkeiten zu totaler Veränderung unseres Verhaltens eröffnet. Ob immer zum Besseren, wage ich zu bezweifeln. Früher konnten wir einem überlegenen Gegner durch Demutsgebärden wie Kopf neigen oder Hand heben anzeigen: ich bin wehrlos und ergebe mich. Heute drückt ein Bomberpilot auf einen Knopf, löst eine Atombombe aus und tötet damit abertausende Menschen, die er nicht sieht, nicht kennt. Auch diese Deformierung unseres Verhaltens wird Ihnen Ihre Arbeit schwer machen. Sie können sich wohl nur schwer einem Hund gegenüber so verhalten, als wäre er ein wilder Wolf. Überlegen Sie sich also gut, ob Sie diese Arbeit wirklich weitermachen wollen. Es gäbe wahrscheinlich leichtere Themen – auch in der Ethologie."

Nach dieser Rede fiel mir gar nichts mehr ein. Erst sehr viele Jahre später wurde mir klar, dass ich die Welt ganz anders zu sehen begann als vor diesem Gespräch.

Mein Doktorvater machte es auf seine Art kurz: „Also, Vauk, jetzt weißt du ja, was du dir da vorgenommen hast. Noch kannst du dich anders entscheiden."

Von der Rückfahrt mit dem Dampfer weiß ich nichts mehr. Der Abschied von Professor Lorenz ist mir sehr wohl noch in Erinnerung. Ein kräftiger Händedruck. „Wie immer Sie sich entscheiden, sollten Sie bei den Hunden bleiben, ich wünsche Ihnen von Herzen gutes Gelingen."

Etwa eine Woche später habe ich mich entschieden: ich wollte weitermachen. Eine Doktorarbeit im Labor, nein, das war nichts für mich.

Und tatsächlich gelang es mir, eine Dissertation auf diesem Weg zu schaffen. Allerdings konnten sich die Kieler Professoren nicht zu einer abschließenden Beurteilung der Arbeit durchringen. So musste die Arbeit schließlich zwei erfahrenen Tierpsychologen, nämlich Professor Lorenz und Professor Koehler von der Universität Freiburg, vorgelegt werden. Nach endlosen Tagen des Wartens und Bangens kamen die Antworten: „Die Arbeit kann als Dissertation angenommen werden!"

Ich hatte es nach bestandener mündlicher Prüfung geschafft. So begann ein neues Leben, auch mit Hunden, deren Verhalten ich in Zukunft allerdings mehr mit Gefühl und ohne wissenschaftlichen Anspruch begegnete.

Haben Hunde eine „Sprache"?

Natürlich haben sie! Es ist das Verdienst des Nobelpreisträgers Professor Konrad Lorenz, den Menschen deutlich und bewusst gemacht zu haben, dass ihre Mitgeschöpfe, zumindest Reptilien, Amphibien, Fische, Vögel und Säugetiere über Kommunikationsmöglichkeiten verfügen, die sowohl innerhalb einer Art, aber auch gegenüber anderen Arten funktionieren, oder besser: ihren Zweck erfüllen. Neben Lautäußerungen verschiedenster Art sind es vor allem die Mimik und die Körpersprache, die als Mittler von Tier zu Tier eingesetzt werden. Auch beim Menschen wurde die „Körpersprache" sozusagen wissenschaftlich entdeckt und aufbereitet. Auffällig ist dabei, dass Sportreporter gerne den Begriff der Körpersprache ins Spiel bringen, wenn sie beschreiben wollen, wie es um den mentalen Zustand beispielsweise eines Boxers oder einer Fußballmannschaft bestellt ist. So zeugt die „Körpersprache" eines unterlegenen Gegners im Boxring von seiner bevorstehenden Niederlage. Oder umgekehrt: Die ganze Mannschaft strahlt schon durch ihre „Körpersprache" unbändigen Siegeswillen aus. Natürlich kann man die Körpersprache einer anderen Tierart nicht so ohne weiteres verstehen, deuten und sich entsprechend verhalten. Lorenz nannte eines seiner populärwissenschaftlichen Bücher nicht ohne Grund „Er sprach mit dem Vieh, den Vögeln und den Fischen".

Wenn also Zwiesprache zwischen Mensch und Tier möglich ist, dann bedeutet das, beide Seiten müssen eine Fremdsprache lernen.

So schwer wie es zunächst scheint, ist das gar nicht, aus einem einfachen Grund: Tiere quasseln nicht, sie treten mit ihrer Sprache eine Sache, eine Bitte, einen Befehl, eine Drohung nicht endlos breit. Sie „sagen", was sie wollen, kurz und einfach. Allerdings machen einige Tierarten bei Brunft und Balz auch ganz schön Lärm und Getue, aber das sind Sonderfälle von meist kurzer zeitlicher Dauer.

Von Humanpsychologen wird oft behauptet, nur wir Menschen hätten die Fähigkeit „richtig" zu sprechen. Welch eine Überheblichkeit! Sicher können wir all unseren Gefühlen, all unserem Denken, mit der Sprache Ausdruck verleihen. Was für endloses Gerede, ja Geschwafel, daraus werden kann, muss man sich nur einmal in Talkshows und Bundestagsdebatten anhören. Abgesehen davon, dass aus breitgetretenem Unrat auch nichts Besseres wird, ist auch der Gebrauch der Sprache oft genug zum Weinen oder Totlachen, je nachdem, ob man Pessi- oder Optimist ist. Ich neige da eher zum Pessimismus, freue mich aber dennoch über eine im NDR-Info einmal wöchentlich ausgestrahlte Sendung namens „Der satirische Wochenrückblick".

Köstlich oder beschämend sind die „Sprachblüten" und der Gesprächsunfug, der von dem Autor der Sendung aufgespießt wird. Auch in das allgemeine Gelobe der meisten Talksendungen kann ich nicht einstimmen. Die Moderatoren/innen schneiden zu oft das Wort ab, alle Leute, die da sitzen, reden durcheinander oder beschimpfen sich sogar mit Sätzen wie: „Reden Sie nicht solchen Unfug!"

Nein, das alles sollte im Verglich zur „Sprachsparsamkeit", wie sie bei Tieren herrscht, uns nicht überheblich werden lassen. Im Gegenteil, wir können viel von den Tieren, insbesondere von unseren Haustieren, gerade Pferd und Hund, lernen. Es täte den Tieren gut und uns auch.

Der Hund verfügt sowohl über eine sehr differenzierte Laut- als auch Körpersprache. Allerdings ist Hund nicht gleich Hund. Durch Zuchtauswahl bis hin zur Zucht sogenannter „reiner Rassen" war es ein weiter Weg. Die Zucht reinrassiger Haustiere auf bestimmte Eigenschaften war übrigens eine entscheidende Leistung unserer Vorfahren. Ohne diese Zucht auf geistige und körperliche Leistung hätte die Menschheit nicht überleben können. Wie wäre die Geschichte der Menschheit ohne Pferd und Hund, ohne Schaf, Rind und Schwein verlaufen? Die Menschheit wäre wahrscheinlich schlicht ausgestorben.

Die Zugehörigkeit zu einer Hunderasse hat auch dazu geführt, dass Mimik und Lautäußerungen von Rasse zu Rasse sehr verschieden sind. Dazu kommt noch, dass Hunde, so wie alle Säugetiere, als Individuen sehr unterschiedlich sein können. Diese individuellen Unterschiede müssen Herrchen oder Frauchen schon selbst erkennen und je nach der Aufgabe des Hundes fördern oder bremsen.

Es ist hier nicht der Ort, den Versuch zu machen, akribisch aufzulisten, welche Kommunikationsmöglichkeiten ein Hund hat und wie der Mensch dessen Sprache zu lernen und zu deuten versteht und in der Lage ist, seine eigene Sprache dem Hund verständlich zu machen.

Bei „normalen" Haushunden ist das in der Regel nicht so arg schlimm. Bei allen Hunden, die eine Aufgabe zu erfüllen haben, wie bei Polizeihunden, Zollhunden, Jagdhunden und Hütehunden ist das weitaus bedeutungsvoller.

Fachbücher und Fachlehrgänge können in der Regel bei der Bewältigung dieser Aufgabe dem Menschen helfen. Denn Fehler bei deren Erlernen und der Anwendung der Sprache sind schnell gemacht und nur schwer wieder zu beheben.

Weil es mich im Umgang und bei der Arbeit mit meinen Hunden immer wieder bewegt hat, seien noch Eigenschaften erwähnt, die allein mit dem Begriff „Kommunikation" nicht zu erklären sind.

Es sind Gefühle, um die es geht, und letztlich die wissenschaftlich nicht zu klärende Frage, ob der Hund eine „Seele" hat. Obwohl ich von meiner Ausbildung her Wissenschaftler bin, behaupte ich aus vielfältiger Erfahrung heraus: Der Hund hat Gefühle, Gespür für Nicht-Gesagtes, kurz er hat eine Seele.

Woher sonst wüsste, fühlte ein Hund, dass es zwischen mir und meiner Partnerin leise oder laut knistert, warum versucht er, sich dazwischen zu schieben und so gut er kann zu vermitteln? Woher weiß mein Hund, auch wenn ich schweige und es kaum ein Mensch mir anmerken wird, dass etwas nicht stimmt? Mein Herr und Kumpel hat Probleme, ich muss ihm zeigen, durch Gesten und Laute, dass ich für ihn da bin. Woher weiß mein Hund ganz genau, ob die Chemie zwischen mir und einem anderen Menschen stimmt oder nicht, obwohl nichts Ungewöhnliches passiert? Er scheint es zu wissen und reagiert dementsprechend.

Ich könnte versuchen, diese Fragen im Detail zu beantworten, lasse es aber lieber. Ich würde weder meiner „Seele" noch der meines Hundes gerecht werden. Hier ist jeder Mensch mit seinem Hund allein, erfährt es oder erfährt es nicht.

Artus, der Gentleman
Hunde auf der Insel Helgoland

Da hatte ich nun meinen Dr. rer nat. in der Tasche und was nun? Die Arbeitslosigkeit war hoch, Akademiker, besonders Biologen, 1956 kaum gefragt. So fand ich zunächst Unterkunft bei meinen Schwiegereltern in Eckernförde. In ihrem Eisenwarengeschäft arbeitete ich als Verkäufer für Melkmaschinen und elektrische Weidezäune. Wahrlich kein Traumjob, aber immerhin konnte ich frei mit dem Firmenwagen über Land fahren und die Bauern von der Notwendigkeit überzeugen, dass ihre Kühe sicherer hinter einem elektrischen Weidezaun grasen. Meine Erfolge waren eher mäßig. Handeln war und ist nicht meine Sache.

Immerhin konnte mein englischer Setterrüde Artus mich auf den Fahrten begleiten, und es ergab sich auch mal die Gelegenheit, den Hund bei der Rebhuhnjagd einzusetzen. Hier konnte dieser Spezialist auf Hühner- und Fasanensuche sein Können zur Freude und Begeisterung der Jäger auf dem Land voll ausspielen.

Artus war ein starker, bildschöner dreifarbiger Rüde, der allerdings neben der ausgezeichneten Suche und dem bombenfesten Vorstehen vor dem gefundenen Fasan oder dem Rebhuhn, den geschossenen Vogel nur sehr ungern apportierte. Er war eben ein typischer Spezialist, der von hochbegabten englischen Züchtern zum Finder und Vorsteher herausgezüchtet worden war. Zum Apportieren aber hatten englische Jäger dann immer noch ihre Retriever dabei.

Vom Wesen her zeichnete Artus sich durch große Ruhe und Zurückhaltung aus. Er zeigte seine Zugehörigkeit zu mir durch Gehorsam und Nähe, die er anderen Menschen gegenüber eher vermied. Als Wachhund war er völlig ungeeignet. Aus der Ruhe brachten ihn fremde Menschen ebenso wenig wie Katzen oder andere Hunde. Radau schlagen war nicht seine Sache.

So schleppte ich mich etwas unwirsch über die Zeit, begleitet und aufgemuntert durch Artus. Ich schrieb Bewerbungen, auch an ausländische Institute, jedoch vergeblich. Aber wie so oft in meinem

Leben änderte sich alles sehr plötzlich und grundlegend durch einen Brief des damaligen Direktors des Instituts für Vogelforschung/Vogelwarte Helgoland.

Man merkte schon nach den ersten Zeilen, dass hier nicht nur ein Wissenschaftler, sondern auch ein preußischer Beamter die Feder geführt hatte. So war der Inhalt des Briefes kurz, knapp und klar.

„Ich habe mit Ihrem Doktorvater gesprochen. Er meint, Sie wären ein Mann, dem es gelingen könnte, unter schwierigsten Umständen den Aufbau der Vogelwarte auf der zerstörten Insel Helgoland zu bewerkstelligen. Auch das Leben in einem Barackenlager mit fünfhundert anderen Männern würden Sie wohl ertragen. Er sagte mir auch, dass Sie von Ornithologie nichts oder wenig verstehen. Wenn Sie Lust und Mut haben, die Aufgabe zu übernehmen, melden Sie sich zu einem Vorstellungsgespräch. Die ersten beiden Jahre geht es auf der Insel ohnehin nur um handwerkliche und organisatorische Arbeiten. Am Abend können Sie sich ja dann in die Ornithologie einlesen. Wenn Sie so arbeiten und auftreten, wie ich es mir vorstelle, kann die Sache in zwei Jahren in eine Planstelle für Sie münden."

Ich saß vor dem Brief und wusste nicht, ob ich mich freuen sollte. Das Angebot, ohne dass ich mich beworben hatte, war zweifellos ehrenvoll. Ich wusste ziemlich genau, was mein Doktorvater erzählt hatte: „Der Vauk schafft das schon, er ist ein guter Organisator und als Soldat einiges gewohnt. Die Ornithologie wird er lernen."

Hatte der eine Ahnung! Meine „weiche Seite" kannte er nicht und dass ich Männer in größerer Zahl auf einem Haufen ganz und gar nicht mochte, wusste er auch nicht.

Da ich von Helgoland wenig wusste, abgesehen von den Kriegsereignissen und der großen Munitionssprengung, schnappte ich mir Literatur und Atlanten, um mich zu informieren. Da kam dann der ganz große Schreck: 1 km² groß, keine Bäume, viel Wasser, viel Wind und Sturm und es steht kein Haus mehr aus früheren Zeiten.

Es war mir sofort klar: Pferdehaltung völlig unmöglich, Hunde wahrscheinlich ebenso, und die Verlobte musste auch auf dem Festland bleiben. Einmal in der Woche ein uralter Dampfer, der von Cuxhaven nach Helgoland und zurück fuhr, Telefonanschluss nicht vorhanden.

Aber ich hatte keine Wahl, sagte zu, und dann ging alles schnell. Im Februar ein Vorstellungsgespräch, bei dem sich mein Eindruck von meinem neuen Chef bestätigte: korrekt, kurz angebunden. Dann ein Monat Probezeit in Wilhelmshaven am Institut für Vogelforschung und am 1. April 1956 ab auf die Insel. Zurück blieb mein Setterrüde Artus. Ich war mal wieder allein und machte mir auch wegen des einsamen Hundes Sorgen. Dann kam mir und meinem Hund ganz plötzlich der Zufall zu Hilfe. Und das kam so.

Im Mai stattete mir der Institutsdirektor einen Besuch ab. Notgedrungen saßen wir abends in der Kantine mit Hafen- und Bauarbeitern zusammen. Geredet wurde über die Insel, die Zukunft der Vogelwarte und natürlich über Vogelkunde.

„Es wäre schön, wenn Sie die Austernfischer und Sandregenpfeifer, die sich in der menschenleeren Zeit auf der Insel angesiedelt haben, beringen könnten. Nur leider drücken sich die Jungvögel zwischen Bewuchs und Steinen, sobald die Altvögel warnen. Die kleinen Jungvögel haben ein perfektes Tarnkleid, sitzen völlig still und sind kaum zu finden." So erklärte mir Professor Drost einiges aus der Brutbiologie dieser Vogelarten.

Reiner Zufall war es, dass ich vor ein paar Tagen in einer wissenschaftlich-ornithologischen Zeitschrift gelesen hatte, dass die amerikanischen Kollegen das Problem mit einem eingearbeiteten Vorstehhund, Pointer oder Setter, lösen. Der Hund wird zur Suche in das Brutgebiet der Strand- und Wiesenvögel geschickt, die Altvögel fliegen warnend auf, die Jungvögel drücken sich. Dem Hund entgehen die kleinen Daunenknäuel nicht. Kaum hat er einen in der Nase, bleibt er wie angewurzelt stehen, er „steht vor". Der Beringer muss dann nur noch zu dem Hund gehen, ihm das Hinlegen befehlen und ein bis zwei Meter vor der Schnauze des Hundes wird er den regungslosen Jungvogel finden. Ihn aufzunehmen, ihm einen Ring ans Bein zu legen und wieder laufen zu lassen, ist dann Augenblickssache.

Ich gab dieses Wissen um den Einsatz eines Hundes als Beringungshelfer gerne und mit positivem Kommentar gleich weiter.

Meine Rechnung ging auf. „Das ist ja ein tolles Ding und sicher möglich. Aber wer hat einen solchen Hund und kann ihn auch entsprechend einsetzen? Ich würde die Sache ja zu gerne auf den Wiesen- und Grodenflächen in Wilhelmshaven ausprobieren. Da gibt es viele Kiebitze und Uferschnepfen, von denen wir kaum etwas wissen. Kennen Sie jemand, der einen solchen Hund hat und uns helfen könnte?"

Die Chance für meinen Hund und mich war da: „Ja, ich hätte einen passenden Hund, einen Englischen Setter, der genauso gut vorsteht wie jeder Pointer. Gerne würde ich mit diesem Hund den Versuch machen."

Der Herr Institutsdirektor machte große, erstaunte Augen und fragte nur: „Und wo ist dieser Hund jetzt?" Ich erläuterte ihm die Situation, und wie eigentlich immer kam die Antwort kurz und präzise: „Gut, Sie kommen mit dem Setter im Juni für ein paar Tage nach Wilhelmshaven und wir versuchen unser Heil."

So geschah es denn auch. Ich holte Artus Anfang Juni in Eckernförde ab und meldete mich in Wilhelmshaven zum Einsatz. Natürlich hatte ich Angst, dass Artus Kiebitzküken und andere Daunenbällchen nicht ernst nehmen würde, hatte ich bisher doch nur an Rebhühnern und Fasanen mit ihm gearbeitet. Aber nach dem Motto „Frisch gewagt ist halb gewonnen" zogen wir mit Notizbüchern und den passenden

Vogelringen los. Auf der ersten Wiese schickte ich Artus zur Suche los. Bald wirbelten zwei alte Kiebitze im Flatterflug um den Hund herum, ein sicheres Zeichen, dass sich ihre Jungen in der Nähe im Gras drückten. Artus ließ sich von den schreienden Altvögeln nicht in seiner Suche beeinflussen. Plötzlich stand er, mit der Hinterhand leicht eingeknickt, in Settermanier bewegungslos vor, die Nase vor sich auf den Boden gerichtet. Etwas überheblich und gewagt sagte ich nur: „Gehen Sie bitte zum Hund, etwa ein bis zwei Meter vor seiner Nase liegt ein junger Kiebitz." Vorsichtig tat der Chef wie ihm geheißen, bückte sich und hatte einen Jungkiebitz in der Hand. Anspannung und Freude waren ihm gleichermaßen anzusehen: „Mensch, Vauk, das ist ja eine tolle Sache, ich hätte das nicht für möglich gehalten."

Der kleine Piepmatz wurde beringt, freigelassen und weiter ging die Suche. Es klappte gut, aber so nach zwei Stunden hatte Artus die Nase voll, immer nur suchen und nie jagen, da verging ihm die Lust.

Im Institut angekommen, sagte der Chef nur: „Ich bin begeistert, ein Hund als Beringungshelfer, ich hätte es nicht geglaubt." Er streichelte Artus und meinte: „Natürlich können Sie den Hund mit auf die Insel nehmen. Er kann Ihnen da ja auch helfen."

Innerlich machte ich einen Luftsprung, und gleich am folgenden Tag gingen wir auf die Reise. Zu meiner Freude ließ sich Artus auch von der Seereise auf dem kleinen Schiff nicht beeindrucken. So wurde der Hunde-Gentleman zum ersten Inselhund. Im Laufe der Jahre sollte ihm noch eine ganze Reihe folgen, allerdings war ihre Aufgabe später nicht Beringungshilfe, sondern Unterstützung bei der Umweltforschung.

Kim, mein Gordon Setter

Das Leben von Artus neigte sich auf der Insel dem Ende zu. Ihm machte das Suchen kleiner, junger Strandvögel offensichtlich keinen Spaß mehr, zumal wir die Vogeljungen auch ohne ihn fanden. Er zeigte mir immer deutlicher: „Mir fehlen Felder, Wiesen, Knicks und Wälder. Das Meer finde ich ziemlich kalt und scheußlich. Ich kann keine Rebhühner, Fasane und Kaninchen suchen, die du dann schießt. Nein, das ist hier kein Leben für mich. Ich mag dich zwar immer noch sehr gerne, aber Frauchen fehlt mir sehr."

Zum Abschied verliebte er sich in eine junge Lehrerin, die (um ihr Praktikum zu finanzieren) bei uns halbtags als Putzfrau arbeitete. Seine Abneigung gegen das Leben auf der Insel und seine Zuneigung zu Barbara waren einfach nicht zu übersehen. So wunderte ich mich schon gar nicht mehr, als Barbara fragte: „Darf ich Artus mitnehmen, er hängt so an mir. Hier auf Helgoland fühlt er sich offensichtlich nicht wohl und Sie können ihm auch nicht ganz gerecht werden."

Ich stimmte dieser „Scheidung" zu mit der Erkenntnis, die ich von meinem Vater oft gehört habe: „Es gibt bei Menschen nichts, was es bei Tieren nicht auch gäbe."

Artus hatte noch zwei wohl eher ruhige Jahre bei und mit Barbara, bis er dann friedlich starb.

Schon ein Jahr vor der Trennung von Artus hatte ich mich nach einem neuen Hund umgesehen, in der Hoffnung, dass dieser Hund das Inselleben von Jugend auf kennenlernen und gut finden würde. Dass auf den vierbeinigen Begleiter auch ganz neue Aufgaben zukommen würden, ahnte ich noch nicht.

Was für ein neuer Hund sollte es aber sein? Träume meiner Jugend wurden wach: der Gordon Setter Lord, der in unserem Holzschuppen lag und auf seinen Herrn wartete, der uns besuchte. Lord war groß, hatte ein schwarz-braunes langes Fell und große, dunkle Augen. So reifte der Entschluss: ein Gordon Setter sollte es sein.

Ich verdiente wenig, hatte aber so viel gespart (das einfache Leben machte es möglich), dass ich mir zum ersten Mal einen Hund aussuchen und auch bezahlen konnte. Eine Zucht, die bekanntermaßen für die Jagd brauchbare Hunde hervorbrachte, war bald gefunden und der kleine Kim ausgesucht. Wir beide traten die Reise nach Helgoland an. Auf meinem Schoß ließ ihn auch der Seegang offensichtlich kalt, er schlief, wie Hunde überhaupt zu jeder Tages- und Nachtzeit schlafen können, wenn nichts Aufregendes passiert.

Nun hatte ich kurzzeitig zwei Hunde. Artus war der neue Genosse ziemlich gleichgültig. Tapsigkeiten und selbst Frechheiten des kleinen Kerls ließ er sich weitgehend gefallen. Wenn es ihm zu toll wurde, knurrte er leise, und das genügte, um Kim in die Schranken zu weisen. Wie fast alle Hunde, die als Welpen zu mir kamen, schlief Kim in einer ausgepolsterten Kiste, die nachts neben meinem Bett stand. Wenn der Kleine unruhig wurde, brauchte ich nur meine Hand in die Kiste zu hängen und schon war wieder friedlicher Schlaf angesagt. So entstand von Beginn an eine sehr enge Beziehung zwischen uns beiden, die sich mit dem zunehmenden Alter von Kim immer enger gestaltete.

Es gehörte zu meinem täglichen Dienstablauf, dass ich am Vormittag zwei bis drei Stunden auf dem Oberland der Insel, an den Stränden und am Fuß der steilen Klippen Beobachtungsgänge machte.

Kim war ständig an meiner Seite, lernte klettern wie eine Gämse und tobte nur zu gern im kalten Meerwasser herum. Selbst hohe Wellen und Brecher überwand er mit großer Kraft und Begeisterung. Das Schwimmen auch in grober See machte ihm offensichtlich besondere Freude, aber ich hatte oft genug Angst um den jungen Hund.

Natürlich hatten meine Vormittagsausflüge zur Folge, dass ich oft bis tief in die Nacht am Schreibtisch arbeiten musste. Auch hier hatte Kim eine Kiste zum Schlafen. Seine Nähe, seine Ruhe übertrugen sich wohltuend auf mich und meine Arbeit.

Als erwachsener Hund wurde er nachts von mir auf seinen Platz unten im Haus gebracht. Hier erwies er sich auch in kritischen Situationen, die unter anderem von betrunkenen Fischern ausgelöst werden konnten, als hervorragender Wachhund. Er war keineswegs bissig, konnte aber sehr wohl Respekt einflößen und wäre wohl auch bereit gewesen, Haus und Herrn kraftvoll zu verteidigen, wenn es hätte sein müssen.

Kim, der Dorf-Casanova

Kim war zeitlebens eng an Haus und Herrn gebunden, mit einer Ausnahme: Seine feine Nase zeigte ihm untrüglich an, wann und wo eine Hundedame im Dorf nach einem Liebhaber rief. Leicht gemacht wurde ihm dieses Wissen allerdings auch durch die Tatsache, dass die Hunde auf Helgoland gerne auf dem Oberland der Insel spazieren geführt wurden und dort auch ihre Duftmarken hinterließen. Andere Rüden hatte er kaum zu fürchten. Der Schönste war er sowieso, und auch hinsichtlich der körperlichen Stärke und des ausgeprägten Imponierverhaltens konnte ihm kein Nebenbuhler das Wasser reichen. Ich bin sicher, dass er eine ganze Horde Nachwuchs auf der Insel hinterließ. So war klar: Wenn Kim für ein paar Stunden am Nachmittag oder Abend die Vogelwarte verließ, ging er auf Brautschau. Große Sorgen musste ich mir nicht machen, denn der zur Verfügung stehende Raum war begrenzt, zu wildern gab's nichts, die Katzen interessierten ihn nur, wenn sie in unseren Anlagen herumschlichen und Autos, die ihn hätten überfahren können, gab's auch nicht. So gönnte ich ihm das Vergnügen und amüsierte mich sogar über seine „Lustausflüge".

Natürlich gab es manchmal Diskussionen mit den Besitzern der Hündinnen, die aber zu keinen Schuldzuweisungen an meine Adresse führten. Meist wurde die Geschichte mit Humor und Verständnis aufgenommen.

So erinnere ich mich, dass eines Nachmittags das Telefon klingelte und unser Elektromeister sehr aufgeregt rief: „Herr Doktor kommen Sie doch bitte schnell in unser Haus auf dem Unterland. Ihr großer Jagdhund will unbedingt mit der Pudelhündin meiner Tochter was anstellen. Er hat hier im Haus schon allerhand angestellt. Bitte holen Sie ihn ab. Wir bekommen ihn nicht heraus!" Auf meine Frage, ob der Hund jemand gebissen hätte, kam eine eher freundliche Antwort: „Nein, er ist eigentlich sehr nett, nur nach draußen will er nicht."

So machte ich mich einigermaßen gespannt auf den Weg. Was würde mich erwarten bei dem Unternehmen, den großen Liebhaber wieder auf den Weg der Tugend und des Verzichts zu bringen?

Ein Zyniker oder schadenfroher Mensch hätte wohl herzhaft gelacht, wäre er in meiner Situation gewesen. Zum Glück bin ich weit entfernt von solchen Gefühlen. Mich bewegte eher Angst und Mitgefühl.

Die Haustür, vor der ich schließlich stand, war sperrangelweit offen. Mein Blick ging bis in die Küche. Im Flur lagen eine umgestürzte Blumenbank, Topfscherben und Blumen verstreut am Fußboden. Aus der Küche drang das schluchzende Jammern eines jungen Mädchens, das Stammeln einer Frau und das lautstarke Schimpfen eines Mannes: „Hau ab, du blöder Köter!" Natürlich war Kim damit gemeint. In der Küche angekommen, sah ich, dass der „blöde Köter" sich durch die anwesenden Menschen nicht in seinem Vorhaben stören ließ, zu dem „Objekt seiner Begierde" zu kommen. Jaulend kratzte er wie besessen an einer Tür, die in ein anderes Zimmer führte. Aus diesem Zimmer drang das keineswegs ängstliche, eher sehnsuchtsvolle Quiemen einer Hündin.

Ich machte diesem Treiben schnell ein Ende, nahm Kim an die Leine und ließ ihn „Platz" machen. Sichtlich erstaunt nahmen Vater, Mutter und Tochter zur Kenntnis, dass der Spuk schlagartig beendet war. Ich ließ mir dann aber doch erzählen, was sich eigentlich zugetragen hatte. Der Vater war halbwegs in der Lage zu erzählen: „Wir haben unsere Muschi vor die Tür gelassen, da macht sie dann immer ihr Geschäft und kommt wieder rein."

Mir schwante nichts Gutes: „Wussten Sie denn nicht, dass sie heiß war?" „Nein, wie kann man das denn merken? Jedenfalls dauerte es nicht lange, wir saßen zu dritt in der Küche, da tobte die wilde Jagd durch den Flur, vorneweg Muschi und dahinter ein großer schwarzer Hund. Im Flur ging die Blumenbank in die Brüche, in der Küche flogen die Stühle und wir dachten, der große Hund will Muschi totbeißen. Jedenfalls schnappte sich unsere Tochter ihren kleinen Hund und warf ihn ins Nebenzimmer; das war sehr mutig. Was danach kam, haben Sie ja gesehen. Ich kann gar nicht begreifen, dass das riesige Hundevieh jetzt auf einmal so friedlich ist."

Ich betrieb nun erst einmal Aufklärungsarbeit in Sachen „Liebe bei Hunden", und so ganz allmählich begriffen die guten Leute, was sich da wirklich vor ihren Augen abgespielt hatte und dass man eine heiße Hündin nicht so einfach alleine draußen herumlaufen lassen darf.

Die Geschichte war dank des Eingreifens der Tochter noch gut ausgegangen und unerwünschter Nachwuchs nicht zu erwarten.

Zum Abschied ließ sich Kim dann von allen streicheln und wurde mit viel Verständnis für den großen Liebhaber bedacht.

Mich kostete Kims Liebestreiben jedenfalls eine neue Blumenbank samt Töpfen und Blumen. Ein neuer Anstrich für die zerkratzte Tür kam auch noch dazu. Für Kim mögen die Folgen noch gravierender gewesen ein: er durfte fortan nur noch in meiner Begleitung vom Grundstück. Ein bisschen leid tat er uns schon bei diesem erzwungenen Zölibat.

Kim – Mut und Übermut

Schon mein Vater hatte mir hinsichtlich des Mutes, den ein Mann haben sollte, einige Ratschläge mit auf den Weg gegeben:

- Ohne Angst gibt es keinen echten Mut.
- Nur wer die Angst überwindet, kann zu einem mutigen Handeln kommen.
- Nur Übermut kennt keine Angst. Man überschätzt sich, was dann meist bei der alten Volksweisheit landet: Übermut tut selten gut.

Im Krieg konnte ich dann unfreiwillig erfahren, wie richtig diese „Lehrsätze" waren. Heldentod, heute durch das anonyme Töten durch hoch technisierte Waffen ad absurdum geführt, war damals schon schreckliches blindes Schicksal oder oft genug der Übermut des Helden. Ein wahrer Heldentod war es da vielleicht noch, wenn ein Soldat seinen verwundeten Kameraden unter Einsatz seines eigenen Lebens aus der Gefahrenzone zu bergen versuchte.

Mein Gordon Setter Kim war ein Hund, der dazu neigte, seine Kraft zu überschätzen und es auch mir gegenüber immer wieder versuchte, sich zum Alpharüden aufzuschwingen. Gelungen ist es ihm nicht, es durfte ihm auch nicht gelingen, dann wäre unser gutes Zusammenleben unerträglich geworden.

Übrigens ein Problem, mit dem sich heute sogenannte „Hundetherapeuten" oft genug herumschlagen müssen, weil Hundebesitzer meist wenig oder keine Ahnung vom Rudelverhalten ihrer Hunden haben. Für Kim führte Selbstüberschätzung und Dickköpfigkeit jedenfalls zu seinem „Heldentod", der mir dennoch Achtung und Respekt abnötigte und mich tieftraurig stimmte.

Wieder einmal waren wir beide auf einem Rundgang an einem kalten und stürmischen Novembertag am Nordoststrand Helgolands unterwegs. Sehr plötzlich erhob sich aus dem dunklen Tanghaufen vor uns mit mühsamem Flügelschlag eine total verölte Mantelmöwe, taumelte über die Brecher, die an den Strand brandeten, und fiel am Ende ihrer Flugfähigkeit in die hoch gehenden Wellen.

Kim stürzte ohne zu zögern durch die Brandungswellen hinter dem Vogel her. Dazu ist noch zu sagen, dass Mantelmöwen groß und

148

mit ihrem Hakenschnabel sehr wehrhaft sind. All mein Schreien und „Hierher"-Rufen halfen nichts, Kim ließ sich nicht beirren und dachte wohl: „Wieso soll ich auf einmal einen verölten Vogel nicht holen. Lass den Alten doch schreien, ich schaffe das schon, und dann werde ich schon wieder gelobt werden."

Die Möwe konnte trotz großer Bemühungen nicht wieder aus dem bewegten Wasser auffliegen. Schwimmen konnte sie dagegen noch recht gut und versuchte, dem Hund auf diese Weise zu entkommen.

Zunächst sah ich Hund und Möwe immer wieder auf den Wellenkämmen auftauchen, bis sie schließlich beide nicht mehr sichtbar waren. Gischt und Regen verhinderten eine Benutzung des Fernglases. Ich bin wohl eine halbe Stunde am Strand auf und ab gerannt, laut nach Kim gegen Sturm und Brandung schreiend. Schließlich gab ich auf in dem Glauben, der Hund sei ertrunken. Auch ein Mann darf weinen.

So stieg ich auf dem sogenannten Jägerstieg die Ostklippe hoch, um mich windgeschützt auf einer Bank niederzulassen, die die Helgoländer „Vauks Utkiek" nannten. Hier konnte ich mein Fernglas benutzen und suchte immer wieder das wogende Meer ab, so sinnlos es auch sein mochte. Doch plötzlich, ich wollte meinen Augen nicht trauen: es war tatsächlich der Kopf von Kim, der da immer wieder aus den Wellentälern auftauchte. Und nicht nur das, in seinem Fang hielt er die offensichtlich tote Möwe. Er näherte sich relativ schnell dem Ufer, getragen von den zum Strand rollenden Wellen. Auch die Brecher in Strandnähe meisterte er ohne sichtbare Probleme. Ich war inzwischen die Treppenstufen nach unten gesprungen und nahm den Hund in Empfang, samt der tatsächlich toten Möwe.

Kim schien zwar erschöpft, schüttelte sich kräftig, wurde gelobt und wir machten uns gemeinsam den Weg die Klippen hinauf aufs Oberland und zur Vogelwarte. Im Hause angekommen, rubbelte ich den Hund trocken und säuberte seine Lefzen, Zähne und sein Maul vom schmierigen Öl. Danach legte sich Kim in seine warme Kiste, wollte nichts fressen und schlief unter meinen Augen ein. Auch ich machte Mittagspause und war eigentlich guter Dinge, was den Zustand von Kim betraf.

Nach dem Mittagsschläfchen sah ich sofort nach meinem Hund. Der lag immer noch in seiner Kiste und hob den Kopf, als ich mich neben ihn hockte. Als ich ihn streichelte, legte er den Kopf in meine Hand, knurrte leise, zuckte kurz und starb. Es gab keinen Zweifel, Kim atmete nicht, das Herz schlug nicht mehr, er war ohne Klagen und offensichtlich ohne Schmerzen in die ewigen Jagdgründe gewechselt.

Abgesehen davon, dass es auf Helgoland keinen Tierarzt gab, brauchte ich für diese Diagnose keine Hilfe. In meiner Situation konnte ich allerdings Hilfe und Zuspruch gebrauchen. Bald waren alle Stationsmitarbeiter um den toten Hund versammelt. Erst flossen Tränen und schließlich schlichen alle wieder an ihre Arbeitsplätze. Nur ich blieb noch einige Zeit neben meinem toten Gordon Setter hocken, bis es dunkel wurde. Bei allem preußischen Pflichtgefühl war ich zu keiner Arbeit fähig, und die Nacht blieb schlaflos. Trotz des Grübelns über die Todesursache, die ihn einschlafen ließ, kam ich zu keinem Ergebnis: Überanstrengung, Unterkühlung, abgeschlucktes Öl? Vielleicht etwas von allem. Es blieb offen.

Am nächsten Tag begruben wir Kim unter Heckenrosen im Vogelfanggarten. Das etwas verwitterte Holzkreuz von einem Soldatengrab, das ich Jahre vorher auf dem von Bomben zerwühlten Oberland der Insel gefunden und mitgenommen hatte, bekam einen neuen Namenszug eingebrannt: Kim, und wir setzten es auf das Grab.

War es Übermut oder doch das Pflichtgefühl eines treuen Hundes, das schließlich zu Kims Tode geführt hatte? Gefühl und angebliches Wissen haben bei mir bis heute zu keinem endgültigen Ergebnis geführt.

Das Grab von Kim sollte etwa ein Jahr später noch eine tragikomische Bedeutung bekommen.

Dass ich nun keinen treuen Kameraden mehr hatte, der fast ständig um mich und mit mir gewesen war, wurde mir in den kommenden Tagen immer wieder schmerzlich bewusst. Auch unsere Ölpestarbeit litt unter dem Verlust von Kim.

Dennoch dauerte es ziemlich lange, bis ich mich dazu entschloss, einen neuen Hund zu beschaffen. Ein Vorgang, der sich in weiteren Jahren meines Lebens so oder so ähnlich mehrfach wiederholen sollte. Wie war das? „Des Menschen Leben währet siebzig Jahre …", das eines Hundes ist sehr viel kürzer bemessen.

Gun, gelbe Augen – heißes Blut: Weimaraner

Nach dem Abschied von Kim kam ich eher zufällig zu einem neuen Hund, einer Weimaraner-Hündin namens Gun.

Ich hatte einen Vortrag vor Jagdgebrauchshundleuten in Fulda gehalten. Eher nebenbei habe ich wohl erwähnt, dass ich auf der Suche nach einem neuen Hund wäre. Ein Zuhörer sagte mir, dass er Weimaraner züchtet und aus dem letzten Wurf eine Hündin noch nicht vergeben sei. Hinsichtlich des Preises machte er Abstriche, er wollte gerne, dass die Hündin zu mir komme. Als er mir versicherte, dass er die von mir abgerichtete Hündin gerne für mich auf einer späteren Hundezuchtprüfung führen würde, war ich einverstanden, zumal ich auch wieder einmal eine Hündin führen wollte mit der Aussicht, später mit ihr züchten zu können.

So ging dann alles sehr schnell, ich sah die zehn Wochen alte kleine Hündin, verliebte mich und nahm sie mit auf die Insel. Wenn ich sagen würde, dass jetzt alles seinen normalen Gang ging, so wäre das nicht ganz korrekt. Zunächst musste ich zur Kenntnis nehmen, dass Hündinnen anders sind als Rüden: liebevoller und zugleich liebesbedürftiger, empfindsamer und anhänglicher. Einen Rangordnungskampf mit dem Herrn, dem Rudelführer, gibt es für sie nicht. Im Ernstfall sind sie oft entschlossener und mutiger als ihre männlichen Artgenossen.

Und dann die Weimaraner-Rasse! Es gibt braune, schwarze, weiße Hunde aller Rassen. Silbergraues changierendes Fell und gelbe Augen hat nur der Weimaraner. Auch ist er von Natur aus mann- und wildscharf. Voraussetzungen, die früher nachgewiesen werden mussten, wollte man mit Weimaranern züchten. Allerdings ist der Weimaraner nicht etwa das, was man als unberechenbar oder gar bissig bezeichnen könnte. Entweder greift er nur auf Befehl seines Herrn ein oder die Situation ist so eindeutig, dass der Hund richtigerweise aus sich heraus reagiert. Das kann bei der Auseinandersetzung mit einer Wildsau sein oder wenn Haus, Hof und Mensch durch Eindringlinge bedroht werden. Diese Eigenschaften setzen eine sehr enge Verbindung zwischen Herr und Hund voraus und eine konsequente Abrichtung.

Sehr positiv ist übrigens die Eigenschaft, dass ein Weimaraner schnell begreift, wann ein Besucher willkommen ist. Ein paar freundliche Worte zwischen dem Herrn und dem Gast genügen und der Weimaraner ist nett und friedlich und erkennt diesen Gast auch noch nach längerer Zeit sofort wieder.

Nach dem Krieg waren Weimaraner in Deutschland recht selten geworden. Die Erklärung ist einfach: dank ihrer besonderen Eigenschaften wurden Weimaraner meist in einsamen Forsthäusern, auf abgelegenen Bauernhöfen und Gutshöfen gehalten. Beim Eindringen der Besatzungssoldaten wurden viele Weimaraner erschossen. Anderseits hatten englische und amerikanische Offiziere mit Hundeverstand Weimaraner einfach mitgenommen und daher sind sie heute in Großbritannien und den USA häufige und begehrte Jagdhunde.

Übrigens würde ich nie empfehlen, dass „normale Hundefreunde" sich einen Weimaraner anschaffen. Dieser Hund braucht viel Freiheit und ohne die Jagd fehlt ihm fast alles. Hat er das nicht und keinen entsprechenden Führer, kann es ziemliche Probleme geben. Sehr anschaulich habe ich diese Probleme kürzlich im Fernsehen gesehen, als ein sogenannter „Hundetherapeut" große Mühe hatte, einen stämmigen Weimaraner-Rüden mit seinem jungen Frauchen zu einem für beide erträglichen Leben zu führen.

Die Rassebezeichnung „Weimaraner" hat sich für die „Grauen Geister" fest eingebürgert. Über den Ursprung der Weimaraner ist dagegen wenig Verlässliches bekannt.

Die Engländer begannen sehr früh mit der Reinzucht ihrer Jagdhundrassen. In Deutschland begann dieser Prozess erst um die Wende vom 19. zum 20. Jahrhundert. Seit dieser Zeit entwickelte man für die Weimaraner einen Rassestandard für Fell- und Augenfarbe, Körperform und Wesenseigenschaften. Es ist allerdings ziemlich sicher, dass Förster, Berufsjäger und Landbesitzer im Raum um Weimar bereits Hunde züchteten, die etwa dem Weimaraner unserer Zeit entsprachen. Jedenfalls deutet der Name auf diese geographische Herkunft hin.

Wie auch immer, meine Gun entwickelte sich äußerlich und vom
Wesen her zu einer typischen „Weimaranerin": eng an den Herrn,
die Familie gebunden, wachsam und kinder- und menschenfreund-
lich zu gleichen Teilen. Sehr schnell hatte sie auch ihre Aufgabe als
„Ölpesthund" begriffen. Ansonsten gab es jagdlich auf Helgoland
für mich und meinen Hund nur Wildkaninchen. Die grauen Flitzer
waren Anfang der 60er Jahre von einem sogenannten Jäger entge-

gen aller gesetzlichen Verbote auf Helgoland eingebürgert worden. Durch ihre große Anpassungsfähigkeit und hohe Vermehrungsrate können Kaninchen das Ökosystem gerade so kleiner Insellebensräume empfindlich stören, ganze Pflanzengesellschaften ausrotten und durch ihre Grabe-Aktivitäten das Erdreich stark beschädigen. So gehörte es auch zu meinen Aufgaben, durch Bejagung der Kaninchen diese Probleme einzudämmen.

Dein Hund hat immer recht

Bei einem Rundgang auf dem Unterland im Südhafengelände stöberte Gun auf meinen Befehl wieder einmal nach Kaninchen. Die Sache war recht erfolglos geblieben, und ich hatte mich schon auf diese Erfolglosigkeit eingestellt, als Gun ein Kaninchen an einem Trümmersteinhaufen aufstöberte. Mein unkontrollierter Schuss ging nach meiner Meinung voll daneben. Gun kam auf meinen Ruf allerdings nicht sofort zurück, sondern suchte weiter in den Trümmern. Mich störte das nicht weiter: lass dem Mädchen doch ein bisschen Spaß. Flinte umgehängt, machte ich mich auf den Heimweg und hatte wohl Wichtigeres im Kopf als Hund und Kaninchen. Schließlich wusste ich, dass Gun mir auch ohne Aufforderung sehr bald folgen würde, wie gelernt, immer einen halben Schritt hinter mir. Erst kurz vor der Pforte zu unserem Grundstück schaute ich links zurück. Gun war tatsächlich am gewohnten Platz. Allerdings staunte ich nicht schlecht: In ihrem Fang trug sie das von mir beschossene, nun tote Kaninchen. Sozusagen auf eigene Faust hatte sie weitergesucht und ihre feine Nase hatte ihr angezeigt: das Kaninchen ist getroffen, lass den Alten rufen, ich weiß, was ich zu tun habe. Sie fand das Kaninchen, brachte es zu mir und trug es brav hinter mir her bis vor die Haustür.

Als ich sie dann erstaunt ansah, setzte sie sich mit dem Ausdruck totaler Selbstverständlichkeit und übergab mir auf das Kommando „Aus" die Beute.

Meine Studenten hatten wieder einmal eine leckere Mahlzeit und ich musste an eine oft wiederholte Belehrung meines Vaters und jagdlichen Lehrmeisters denken: „Merke dir, dein Hund hat immer recht. Wenn du meinst, dass du den Hasen nicht getroffen hast, der Hund aber sucht weiter, lass ihn, er wird den kranken oder toten Hasen finden und dir bringen. Springt auf deinen Schuss ein Stück Wild nach deiner Meinung nach links ab, der Hund aber will nach rechts suchen, lass ihn, er wird das tote oder verwundete Wild finden."

Immer wieder einmal habe ich diese Weisheit nicht beachtet, bis meine Hunde mich eines Besseren belehrten.

Was hatten meine Hunde mit der Ölpestforschung zu tun?

Um zu erläutern, was es mit der Erforschung der Ölpest, die wir mit großem Einsatz an der Vogelwarte auf Helgoland betrieben, auf sich hatte, muss ich etwas weiter ausholen, um schließlich in diesem Zusammenhang wieder bei meinen Hunden zu landen.

Verölung und Vermüllung der Meere und der Küste gibt es nicht erst seit Tankerunfälle in den Medien großen Widerhall finden. Das Phänomen wurde bereits 1923 von meinem Amtsvorgänger auf Helgoland, Dr. Hugo Weigold, an die Öffentlichkeit gebracht. Die sich damals dafür allerdings überhaupt nicht interessierte.

Ich stolperte sozusagen Jahrzehnte später in das Problem hinein. Schon bei einem meiner ersten Rundgänge 1956 stieß ich am Nordoststrand Helgolands auf eine Trottellumme, die fast bewegungsunfähig im angespülten Tanghaufen hockte. Ich nahm den Vogel auf, um ihm zu helfen, und hatte sofort von Rohöl verschmierte schwarze Hände. Mir war augenblicklich klar, dass es für dieses erbärmlich leidende Tier keine Rettung gab. Ein Seevogel wie die Lumme muss schon total am Ende sein, wenn sie sich aus dem Meer an Land begibt. Nur zum Brüten suchen die Vögel steile Felsklippen auf. Auch die Helgoländer Westklippen bieten einer großen Zahl dieser eleganten Flieger, Taucher und Fischfänger Brutmöglichkeiten.

Da ich damals noch keine Waffe auf Helgoland führen durfte, blieb mir keine andere Möglichkeit, als die verölte, fast tote Lumme mit einem Strandholz zu erschlagen.

Dieses Erlebnis hat mich nie wieder losgelassen und meine Einstellung zu dem Verhältnis Mensch und Umwelt ebenso geprägt wie meine wissenschaftliche Arbeit in den folgenden Jahren. Die Erkenntnis war klar: der Mensch ist um sein Wohlergehen bemüht, meist ohne Rücksicht auf seine eigene Umwelt. Dazu kommt noch das Streben nach Profit um jeden Preis.

Es dauerte nicht lange, bis dieses globalisierte Denken und Handeln in und an der Nordsee auf den Menschen zurückschlug.

Ende der 60er, Anfang der 70er Jahre des vergangenen Jahrhunderts nahm die Verschmutzung der Nordseestrände und die Zahl der verölten Seevögel so zu, dass tägliche Strandreinigungen vieler Orts nötig wurden. Die Inselgäste beschmierten sich die Füße und in den Hotels standen Reinigungsmittel bereit, um sich vom Öl zu befreien, um die Schmiere nicht in die Innenräume zu schleppen.

Der Anblick der sich quälenden, verölten und sterbenden Vögel an den Stränden sorgte überdies für Empörung bei den Kurgästen, woraufhin die Gemeinden gezwungen waren, das Problem ernst zu nehmen und damit auch an die Öffentlichkeit und in die Politik zu gehen.

Ähnlich waren die Abläufe bei der zunehmenden Vermüllung der Meere, besonders auch der Deutschen Bucht. Solange der Schiffsmüll, die Fischernetze und Angelleinen aus leicht verrottbarem Material bestanden hatten, waren die Folgen kaum zu bemerken. Erst mit dem zunehmenden Einsatz von Plastikmaterial für Netze, Angelschnüre und Verpackungen wurde die Geschichte brisant. Vögel, Fische, Seehunde, Delfine und Wale verfingen sich in verloren gegangenen Netzen, die sozusagen unentwegt als Treibnetze im Meer weiterfischten. Sie verhungerten und ertranken darin elendig. Seevögel und Seesäuger waren überdies von Plastikteilen aller Art gefährdet, z. B. von den Halterungen in den Sechserpacks für Getränkedosen oder Plastikschnüren. Immer häufiger wurden die Beobachtungen von Seehunden und Seevögeln, die entweder bereits stranguliert oder elend gefesselt an den Stränden lagen.

Auf einer kleinen Insel wie Helgoland, mitten im Meer, erkennt man solche Entwicklungen deutlich früher als an den weitläufigen Küsten. So begannen wir bereits etwa 1970 alle verölt gefundenen Seevögel statistisch nach Vogelart, Verölungsgrad, Jahreszeit und Gesundheitszustand zu erfassen. In gleicher Weise wurden die Tierarten erfasst, die der Vermüllung zum Opfer gefallen waren.

Ohne unsere Hunde hätten wir diese Arbeit niemals so exakt durchführen können. Alle Hunde, die in dieser Zeit bei uns an der Vogelwarte Dienst taten, hatten schnell erfasst, worum es uns ging. Sie fanden jeden betroffenen Vogel – tot oder lebendig – an den

Stränden unter Tang- und Müllhaufen oder zwischen den Felsen im Spülschaum. Ohne sich um das Öl zu kümmern, brachten sie die gefundenen Tiere zu mir. Es mag übertrieben klingen, fest steht für mich, dass ohne die Hunde unsere Arbeit nur halb so sorgfältig gelaufen wäre, und ich glaube sogar, dass die Arbeitsgenossen so etwas Ähnliches wie Pflichtgefühl empfanden. Schließlich kann es für eine empfindliche Hundenase und das Hundemaul kein Vergnügen sein, fast täglich mit stinkendem, klebrigem Öl konfrontiert zu werden. Dazu kamen erschwerend bei dieser Arbeit noch die raue See und das eiskalte Wasser.

Übrigens wurde uns die Arbeit am Öl- und Müllproblem zunächst sogar verboten, das sei doch keine Ornithologie!

Aber das Meer ist zum Glück weit und der Himmel hoch und außerdem ist nicht nur ein Abgeordneter, sondern auch ein (preußischer?) Beamter in erster Linie seinem Gewissen verpflichtet.

Erst als die Sache unübersehbar schlimm wurde, erinnerten sich Politiker und Medien an uns. Politiker waren oft heilfroh, dass sie auf verlässliche Daten zurückgreifen konnten, und sogar die sonst ja bekanntlich „allwissenden" Amerikaner griffen auf unsere Arbeiten zurück. Ich konnte mit meiner Mitarbeiterin und Frau eine Dienstreise nach Hawaii machen, wo die Probleme ähnliche Größenordnungen erreicht hatten wie bei uns, und auf einem wissenschaftlichen Kongress unsere Forschungsergebnisse vortragen.

Und fast ein Witz war es, als mir später genau für die Arbeiten, die mir eigentlich nicht gestattet waren, das Bundesverdienstkreuz verliehen wurde.

Mit ein wenig Stolz und Genugtuung können wir und die Hunde auch erfüllt sein, weil nicht zuletzt durch unsere Arbeit die Entsorgung von Schiffsmüll und Öl sowohl national als auch (fast) international nur noch in den Häfen erlaubt ist. In diesem Bereich konnte damit das Sterben und Leiden der Meeressäuger und -vögel fast beendet werden, zumal auch die Überwachung und Identifizierung möglicher „Sünder" stark verbessert wurde.

Waldi, der tiefgefrorene Dackel

Diese Geschichte kann man wohl tragikomisch nennen. Auf der einen Seite sind da zwei Menschen, die ihren kleinen Hund, Begleiter über viele Jahre, verlieren und auf der anderen Seite die Wissenschaft und ihre Notwendigkeiten.

Kim lag seit einigen Monaten im Garten unter Heckenrosen begraben. Mein neuer Hund Gun war auch schon auf der Insel. Eines späten Abends, ich saß wie so oft noch am Schreibtisch in meinem Arbeitszimmer, klingelte das Diensttelefon. Wer um alles in der Welt wollte mich um diese Nachtzeit noch dienstlich sprechen?

Es war der Chef unseres Zollamtes, der, offenbar in großer Not, schon vergeblich versucht hatte, mich privat zu erreichen.

Stockend trug er sein Anliegen vor:

„Lieber Herr Doktor, entschuldigen Sie bitte die Störung, aber Sie sind der Einzige, an den ich mich wenden kann. Bei mir im Haus habe ich zwei ältere Damen als Sommergäste. Sie sind Schwestern und kommen schon seit Jahren zu uns. Sie sind sehr nett und haben immer ihren roten Langhaardackel Waldi dabei. Um diesen Dackel geht es. Er ist schon sehr alt und es geht wohl mit ihm zu Ende. Seit drei Tagen liegt er in seinem Körbchen, kann sich überhaupt nicht mehr bewegen, zittert, hat Krämpfe und wimmert erbärmlich. Und wir haben hier doch keinen Tierarzt, der ihm eine Spritze geben könnte. Die alten Damen haben mich jetzt schon den ganzen Abend angefleht, den armen Dackel mit meiner Dienstpistole zu erschießen. Aber ich kann das nicht. Sie wissen, die Häuser auf der Insel stehen dicht bei dicht und Gärten oder Höfe gibt es auch nicht. Andererseits verstehe ich auch so viel von Hunden, dass ich sehe: Waldi quält sich erbärmlich. Sie haben doch ganz offiziell einen Revolver und viel freies Gelände weit weg von anderen Häusern. Dürfen wir den Dackel in seinem Körbchen jetzt noch zu Ihnen bringen und würden Sie den Qualen des Hundes ein Ende machen? Die beiden Damen, die Sie schon von Ihren Vorträgen her kennen, bitten Sie ganz, ganz herzlich um Hilfe und Erbarmen."

Nun, ich kannte den Zöllner, er war ein sympathischer und ehrenwerter Mann, der auch etwas von Hunden verstand. Und in der Tat, einen Revolver hatte ich auch.

Auf die Frage, ob sie denn jetzt nach Mitternacht kommen könnten, überlegte ich noch einen Augenblick. Schließlich kam mein „Ja" sicher nicht aus frohem Herzen. Dennoch waren meine Gedanken klar: der Mensch hat gegenüber dem Tier, das zum „Haustier" wurde, eine andere Verantwortung als gegenüber einem Mitmenschen. Die Begriffe „Gnadenbrot" und „Gnadentod" rühren hier an die Verantwortung, die wir gegenüber unseren Haustieren tragen.

Die Fließbandtötung wie bei Hühnern und Schweinen stiehlt sich nach meinem Verständnis aus dieser Verantwortung. Ich bin in einer Umgebung aufgewachsen und erzogen worden, in der auch die Schlachtung eines Haustieres getragen war von der Verantwortung des eigenen Überlebens und gegenüber dem Leben des Tieres. Ein Wort, das unsere Mutter immer sagte, wenn wir unsere Kaninchen nicht gut und rechtzeitig versorgten: „Der Gerechte erbarmt sich seines Viehs, der Böse aber lässt es darben!"

Wir verstanden wohl, was dies bedeutete, auch wenn wir wussten, dass unsere Kaninchen irgendwann in der Küche landeten. Das war Verantwortung und keine falsche, eigentlich unwissende und verantwortungslose Sentimentalität.

Über neunzig Prozent der Menschen unserer heutigen Gesellschaft haben kein Verhältnis mehr zu dem Tier, das einst mehr schlecht als recht lebte und das für den „Verbraucher" dann nur noch als ein in Folie verpacktes, manchmal sogar angegammeltes Fleisch in der Kühltruhe des Supermarktes liegt.

All diese Gedanken gingen mir durch Kopf und Seele, als es an der Haustür auch schon klingelte. Da standen sie: der Zöllner und zwei Damen. Die beiden Frauen trugen eine große Reisetasche, aus der ein herzzerreißendes Wimmern zu hören war. Ich bat die drei, in der Eingangshalle der Station zu warten, nahm das wimmernde, zuckende Dackeltier aus der Tasche und erschrak. Das war kein Dackel mehr, das war eine riesige Dackel-Wurst, so fett, dass die ohnehin kurzen Beine kaum noch zu sehen waren. Mir lag ein geharnischtes Donnerwetter auf der Zunge, das dann aber angesichts der schluchzenden Frauen ziemlich milde ausfiel: „Was haben Sie diesem armen Hund nur angetan. Der Hund kann nicht denken, Sie hätten ihn nicht zu einer Karikatur mästen dürfen!"

Dass der Hund schon sehr alt sein musste, zeigte sein völlig grau gewordenes Gesicht deutlich an. Oder schien er nur so alt, weil er so unsinnig überfüttert war? Auf jeden Fall war mir speielnd angesichts des kaum noch lebenden Hundes. Ich ging wortlos in unseren Garten und der arme Kerl war von seinem Leiden befreit.

Den toten Hund ließ ich im Garten und ging zurück in die Halle. Meine Empörung kochte wieder in mir hoch, als die ältere der beiden „Dackelliebhaberinnen" mich fragte, was sie mir schuldig wären. So ruhig ich konnte, lehnte ich deutlich ab.

Die nächste Frage konnte ich dann von der Sache und vom Gefühl her verstehen: „Würden Sie Waldi bitte in Ihrem Garten begraben? Unser Gastgeber hat uns erzählt, dass dort unter den Bäumen auch einer Ihrer Jagdhunde begraben liegt. Vielleicht findet Waldi dort neben einem großen Kameraden einen guten Platz!?"

Mitleid hatte ich nicht, ich sagte trotzdem zu. Wo sollten die beiden Tanten hier auf der Insel auch mit dem toten Kerl bleiben.

Ich war heilfroh, dass ich nun wieder allein war. Zur Ruhe kam ich in dieser Nacht nicht. Kreuz und quer liefen mir Gedanken durch den Kopf. Da kam mir auch das Institut in den Sinn, an dem ich über Hunde promoviert hatte: das Institut für Haustierkunde der Universität Kiel. Dort herrschte akuter Mangel an Lehr- und Forschungsmaterial. Wer gibt seinen toten Hund schon freiwillig zur weiteren „Verarbeitung" an ein wissenschaftliches Institut? Klar ist aber auch, dass Studierende, Lehrende und Forschende „Material" brauchen, um ihrer Aufgabe gerecht werden zu können. Und schließlich war Waldi trotz seiner Fettleibigkeit ein reinrassiger Dackel und sein Skelett würde die Lehrsammlung entsprechend auffüllen.

Der Wissenschaftler in mir siegte, weshalb ich Waldi am nächsten Morgen in Folie verpacken und in unsere große, zur Aufbewahrung von Unterrichtsmaterial genutzte Kühltruhe legen ließ. Ein Student aus Kiel, der in drei Tagen an die Universität zurückkehren musste, könnte den tiefgefrorenen Dackel dann mitnehmen.

Telefonisch erklärte ich dem Institutsdirektor, meinem ehemaligen Doktorvater, mein Vorhaben und erntete Dank und Lob ob meiner vernünftigen Vorgehensweise. –

So weit, so gut, aber die Geschichte war noch nicht zu Ende, wurde vielmehr eher komisch. Drei Tage später klingelte es wieder an der Institutstür. Meine Sekretärin öffnete und ich hörte schon an den Stimmen, die bis an meinen Schreibtisch drangen, dass die beiden Dackeldamen uns mit ihrem Besuch beehren wollten. Und dann standen sie schon in meinem Arbeitszimmer, gleich wieder schluchzend, in der Hand eine große Blumenvase mit einem riesigen Strauß Rosen. Ich ahnte schon, was kommen würde: „Wir würden gerne Waldis Grab, bevor wir morgen abreisen, mit diesen Blumen schmücken. Die Vase bitten wir Sie als Dank für Ihre Hilfe von uns zu behalten!"

Himmel hilf! Der Dackel lag in der Kühltruhe nebenan im Labor, was ich den beiden verstörten Damen wohl kaum hätte erklären können. Ich hätte wohl nur Empörung, vor der ich mich ohnehin fürchte, geerntet. Also hieß es schnell handeln. Ich entschuldigte mich für einen Augenblick, informierte meine Sekretärin und einen Studenten, die bei der morgendlichen Dienstbesprechung den ganzen Fall von mir erzählt bekommen hatten, also Bescheid wussten.

„Geht sofort in den Fanggarten und macht einen kleinen Hügel neben Kims Grab, so als wäre Waldi dort begraben." Dann musste ich schnell wieder zu den beiden Damen, die ich natürlich in ein Gespräch verwickelte. Endlich signalisierte meine Mitarbeiterin über Haustelefon, dass draußen im Garten alles vorbereitet sei. So zogen die beiden Dackeldamen, die übrigens ähnlich fett waren wie ihr Dackel, im „Trauerzug" in den Garten zu dem nicht vorhandenen Grab von Waldi. Dort angekommen, stellten sie schluchzend ihre Blumen ab und verabschiedeten sich mit einem warmen Händedruck.

Das war ja noch mal gut gegangen und, ehrlich sei's gesagt, bei der gemeinsamen Kaffeepause rief die Geschichte allgemeine Heiterkeit hervor. Ich ordnete an, dass der Rosenstrauß bei meiner Sekretärin auf dem Schreibtisch stehen sollte, da wäre er schließlich auch näher an der Kühltruhe deponiert. Und immer noch war die tragikomische Geschichte nicht am Ende.

Zwei Tage später machte sich der bereits erwähnte Student auf die Rückreise zur Universität Kiel. Der tiefgefrorene Dackel wurde isoliert verpackt und in einen großen Tragebeutel gesteckt.

Bei der Ankunft der Helgoländer Schiffe in Cuxhaven ist es üblich, dass der Zoll stichprobenartig einige Fahrgäste herausgreift, um sie nach Schmuggelware (Tabakwaren, Spirituosen, Gold) zu befragen und gegebenenfalls zu filzen. Unser Student fiel sicher wegen seiner großen Tragetasche auf und wurde prompt in die Zolldienststelle gebeten. „Was haben Sie in der großen Tasche?", so der Zöllner. Antwort: „Einen toten, tiefgefrorenen Dackel."

Ich kann mir gut vorstellen, dass der Zöllner sich total veralbert fühlte und den pfiffigen Studenten anherrschte: „Sofort auspacken!" Befehl ist Befehl. Der Reisende hob den Beutel an, und das Paket mit „Waldi" polterte auf den Zolltresen. Ob gewollt oder nicht: erst jetzt zog der Transporteur des „wissenschaftlichen Materials" den Schein aus der Tasche, den ich ihm mitgegeben hatte, der bestätigte, dass es sich um einen Transport wertvollen wissenschaftlichen Materials von der Vogelwarte Helgoland zur Universität Kiel handelte.

Den Zöllner interessierte schon gar nicht mehr, dass der Student mit einem Stück Papier herumwedelte. „Auspacken!", war die nächste Anordnung. Inzwischen hatte unser Student nach eigener Aussage auch Spaß an der Sache. Also packte er Waldi aus und das halbe Zollamt lief zusammen: So etwas hatte noch keiner von den Männern erlebt: ein tiefgefrorener Dackel im Gepäck eines Reisenden. Endlich nahm auch einer der Besonnenen die hochamtliche Bescheinigung zur Kenntnis. Waldi konnte wieder eingepackt werden und landete wohlbehalten in der Präparation des Instituts für Haustierkunde.

Bleibt zu hoffen, dass sein Skelett den Studenten noch heute als Anschauungsmaterial gute Dienste leistet.

Gun – Hund statt Visum

Mit Gun auf einer Reise nach Kleinasien

Bevor ich „auf den Hund komme", muss ich auch zu dieser Geschichte einige Vorbemerkungen machen.

Die Türkei ist heutzutage eines der beliebtesten Reiseziele der Deutschen. Ein Urlaub mit Hotelbuchung und Flug geht ziemlich einfach und problemlos über die Bühne, sieht man von den rigiden Personenkontrollen auf den Flughäfen ab.

Wir hatten Mitte der 60er Jahre des nun schon vorigen Jahrhunderts die Reise mit einem VW-Bus geplant, da sahen die Vorbereitungen allerdings anders aus. Wollte man dieselbe Reise heute über Land und alle Grenzen machen, wäre die Sache schon fast unmöglich, vor allen wenn man Hund, Waffen und volle Präparationsausrüstung mitnehmen musste.

Damals gab es noch den sogenannten „Eisernen Vorhang" und doch war jede Grenzüberquerung relativ problemlos. Da können die heute so vereinigten Europäer nur staunen, oder?

Wir, neben mir waren da meine Frau, ein aktueller und ein ehemaliger Mitarbeiter, hatten die Idee, das Vogelleben und den Vogelzug im Innern der Türkei näher zu erforschen.

Natürlich wollten wir uns selbst versorgen, Zelte, Fleisch- und sonstige Büchsen (Gammelfleisch war damals noch unbekannt) mit Nahrhaftem sowie Kochgelegenheit mussten daher mit. Und natürlich eine Flinte mit Schrot- und Kugelmunition, um jagdbares Wild zu erlegen und im Notfall nicht wehrlos zu sein. Und Gun schien auch unentbehrlich. Sie konnte bei der Nahrungsjagd helfen, den VW-Bus bewachen und nachts an unseren Zelten den Schlafenden ein beruhigendes Gefühl vermitteln.

In Cuxhaven wurden Menschen, Hund, Waffen und die sonstige Ausrüstung in den gemieteten VW-Bus verladen, dabei hing die Waffe offen hinter den Fenstern. Natürlich wurde die Reise nicht nur von uns allein organisiert, wir finanzierten sie auch selbst. Offizielle Unterstützung und „Diensturlaub" gab's vom Institut, dem zuständigen Landesministerium und dem Auswärtigen Amt mit ein paar offiziellen Schreiben, die besagten so etwa: „Die Leute haben Gutes vor, das im Interesse der Wissenschaft liegt." Ja, Durchreisevisa von den diversen Botschaften hatten wir auch, von Waffen und Hund war allerdings nichts darin zu finden.

So ausgestattet würde man heute (Waffe am Fenster!) wohl nicht einmal von Cuxhaven nach Hamburg, geschweige denn bis in die Türkei kommen.

Zu jener Zeit aber fuhren wir frohgemut los und erlebten so allerlei Abenteuerliches, Gefährliches und Amüsantes. Quer durch Deutschland und Österreich verlief alles völlig problemlos, an der jugoslawischen Grenze wurde es zum ersten Mal richtig amüsant.

Einer der drei Zöllner trat an das Wagenfenster, beäugte die Flinte, vergaß Reisepässe und Visa, die sein Mitstreiter schon zum Stempeln ins Zollhäuschen mitgenommen hatte und meinte sachkundig „Puschka (= Flinte), deutsche Puschka, sehr gut". Ob er sie näher anschauen dürfte. Ich hatte nichts dagegen, und so hielt er die Waffe, übte den Anschlag und murmelte immer wieder „sehr gut, sehr gut".

Ich bot ihm an, dass er gerne ein paar Probeschüsse machen dürfe, freier Raum war um die kleine Zollstation reichlich vorhanden. Der Stempelmann reichte uns die Pässe zurück und wurde angewiesen, leere Flaschen aus dem Zollhaus zu holen, woraufhin bald ein munteres Geballere im Gange war. Der eine Beamte musste die Flaschen hochwerfen und der „Chef" und ich schossen mehr oder minder gut. Es ging sehr fair zu und jeder lobte die Treffer des anderen, die Waffe, die Munition und den Flaschenwerfer. Nach diesem Schützenfest fragten sie uns, wohin wir denn wollten. In die Türkei? Da wäre die Fahrt sehr weit und gefährlich.

Gun hatte ziemlich unbeachtet von den Grenzern das Ganze mit lustigem Gebell und Gehopse begleitet und sich wahrscheinlich nur gewundert, dass da Scherben vom Himmel fielen und kein Wild.

So ging unsere Reise weiter: durch ganz Jugoslawien (heute wären das die Länder Slowenien, Kroatien, Bosnien-Herzegowina, Serbien und Mazedonien und damit immer wieder Grenzer, Aufregung und Unsicherheit), durch Griechenland, gänzlich ohne Grenzen, allerdings mit Straßen- und Verkehrsproblemen, bis an die türkische Grenze bei Edirne.

Die Griechen kümmerten sich nicht um uns. Auf türkischer Seite wurden wir allerdings von fünf bewaffneten Grenzern empfangen, die uns aus dem Auto befahlen und in Reihe aufstellen ließen. Einer der Herren verschwand mit unseren Pässen im Grenzgebäude und wir warteten und warteten. Ich weiß nicht, wie man es schreibt, aber es klingt wie „Jawasche" und würde auf deutsch-baltisch wohl heißen: „Warten, warten, es wird schon werden."

Gun an meiner Seite wurde von den Männern nicht beachtet, auf jeden Fall wurde es ihr langweilig. Um sie abzulenken, warf ich meinen preußischen Forsthut in die Gegend mit dem Kommando: „Such verloren, apport!" Gun stürmte los, schnappte den Hut: „Sitz, gib aus!", und ich hatte meinen Hut wieder.

Damit begann Guns Auftritt, der die türkischen Männer voll beschäftigte und in ihren Bann zog. In der Türkei gab oder gibt es (meine Kenntnisse über die Türkei reichen leider nicht aus, um ein gesichertes Urteil über den heutigen Stand der Dinge abzugeben) praktisch keine Hunde, die in unserem Verständnis als „abgerichtet" gelten können. Straßenhunde bestimmen das Bild, das ein Türke sich wohl von Hunden macht. So war das Erstaunen über diesen Hund, der seinem Herrn den weggeworfenen Hut brachte, gewaltig. Das regte mich an, noch mehr „Kunststückchen" mit Gun vorzuführen. Sitz! Platz! Laut geben auf Befehl, über das ausgestreckte Bein springen oder vor mir aufgerichtet die Vorderpfoten auf die Schultern legen.

Die Grenzer staunten, lachten, redeten und gestikulierten. Schließlich warf einer seine Mütze weg und Gun brachte sie ihm oder mir wieder.

Alle Formalitäten waren vergessen, man ließ uns samt Hund einsteigen und abfahren. Ich bin ganz sicher, ohne Guns Vorführung hätten wir „Jawasche" mit Sicherheit sehr viel länger auf die Erlaubnis zur Weiterfahrt warten müssen.

So blieben staunende Grenzer schwatzend zurück und wir lobten Gun, die wohl auch verstand, was sie da geschafft hatte.

Auch auf dem weiteren Trip erfüllte Gun alle in sie gesetzten Erwartungen und kam nach vielen Abenteuern wohlbehalten mit der ganzen Besatzung wieder in Cuxhaven an.

Gun – Der 5000-Dollar-Hund

Obwohl ich die meiste Zeit des Jahres an meinem Dienstsitz an der Vogelwarte auf Helgoland zubrachte, hatte ich doch vielfach Gelegenheit, Zeit auf dem Festland, besonders in Niedersachsen und Schleswig-Holstein, zu verbringen.

Da waren Vortragsreisen, Teilnahme an Tagungen und Kongressen und Gespräche in verschiedenen Behörden Niedersachsens. Und nicht zuletzt gab es Forschungsaufträge, so auch im Lehr- und Versuchsrevier des Landesjagdverbandes Schleswig-Holstein bei Eckernförde.

In späteren Jahren war ich dann in der Nähe von Celle an einem Rotwildrevier beteiligt, das während meiner Abwesenheit von einem ortsansässigen Förster, der mir zum Freund wurde, betreut wurde.

Dort hatte meine Frau mir ein altes kleines Feuerwehrhäuschen zur Jagdhütte umgebaut, die wir uns recht einfach einrichteten. Aber ich konnte nach getanem Dienst auf dem Festland dorthin fahren und den auf der Insel so sehr entbehrten Wald beim Morgen- oder Abendansitz genießen. Das alles erforderte viel Fahrerei, gute Organisation und Zeiteinteilung, war mir aber den Einsatz wert.

Schon eher lustig war es, wenn ein Ministerialrat im Landwirtschaftsministerium Hannover gegen Ende von Gesprächen und Sitzungen auf die Uhr schaute und schmunzelnd bemerkte: „Ich glaube, wir müssen zum Schluss kommen, Dr. Vauk muss los, wenn er noch rechtzeitig zum Abendansitz nach Celle kommen soll."

Und natürlich waren meine Hunde möglichst immer dabei. Noch heute scheint es mir erstaunlich, wie sie Schiffsreisen, auch bei schwerer See, ebenso ertrugen wie Autofahrten, die oft stundenlanges Warten im abgestellten Auto bedeuteten, oder auch Bahnreisen.

In dem schon eben genannten Versuchsrevier hatte ich den Auftrag, die Säuger- und Vogelfauna des Reviers zu erfassen und durch Fang und Beringung herauszufinden, welche Vogelarten und Vogelindividuen die Fasanenschüttungen zum eigenen Wohlergehen nutzten.

Natürlich gab es auch die eine oder andere jagdliche Möglichkeit, sei es, dass ein krankes Stück nachgesucht werden musste oder um herauszufinden, warum in der dortigen Kaninchenpopulation sowohl wildfarbene als auch weiße, schwarze oder gelbe Exemplare vorkamen.

Bei den Hunden hatte ich immer den Eindruck, dass sie gerne alle Reisestrapazen auf sich nahmen, weil sie wussten, es geht in den Wald und auf Jagd, weg von den verölten Seevögeln.

So saß ich eines späten Nachmittags in der ziemlich komfortablen Jagdhütte des Versuchsreviers und brachte meine Arbeitsergebnisse zu Papier, während Gun friedlich in ihrer Ecke schlief. Plötzlich fuhr sie hoch und stand böse bellend an der Tür. Der Grund der Aufregung war ein vorgefahrener großer, amerikanischer Geländewagen, dem ein nach Jagdkatalog gekleideter Herr entstieg, um dann aufgeregt an die Tür zu ballern. Ich musste erst einmal den Hund beruhigen, bevor ich öffnete. Ich kannte diesen Menschen nur oberflächlich. Er war mir einige Tage vorher im Forstamt vorgestellt worden. Es handelte sich um einen hochrangigen amerikanischen Offizier, der eingeladen war, auf weibliches Damwild zu jagen und dabei auch deutsche jagdliche Gebräuche und Waidgerechtigkeit kennenlernen wollte.

Der Revierbeamte hatte ihn gründlich eingewiesen und ihn schließlich auch allein auf Ansitz gehen lassen.

Kaum war der Mann in der Hütte und der Hund hatte ihn akzeptiert, sprudelte im Akzent-Deutsch aus ihm heraus: „Herr Doktor, ich habe auf ein Damschmaltier geschossen und ihm einen Vorderlauf abgeschossen. Mir ist das sehr peinlich und der Förster ist immer so streng. Ich habe gehört, dass Sie einen so guten Hund haben. Können Sie mir helfen?" Natürlich sagte ich ja, zumal es noch früher Abend im September war und es noch recht lange hell bleiben würde.

Nach der Schilderung des unglücklichen Schützen war das beschossene Stück zunächst mit dem Rudel abgesprungen, dann aber nach etwa fünfhundert Metern auf einem großen Stoppelschlag mit hängendem Vorderlauf stehen geblieben und im Gebüsch verschwunden.

Dann ging es sehr schnell: dem Hund die Schweißhalsung angelegt, meine Waffe fertig gemacht und losgefahren. Am Anschuss lagen nur ein paar Splitter des Laufknochens. Ich wies den aufgeregten Cowboy an, den Mund zu halten und hinter mir zu bleiben. Gun zog vom Anschuss zügig in Richtung auf ein größeres Gebüsch. Mir war klar, dass alles sehr fix gehen musste, da das verwundete Tier auch auf drei Läufen gut flüchten konnte. Nur der Hund hatte eine Chance es zu stellen, so dass eventuell ein Fangschuss anzubringen war. Wie geahnt, geschah es. Das Stück ging hochflüchtig mit schlenkerndem Vorderlauf vor dem Hund aus dem Gebüsch ab auf freies Feld. Schnell befreite ich den Hund von der Halsung und ohne Aufforderung nahm Gun die Verfolgung auf. Die wilde Jagd ging so an die dreihundert Meter, Gun holte immer mehr auf, war neben dem Stück und flog mit einem gewaltigen Satz dem Schmaltier an den Hals. Beide überschlugen sich, aber Gun hielt eisern fest und noch während wir auf die Szene zurannten, lag das Stück Wild schon ganz still. Die Hündin hatte mit dem ersten Biss an der richtigen Stelle zugefasst; das Wild hatte in wenigen Augenblicken ausgelitten.

Es ist immer wieder kaum zu glauben, welchen gewaltigen Druck Hunde im Ernstfall mit ihrem Gebiss ausüben können.

Unser amerikanischer „Jungjäger" bekam aber Gelegenheit, gleich noch etwas zu lernen. Überglücklich, dass sein Fehler von Gun ausgebügelt worden war, sprang er zu dem verendeten Wild. Gun griff zwar nicht sofort an, stellte sich aber mit beiden Vorderläufen auf das Wild und zeigte dem Herrn aus Übersee böse knurrend alle blitzenden Zähne: „Das Wild ist meine und meines Herrn Beute, bleib ja weg!" Ihr Blick blieb auch misstrauisch, als ich ihr „Platz" und „Ruhe" befahl, aber sie duldete, dass Mr. Miller das Wild berührte und sich überschwänglich bei mir bedankte.

In dem herangeholten großen Geländewagen ließ sich das versorgte Wild gut verstauen und ich bat darum, mich und den Hund bei der Jagdhütte abzusetzen, bevor er weiter zum Forsthaus fuhr. Dort machte man sich sicher schon Sorgen. Zumal es schon dunkel wurde – und Handys gab's noch nicht! Sollte der gute Mann sehen, wie er dem Revierbeamten die Sache erzählen und erklären würde.

Für mich war die Geschichte damit eigentlich erledigt und ich war froh, dass das Wild aufgrund der guten Arbeit meines Hundes nicht lange hatte leiden müssen. Herr und Hund aßen gut zu Abend, Gun schlief und ich schrieb bei dem Licht einer Petroleumlampe weiter an meinem Bericht.

Aber da hatten wir wohl die Rechnung ohne den Wirt gemacht. Nach einiger Zeit tobte Gun wieder los, beruhigte sich aber schnell. Ein Auto war vorgefahren und vor der Tür stand der amerikanische Jäger. Im Schein meiner Taschenlampe streckte er mir schon in der Tür eine Flasche Bourbon entgegen. „Hallo, ich wollte mich bedanken für Ihre große Hilfe und Ihren guten Hund noch einmal bewundern!"

Ungeheuer sympathisch war mir der Amerikaner nicht gerade, war er mir doch zu laut und fast unglaubwürdig überschwänglich. Aber selbst in einer einsamen Jagdhütte gilt gute Gastfreundschaft. So saßen wir denn bald beim traulichen Schein der Petroleumlampe auf harten Stühlen und der amerikanische Whisky nahm seinen Lauf durch unsere Kehlen.

Eigentlich trinke ich wirklich gern nur einen guten Likör, einen Sherry oder einen Port, und amerikanischer Whisky pur ist schon gar nicht mein Ding, ebenso wenig wie Saufereien unter Männern. Entsprechend laut ging es auch bei uns zu. Allerdings war das weitgehend auf Lautstärke und Redeschwall (deutsch und amerikanisch flott gemischt) meines Gastes zurückzuführen.

So erfuhr ich in schöner Wiederholung, dass Jagd und Jäger very wonderful seien in old Germany. Na und erst die Hunde und natürlich besonders Gun und ich! Und dann kam er zur Sache: er würde mir Gun (das sei ja auch ein amerikanischer Name, die „Kanone"!) zu gerne abkaufen und mit nach Amerika nehmen. Da würden seine amerikanischen Freunde aber staunen.

So bot er mir 1000 Dollar, das wäre doch ein guter Preis, denn das seien ja auch immerhin mehr als 2000 DM. Ich versuchte ihm klar zu machen, dass Gun nicht verkäuflich sei, was aber zunächst nicht bei ihm ankam. Er meinte sicher, dass mir sein Angebot nicht hoch genug sei. Lange Vorträge, wie gerne er einen solchen Hund besitzen würde, und ein Glas Whisky nach dem anderen ließen ihn sein Angebot stetig steigern: von 1000 auf 2000 bis schließlich

5000 Dollar. Bei den 5000 Dollar wurde es mir zu viel. So gut ich konnte, sagte ich es noch einmal: „Der Hund wird von mir für kein Geld verkauft und damit Schluss und Ende!"

Irgendwie musste meine Deutlichkeit wohl doch in sein etwas benebeltes Gehirn gedrungen sein. Mit überschwänglichen Lobpreisungen und Dankesbezeugungen nahm er seinen Hut und ich brachte ihn zu seinem Wagen. Gun nahm gar keine Notiz von seinem Abgang und auch ich machte mir keine Gedanken um die Heimfahrt des Whiskytrinkers. Da er bis zu seinem Quartier nur ein paar Kilometer Landwege mit Wiesen rechts und links zu fahren hatte, konnte er schlimmstenfalls auf dem Grünland enden und gegebenenfalls dort seinen Rausch ausschlafen.

Der Förster erzählte mir, dass der „Ami" am nächsten Tag abgereist sei, voll des Lobes für Gun und mich, aber doch wohl etwas verkatert. Was ein Wunder nach dem vielen Whisky und der Nichterfüllung seiner Wünsche.

Dina – Wenn einer eine Reise tut …

… dann kann er was erzählen. Wohl wahr: Allerdings muss ich dazu sagen, dass Reisen (und schon gar nicht, wie es seit einiger Zeit das Hobby vieler Menschen rund um den Globus ist) nicht zu meinen Leidenschaften gehört. Wenn ich in meiner hinterpommerschen Heimat Förster geworden wäre, hätte ich wohl von der „großen weiten Welt" wenig oder nichts gesehen. Meine Bäume, die Flüsse, Seen und Wiesen, der weite blaue Himmel hätten mir wohl im Sommer wie im Winter genügt und mir immer wieder neue Entdeckungen beschert. Ohnehin sagte man von den Hinterpommern, dass sie nicht nur mit beiden Beinen auf ihrer Erde ständen, sondern bis zu den Knöcheln darin.

Nur mit dieser Grundeinstellung konnte ich es wohl auch so lange auf der winzigen Insel Helgoland aushalten. Selbst nach über dreißig Jahren ließ mich jeder Rundgang immer wieder Neues entdecken.

Reisen machten und machen für mich nur Sinn, wenn sie einem Ziel, einem Zweck dienen. So fuhr ich praktisch auch fast nie in den sogenannten Urlaub. Ehrlicherweise muss ich allerdings auch sagen, dass mein Beruf als Biologe es zwangsläufig mit sich brachte, dass ich viel von der Welt zu sehen bekam.

Immer aber war der Reiseauslöser entweder (in der Mehrzahl) ein dienstlicher Auftrag oder eine selbst gestellte Aufgabe. Also könnte ich viel erzählen. Von der Reise nach Mallorca 1956 in den Weihnachtstagen, meine „Hochzeitsreise", bei der ich meiner Frau nicht erzählt hatte, dass ich nur dorthin wollte, um zu sehen, ob und welche unserer Zugvögel auf dieser Insel den Winter überdauerten. Kein Wunder also, dass eine kleine, aber sehr beachtete wissenschaftliche Arbeit über meine Beobachtungen dabei herauskam.

Da gab's noch den Ritt durch die spanische Halbwüste bei Lerida und zum Delta des Guadalquivir, die (für mich entsetzliche) Flugreise nach Hawaii auf Einladung der Amerikaner, die mehr von uns über unsere Forschungen im Bereich Meeresverschmutzung wissen wollten, und die Reisen in die ehemalige UdSSR.

Aber schließlich soll es ja hier um Hunde gehen, die mich begleiteten, manchmal eben auch auf meinen Reisen, oder die ich in fernen Ländern kennenlernte.

Eine spuckende Kobra, ein fliegender Leopard, pfeifende Buschmänner – ein Mann, sein Hund und sein Pferd

Es ging alles recht schnell und einfach. Eines Tages besuchte uns eine kleine Gruppe der „Wissenschaftlichen Gesellschaft Südwestafrikas" (kurz SWA, seinerzeit unter der Verwaltung Südafrikas, heute Namibia, ehemals deutsche Kolonie). Die Herren hatten von uns gehört, wollten sich über die Arbeit unserer Station und deren Organisation unterrichten, um möglicherweise in SWA eine ähnliche ornithologische Forschungsstation aufzubauen.

Wenige Monate nach diesem Besuch kam eine schriftliche Einladung zu einem Arbeitsaufenthalt in SWA, um dort Möglichkeiten für den Aufbau einer „Vogelwarte" zu erkunden. Vor allem sollte ich bei der Auswahl des Standortes helfen.

Alle Kosten wurden von der Wissenschaftlichen Gesellschaft getragen. Auch die Genehmigungen für meinen Arbeitsaufenthalt in SWA bei dem zuständigen Ministerium und meiner vorgesetzten Dienststellen hatte man bereits eingeholt. Ich plante also munter drauf los.

Alles, was ich an Büchern über SWA in die Finger bekam, wurde gelesen: Zoologisches und Menschliches, Geographisches und Politisches. Ich besuchte Kollegen, die dort gearbeitet oder gelebt hatten.

Die Reise sollte in den Monaten Juli und August stattfinden, Winter auf der südlichen Halbkugel, wenn die Tage noch einigermaßen erträglich, obwohl immer noch heiß, die Nächte in der Namib und Kalahari aber schon frostig sind.

Bevor ich die eigentliche Hundegeschichte erzähle, komme ich aber wohl nicht umhin, auch über die Umstände einer solchen Reise Mitte der 60er Jahre kurz zu berichten.

Es mag für Menschen, die heute reisen, kaum glaubhaft klingen: es war alles noch so einfach. Ich kam am Flughafen Hamburg in einem Aufzug an, in dem ich heute nicht einmal mehr bis zum Hauptbahnhof kommen würde. Natürlich Forsthut auf dem Kopf, Khaki-Klamotten am Leib. Am Gürtel einen Revolver und ein Jagdmesser, über der Schulter eine schwere Jagdbüchse, deutlich erkennbar in einem Futteral.

Ich wollte gerüstet sein für Aufenthalte allein in der Wildnis. In dem damals noch einzigen Terminal des Hamburger Flughafens waren im Vergleich zu heute relativ wenig Menschen und kein einziger Polizist. Manch einer drehte sich vielleicht nach mir um, schaute diesem wilden Zeitgenossen neugierig nach, angesprochen hat mich keiner.

Am Schalter der Südafrikanischen Fluglinie SAA löste ich einfach ein Ticket nach Windhoek, bezahlte bar und das war's. Auch beim Besteigen des Flugzeugs fragte mich keiner, warum ich so schwer bewaffnet wäre.

Die Stewardess half mir beim Verstauen des Rucksacks und meinte: „Ihre Waffe nehme ich wohl besser mit in unsere Küche, da ist viel Platz, und ich passe schon gut auf." Meinen Gürtel legte ich ab und saß, damals noch sehr bequem und „individuell betreut" von der Flugbegleiterin, in meinem Sessel. Das Essen war ebenso vorzüglich und ich schlief tief und fest, bis uns über Angola ein Sturm schüttelte und wir bald danach in Windhoek landeten. Dort empfingen mich die Herren von der Wissenschaftlichen Gesellschaft und es zeigte sich, dass die Reise im Land nach meinen Plänen bereits perfekt vorbereitet war.

Als einen Ort für längeren Aufenthalt hatte ich mir den Waterberg ausgesucht. Ein rotes Sandsteinmassiv, dass, wie Helgoland aus dem Meer, aus der flachen Buschsteppe ragte, von Größe und Struktur allerdings nicht mit dem kleinen Helgolandfelsen vergleichbar. Ich wusste, dass dort auf dem Plateau, in den Schluchten, an den großen und kleinen Wasserstellen reichlich tierisches und pflanzliches Leben gedieh; für meine Studien an der Vogelfauna bestens geeignet. Möglicherweise war dort ja auch ein geeigneter Platz für eine ornithologische Forschungsstation zu finden.

Herr Kolberg, der mich während der ganzen Zeit rührend betreute, fuhr mich in seinem Landrover über die Steppenpiste den weiten Weg bis zum Waterberg, wo auf einer Farm am Fuße der Berge bereits Quartier gemacht war.

Ich staunte nicht schlecht, als mir eine zierliche Frau vorgestellt wurde: „Das ist Frau Goldbeck (gleichlautend der Name meines pommerschen Geburtsortes), die Besitzerin der Farm."

Diese Frau, etwa fünfzig Jahre alt, besaß nicht nur die etwa dreitausend Hektar große Farm, sie verwaltete sie allein und lebte dort auch allein, zusammmen mit ihrer schwarzen Hilfstruppe aus Ovambos. Bei der Begrüßung stand an ihrer Seite eine sehr schöne Dobermann-Hündin, betrachtete mich aufmerksam und neugierig. Auf Zuspruch ihrer Herrin: „Begrüß den Gast, du wirst ihn auf seinen Ausflügen und Ausritten begleiten", trat sie an mich heran. Schon die Begrüßung ließ zwischen der Hündin und mir beiderseitige Sympathie erkennen.

Herr Kolberg fuhr wieder ab. Frau Goldbeck zeigte mir mein Zimmer im Gästehaus, immer die Hündin Dina mit dabei, und im Pferdestall die braune Stute Lore, die mir für meinen Vierzehn-Tage-Aufenthalt für Ausritte zur Verfügung stand.

Später saß ich etwas erschöpft, aber glücklich und entspannt auf meinem Bett, als sich eine Hundeschnauze durch die angelehnte Tür schob und Dina wie selbstverständlich hereinmarschierte, mein ganzes Gepäck beschnupperte, sich vor mich hinsetzte, mich anschaute und wieder verschwand.

Die ersten Tage verbrachte ich damit, zu Fuß die nähere Umgebung der Farm zu erkunden. Mit Essen und Trinken von Frau Goldbeck bestens versorgt, war es das reine Vergnügen, in Begleitung von Dina durch die Buschsteppe zu wandern, bei herrlichem Sonnenschein zu beobachten und zu staunen. Die heißen Mittagsstunden verträumten und verschliefen wir beide meist im Schatten eines Kameldornbaumes.

Eines Tages, ich war gerade aufgestanden und in die Hose gesprungen, tönten vom Hof her wütendes Gebell von Dina und Schreie von Frau Goldbeck. Ich stürzte raus und sah den Hund vor der offenen Hühnerstalltür bellen, vor und wieder zurück springend. Offensichtlich wollte Dina einen „bösen Feind" angreifen, traute sich aber letztlich nicht und das war auch gut so. Frau Goldbeck stand, mit einer Flinte im Arm, noch etliche Meter hinter dem Hund und erklärte mir kurz und stockend die Situation: „Im Hühnerstall ist eine Speikobra. Dina würgt sehr geschickt jede Giftschlange ab, vor Speikobras aber hat sie Angst. Können Sie wohl versuchen, die Schlange im Stall zu erschießen? Aber gehen Sie nicht näher als zehn Meter ran, die Schlange spuckt Ihnen sonst ihr Gift in die Augen und das ist ganz schlimm."

SWA ist tatsächlich ein Land, in dem es von Schlangen „wimmelt", darunter etliche mit hochgiftigem Biss, und die Speikobra ist eine einzigartige Giftschlange, die sich aufrichtet und dem Feind ihr Gift tatsächlich gezielt entgegenspucken kann. Bei Treffern in die Augen führt das Gift zu zeitweiligen schweren Sehstörungen. Das wusste ich aus Büchern und Erzählungen. Entsprechend vorsichtig näherte ich mich dem tobenden Hund, der immer wieder auf die offene Stalltür zusprang. Ich folgte mit den Augen der Richtung, die Dina wies. Die Schlange hing zwischen zwei Deckenbrettern des Stalles nach unten, hin und her pendelnd.

Der Schrotschuss war kein Kunststück und die Schlange rutschte tot auf den Boden des Stalles. Im selben Augenblick stürzte Dina sich auf das Reptil und schlug es sich voller Begeisterung um die Ohren.

Frau Goldbeck erzählte mir nach diesem Abenteuer, dass Dina Farmhaus und -hof von Schlangen aller Art absolut frei hielt und sie deshalb auch keine Angst vor Ottern und Vipern haben müsste. Dina sei auch noch nie von einer Giftschlange gebissen worden und hätte sich die Technik „aufspüren, anschleichen, zuspringen, zupacken, Ende eines Schlangenlebens" auch ganz alleine beigebracht. Der Hund würde auch Speikobras erkennen. Nachdem sie einmal böse Erfahrungen mit dieser besonderen Giftspuckerin gemacht hätte, würde sie diese Art nur noch mit gehörigem Sicherheitsabstand wütend verbellen. Draußen wäre das bisher kein Problem gewesen, die verbellte Schlange zu erschießen, aber im Hühnerstall, da hätte sie lieber meine Hilfe herbeigerufen.

Mir konnte es recht sein, hatte ich doch soeben eine neue Hundefertigkeit kennengelernt und Erfahrungen gesammelt. Später hörte ich dann, dass es in SWA nicht wenige Hunde geben sollte, die sich auf die Fertigkeit verstanden, Giftschlangen sehr schnell und ohne selbst gebissen zu werden unschädlich zu machen. Für die Hundebesitzer eine sicher sehr nützliche Fähigkeit und ich fühlte mich von da an, mit Dina an meiner Seite, vor Giftschlangen ziemlich sicher.

Wer hat schon das Glück, dass sich eine seiner Jugendsehnsüchte wie von selbst realisiert? Helgoland, das war Arbeit, eine oft nur mit viel Pflichtgefühl zu erfüllende Aufgabe. Gewiss, es umgab mich eine großartige Landschaft auf einer winzigen Felseninsel und unendlichem Meer, das mir mit Sturm und hohen Wellen Achtung, aber auch Angst abnötigte.

In meiner Heimat war ich es gewohnt, in sich ändernder Natur zu leben, sie zu kennen in ihrer Sanftheit im Frühling, in der Hitze des Sommers, der Härte des Winters. Auf Helgoland hatte ich nicht nur das Gefühl der ständigen Herausforderung, es war eine fast ständige Herausforderung.

Der Sturm deckte das Dach ab, der herunterstürzende Beobachtungsturm erschlug fast eine Mitarbeiterin. Ich pflanzte Büsche und Bäume und allenfalls jeder Hundertste wuchs an zu einem gequälten Dasein. Die Jahreszeiten flossen ineinander, fast ohne spürbaren Übergang. Allerdings war da der Zug der Vögel zwei Mal im Jahr, dessen Ablauf wenige Einflüsse durch Wind, Wetter und Meer kannte.

Die Zugvögel, ihre Beobachtung, die Arbeit mit ihnen und über sie, waren es, die mir das Leben in dieser Umgebung trotz aller Fremdheit erträglich machten und halfen, die Einsamkeit zu überstehen in den langen Nächten am Schreibtisch, in denen der Sturm an meinen Fenstern rüttelte, mich körperlich und geistig wach hielt. Und da war die immer wieder greifbare Einsamkeit.

Oft fielen mir die ersten Verse aus Goethes „Prometheus" ein:

> *Bedecke Deinen Himmel, Zeus,*
> *Mit Wolkendunst*
> *Und übe, Knaben gleich,*
> *Der Disteln köpft,*
> *An Eichen dich und Bergeshöhn;*
> *Musst mir meine Erde*
> *Doch lassen stehn*
> *Und meine Hütte, die du nicht gebaut,*
> *Und meinen Herd,*
> *Um dessen Glut*
> *Du mich beneidest.*

Und dann waren da noch die vielen, vielen jungen Menschen, die kamen, um zu leben, zu erleben und zu lernen, für die und um die ich mich mit Freude zu sorgen hatte. Diese Verantwortung nahm Kraft und gab sie doppelt zurück.

Und später die Auseinandersetzung mit Politik und Wirtschaft, wo es nur noch darum ging, besseres Wissen zu vertreten, für den Schutz der Natur zu kämpfen und nicht aufzugeben.

Oft genug dachte ich als eingefleischter Protestant an Luther: „Hier stehe ich, ich kann nicht anders! Gott helfe mir! Amen!"

Und immer war da ein Hund bei mir, um mich, der mich fühlen ließ. Draußen bei Unwetter, Regen und Sturm. Oder nachts in der Stille meines Arbeitszimmers neben meinem Schreibtisch. „Ich bin da, du kannst jederzeit mit mir sprechen, ich verstehe dich schon."

Und nun zurück zu diesem Morgen in SWA am Waterberg.

Ich hatte Frau Goldbeck am Abend gesagt, dass ich in aller Frühe zu Pferde aufbrechen und erst am nächsten Vormittag zurück sein würde.

Sie protestierte heftig und murmelte nur noch: „Dann nehmen Sie wenigstens Dina mit." Ein Angebot, das ich nur allzu gerne annahm.

Das Sattelzeug für eine solche Tour war da: Satteltaschen für Verpflegung, für die Büchse und Aufschnallgurte für den Schlafsack. So bestieg ich die bedächtige Stute Lore und während Dina munter um uns herumsprang, ging der Ritt in die „Wildnis" los.

Ich tauchte ein in einen Jugendtraum: blau sich wölbender Himmel am Tage, tiefschwarz in der Nacht mit unglaublich funkelnden Sternen. Kein Mensch weit und breit, kein menschlicher Laut.

Mein Ziel war eine Wasserstelle, gut zwei Stunden Ritt entfernt, in einer Schlucht des Waterberg Massivs. Einige Tage vorher hatte ich mir den Platz genau angesehen:

Die Wasserstelle musste mit Sicherheit täglich von all den vielen Vögeln und auch Säugetieren aufgesucht werden. Das wollte ich beobachten und Aufzeichnungen machen. Einen guten Beobachtungsplatz hatte ich auch schon ausgekundschaftet. Beidseitig der Schlucht stiegen steile Buntsandsteinklippen auf. Auf etwa zwei

Meter Höhe war eine etwa hundert Quadratmeter große, mit Büschen und Bäumen bewachsene Fläche, von der aus man das Geschehen an der Wasserstelle in aller Ruhe beobachten konnte. Lore war absolut daran gewöhnt über Felsen zu gehen und vollkommen trittsicher, so dass ich beim Aufstieg zu meinem „Hochsitz" nicht einmal absteigen musste, und für Dina war das sowieso kein Problem.

So richteten wir uns denn ein: Lore hatte an der Wasserstelle vor dem Aufstieg ihren Durst gestillt, Dina gebadet, ich mich gewaschen. Die Stute wurde mit langen Zügeln an einem Baum festgemacht, konnte sich bewegen, grasen oder sich hinlegen. Dina und ich aßen zu Mittag und dann war erst einmal ein Mittagsschläfchen im Schatten angesagt. Den Sattel als Kopfkissen, Dina neben mir, so döste ich in die Realität meines Jugendtraumes hinein.

Plötzlich knurrte Dina leise neben mir, immer wieder. Ich war sofort hellwach und schaute, ohne mich groß zu bewegen, zu dem Hund. Dessen Blick war nach oben in die Felswand gerichtet, die steil hinter mir aufragte.

Von dort war im selben Augenblick das grollende, leise Knurren eines Leoparden zu hören. Dina lag völlig still, knurrend, den Blick starr nach oben gerichtet.

Mir sträubten sich die Nackenhaare und mir fiel die Warnung eines älteren Kollegen ein, der mir erzählt hatte: „Leoparden sind zwar nicht häufig in SWA, aber in felsigem Gelände kann man ihnen doch schon mal begegnen. Ihre Lieblingsspeise sind die schwarzen Paviane, die auch gerne in den Felsen herumklettern. Unter bestimmten Voraussetzungen greifen Leoparden auch Menschen an, vielleicht sind wir für die Raubkatzen ja auch nur Affen, haha!"

Ich hatte diese Warnung fast vergessen, hatte ich doch noch keine Begegnung mit einem Leoparden gehabt. Das grollende Knurren aber war mir aus Zoo und Zirkus wohlbekannt. Wie auch immer: alle roten Lampen waren plötzlich an und ich spürte schon den Leoparden ein paar Meter über mir, sich auf diesen seltsamen Affen konzentrieren.

Ich schielte zum völlig ruhigen Pferd und zu Dina, die mit gleichem Blick, ruhig, aber knurrend neben mir lag. Was tun? Kampflos ergeben? Nein, nicht mit mir! So tastete ich nach meiner Büchse, die links neben mir geladen und gesichert lag, so viel Vorsicht und Umsicht hatte ich schon daheim gelernt. Langsam, ganz langsam die Waffe herangezogen, auf den Schoß und entsichert. Noch langsamer den Oberkörper hoch, Waffe in Anschlag gebracht. Immer wieder über mir das grollende Leopardenknurren und das leise Knurren des Hundes neben mir.

So, jetzt gilt's, schnell umgedreht, Dina sprang auch auf, und was sah ich? Zehn Meter über uns saß auf einem Felsvorsprung ein großer, schöner Schildrabe (ein naher Verwandter unseres Kolkraben), schaute mit schief gehaltenem Kopf neugierig auf uns herunter und grollte und knurrte wie ein Leopard. Ich lachte befreit auf, Dina sprang herum und unser Leopard flog davon.

Ich vermute sogar, dass Dina sich ein bisschen über mich amüsierte.

Der Nachmittag war für einen Feldbiologen unglaublich spannend, meine Augen und Ohren nahmen Eindrücke auf, die ich noch heute in meinem Kopf als Erinnerungsfilm ablaufen lasse.

Meine Erwartungen wurden voll erfüllt, die ganze Schöpfung schien um mich versammelt. An der Wasserstelle erschien nach und nach alles, was in der Gegend fliegen und laufen konnte. Scharen von bunten Zwergpapageien, prächtige Glanzstare, Paviane, Kudus, Elen-Antilopen und Schakale. Besonders faszinierend eine Riesenechse, ein Waran, der die Naturbühne betrat. Und das alles ohne menschliche Einflüsse, Motorenlärm oder Geschrei.

Als alle Tiere verschwunden waren, nutzten auch wir die kurze Dämmerung, um uns an der Wasserstelle noch einmal zu erfrischen. Auf unserem Plateau gab's etwas zu essen, ein sorgsam gehütetes kleines Feuer verhalf mir zu einem guten Tee.

Ein solcher Tag macht tiefen und guten Schlaf leicht. Sattel als Kopfkissen, eingehüllt in den Schlafsack, das Pferd ruhend, der Hund an mich gedrückt auf der einen, die Waffe auf der anderen Seite und den schwarzen Himmel mit funkelndem Gestirn über mir, war ich schnell im Übergang vom Wachen zum Traum, zum Schlaf.

Geweckt wurde ich noch bei voller Dunkelheit von Dinas bösem Knurren. Sie saß schon und auch ich kam ganz fix in Sitzstellung.

Warum knurrte der Hund? Aber da hörte ich es auch schon: ein leiser Pfiff, wie von einem Menschen ausgestoßen, rechts von mir, ein Pfiff als Antwort über mir aus den Felsen.

Die Pfiffe waren hin und her, ringsum zu hören. Was war los? Ich hatte keine Ahnung, erinnerte mich nur, dass mir ein Farmer erzählt hatte, dass die Buschmänner sich untereinander mit Pfiffen und Schnalzen verständigen und dass das Verhältnis von weißen Farmern und Buschmännern nicht das friedlichste sei. Dina stand nun neben mir, sie sprang immer wieder wütend bellend in die Leine, und ich hatte längst die Waffe auf den Knien, wobei die Dunkelheit eine Anwendung ohnehin unmöglich gemacht hätte. So saßen wir, ich lauernd, Dina knurrend, ab und zu bellend, bis nach geraumer Zeit das Pfeifkonzert verstummte.

Ich blieb trotzdem sitzen, hinlegen und weiterschlafen, nein, dazu war ich zu angespannt, und auch wohl zu ängstlich. Der Hund beruhigte sich, der Tag brach an, nichts geschah mehr und wir brachen so bald als möglich auf. Dina und ich waren jedenfalls in diesen Pfeifstunden in der Nacht äußerlich und innerlich noch näher aneinandergerückt.

Richtig erklären konnten mir weder Frau Goldbeck noch andere weiße Farmer unser Erlebnis. Die einen meinten, es könnten Vögel oder gar Fledermäuse gewesen sein, die anderen meinten, nein, nein, das waren doch Buschmänner, die uns in böser Absicht umzingelt hätten.

Wie auch immer, Dina hatte mich geweckt, gewarnt und hätte sich wohl im Ernstfall für mich eingesetzt. So wurde der Abschied zwischen uns wohl auch beiden schwer. Ob Dina noch später an mich gedacht hat? Ich weiß es nicht. Mir blieb sie fest und gut im Gedächtnis.

Cid, Herr des Rudels

Wenn ich Cid, einen starken Weimaraner-Rüden, mit einem menschlichen Typ vergleichen sollte, würde mir am ehesten ein alter preußischer Soldat einfallen, der nach dem Motto lebt: Über mir gibt's nur den König.

Absoluter Gehorsam zeichnete Cid aus, aber dennoch mit eigener Deutung der Dinge, die ihm begegneten. Außerdem war da noch sein tadelloses Benehmen in Haus, Hof und Garten. Wie selbstverständlich erledigte er auch seine jagdlichen Aufgaben. In einzelnen Situationen wurde er hart und scharf, manchmal auch aus seiner sehr eigenen Perspektive.

Anderen Hunden gegenüber gab es für Cid nur drei Möglichkeiten: Gleichgültigkeit, wenn der andere Rüde Abstand wahrte. Beschnuppern ließ er sich nur widerwillig und wenn es ihm zu toll wurde, gab es Prügel. Ihn dann von seinem Gegenüber zu trennen, war ein heißes Unterfangen. Man konnte entweder nur abwarten, bis der fremde aufdringliche Hund seine Unterwürfigkeit anzeigte und Cid unter bösem Knurren sich abwandte, oder Herrchen musste auch hart eingreifen und Cid einen gehörigen Tritt in den Hintern verpassen. Einmal passierte es, dass bei einer solchen Rauferei selbst meine Frau, sein geliebtes Frauchen, von ihm gebissen wurde.

Hündinnen gegenüber kam es auf die Größe an. Kleine Damen interessierten ihn kaum, größeren wurde der Hof gemacht. Den Hunden im eigenen Rudel zeigte er oft geradezu zärtliche Zuneigung, gepaart mit deutlicher Wachsamkeit gegenüber sich nähernden fremden Hunden und Menschen.

Meine Frau züchtete zu der Zeit Rauhaardackel. War Cindy, die Stammmutter des Zwingers, heiß, interessierte das Cid wenig. Den kleinen Dackelnachwuchs bestaunte er und wenn sie größer wurden, konnten sie mit ihm machen, was sie wollten.

Es gibt ein schönes Foto von Cid: Zwischen seinen großen Pfoten liegt wie selbstverständlich der kleine Dackel Argo. Cid hält den Kopf hoch über dem kleinen Kerl, so als wollte er sagen: Hier passiert dir nichts, ich passe auf.

Einmal aber hätte dieser Bewacherinstinkt für einen eben eingetroffenen Studenten böse ausgehen können.

Es war ein schöner Frühjahrstag. Ich stand, Cid neben mir, in der Haustür und schaute den etwa sechs Wochen alten Dackelwelpen zu, die oben am Hang, der zur Gartenmauer führte, tollten. Dahinter befand sich der Weg zur Vogelwarte. Die kleinen Kerle tobten herum und brachten mich zum Lachen. Auch Cid betrachtete das Treiben seiner kleinen Rudelkinder offensichtlich mit stillem Wohlwollen.

Vom Dorf her kam ein Student, der am Vortag auf der Vogelwarte eingetroffen war, um sein Praktikum zu absolvieren. Auch er hörte wohl die kleinen Dackel, blieb plötzlich stehen und griff, ehe ich ein warnendes Wort loswurde, über die niedrige Mauer, hob einen der Kleinen hoch und weit vor sein Gesicht und sagte etwas, was ich schon nicht mehr verstand. Alles lief jetzt in Sekundenbruchteilen ab.

Der Dackelwelpe schrie jämmerlich, was ob der ungewohnten Luftreise auch nicht verwunderlich war. Im selben Augenblick fegte Cid wie ein grauer Strich an mir vorbei, den Hang hoch und dem Studenten mit voller Wucht seines nicht geringen Gewichts vor die Brust. Ich brüllte noch hinter dem rasenden Cid her: „Aus, hierher!", als auch schon der Student, der einfach umgefallen war von dem Aufprall, Cid und das Dackelkind hinter der Mauer verschwunden waren.

Zu hören war nur das leise Winseln des jungen Hundes. Lange hat es sicher nicht gedauert, bis auch ich über die Mauer gehechtet war, die Angst im Kopf, dass dem Studenten etwas passiert sein könnte.

Was ich sah, war dann allerdings nicht dramatisch, sondern eher zum Lachen: Der Studiosus lag immer noch auf dem Rücken, regungslos, den Kopf zu Cid gewandt, der einen Meter entfernt am Fuß der Mauer den verstört winselnden Welpen geradezu zärtlich stupste und leckte.

Ich hatte also Ruhe, meinem neuen Mitarbeiter auf die Beine zu helfen. Kreidebleich war er, und die Augen auf Cid gerichtet, kam die gestammelte Frage aus seinem Mund: „Tut die Bestie mir jetzt auch bestimmt nichts mehr?"

Ich konnte ihn beruhigen und ihm versichern, dass jede Gefahr vorüber sei.

Der junge Mann hatte mit Hunden, die nicht zum Spielen da waren, keinerlei Erfahrung. „Meine Großmutter hatte einen kleinen Zwergspitz, den habe ich immer hochgehoben und in der Luft strampeln lassen."

So machte ich mir die Mühe und erläuterte dem Spitz-Erfahrenen, dass Jagd-, Polizei- und Wachhunde eben keine Spielhunde

wären und man gut daran täte, vorsichtig mit ihnen umzugehen. Besonders Hundemütter und in diesem Fall der Rudelchef haben stets ein wachsames Auge auf den Nachwuchs.

Aus seiner Sicht hatte Cid absolut richtig und konsequent gehandelt. Andererseits wirkte meine Stimme sofort, Gehorsam dem Ober-Rudelchef gegenüber ist eben für einen solchen Hund Gesetz.

Ich glaube, dass der langsam wieder Normalfarbe annehmende junge Mann als angehender Biologe meine Hunde-Freiland-Vorlesung mit Demonstration kapiert hat. Jedenfalls hat er in den kommenden Wochen auf gemeinsamen Rundgängen mit Cid und mir ein angemessenes Verhältnis zu dem Hund aufgebaut. Er gehörte zum Rudel, wenn auch auf der unteren Rangebene.

Cid – Ein Gast auf dem Klo

Cid legte größten Wert darauf, dass ihm Gäste und Mitarbeiter förmlich vorgestellt wurden. Vergaß man dieses, reagierte der Rüde auf seine Art. Der „Unbekannte" wurde zwar nicht gebissen, sondern „nur" wie ein Stück Wild gestellt und verbellt, jedoch mit der unübersehbaren Warnung: Beweg dich jetzt besser nicht, sondern warte, bis mein Herr, den ich ja rufe, kommt und die Sache klärt.

Da ich meinen Cid gut kannte, vergaß ich diese Vorstellungszeremonie möglichst nie. Ich musste mit dem neuen Mensch im Haus sprechen, musste Cid auffordern, den Neuankömmling eingehend zu beriechen und ihm so klarmachen, dass er jetzt auch angefasst und gestreichelt wird. War diese, meist für einen Mitarbeiter oder Gast fast unauffällige Prozedur erledigt, brauchte ich mir keine Sorgen zu machen: Cid wusste ein für allemal Bescheid: dieser Mensch gehört dazu. Auch wenn manchmal viele Monate, ja Jahre vergingen, Cid hatte ein fabelhaftes Gedächtnis, er erkannte den Gast von damals sofort wieder.

Wie gesagt, ich vergaß diese Vorstellung fast nie. Nur einmal: Irgendwie war der Hund nicht da oder ich war nicht ganz da, wie auch immer. Ein jüngerer, sehr sympathischer Kollege kam spät abends mit mir zusammen in unsere Wohnung. Ich zeigte ihm das Gästezimmer sowie das Gästeklo, und dann war er auch schon, müde nach einem anstrengenden Tag, im Zimmer verschwunden.

Am frühen Morgen des nächsten Tages, ich kam die Treppe von meinem Schlafzimmer herunter an der Klotür vorbei, bot sich mir ein merkwürdiges Bild.

Cid lag nicht auf seinem gewohnten Platz, wachte in merkwürdiger Haltung vor der Klotür. Er knurrte nicht, stand auch nicht auf, sondern von mir ging sein Blick wieder zur Tür des Gästeklos. Schließlich ertönte von dort die Stimme des jungen Kollegen, der mich wohl gehört hatte: „Bitte holen Sie mich hier raus, ich sitze hier schon seit einer Stunde fest!" Natürlich riss ich sofort die Tür auf und entgegen kam mir im Schlafanzug der sichtlich genervte junge Kollege. Cid stand neugierig, aber völlig ruhig neben mir, beschnupperte den Klo-Menschen und trollte sich auf seinen Platz.

Natürlich wollte ich nun genau wissen, was passiert war. Die Zusammenhänge ahnte ich schon: ich hatte vergessen, den Gast dem zweiten Herrn des Hauses, Cid, vorzustellen.

Die Geschichte, die ich dann hörte, passte genau ins Bild:
„Vor etwa einer Stunde wollte und musste ich mal aufs stille Örtchen. Ich kam auch gut dahin und war möglichst leise, um niemand zu stören. Nach erledigtem Geschäft wollte ich wieder in mein Bett. Kaum hatte ich die Tür etwas geöffnet, machte ich sie aber auch schon wieder zu, mit einem gehörigen Schrecken in den Gliedern. Ich hatte einen großen, grauen Hund vor der Tür gesehen, der mich aus gelben Augen anstarrte und leise knurrte. Ich wusste ja nicht, dass hier ein Hund im Haus war, und außerdem hatte ich bisher in meinem Leben mit Hunden wenig zu tun, mit so großen schon gar nicht. Und dann diese gelben Augen! Ich hatte keine Wahl, zog mich auf den Klositz zurück, weil ich keinen Lärm machen wollte. Noch zweimal probierte ich den Ausbruch. Das Bild hatte sich etwas geändert. Der Hund stand nicht mehr meinem Rückzug knurrend im Wege. Er lag jetzt ganz still und leise, aber die gelben Augen fixierten mich im Türspalt. Zum Glück kamen Sie ja dann und haben mich befreit. Wo ist dieser gelbäugige Cerberus denn jetzt?"
Ich rief Cid heran, er ließ sich vom Gast streicheln und es war alles „Friede, Freude, Eierkuchen".

Ich war mir meiner Schuld völlig bewusst und konnte eigentlich auch Cid keinen Vorwurf machen. Eigentlich hatte er sich aus seiner Sicht umsichtig verhalten.

Beim Frühstück, gemeinsam mit Frau und Hund, wurde die Geschichte dann noch einmal lang und breit erzählt. Schließlich lachten wir alle, nur Cid blieb ernst.

Cindy, das nette, kleine Biest

Dackel sind eigentlich keine einfachen Hunde. Dass sie trotz ihrer Eigenarten und trotz ihrer Dickköpfigkeit sich auch bei Nichtjägern so großer Beliebtheit erfreuen, ist eine erstaunliche Tatsache. Sie lieben neben ihrer jagdlichen Passion einerseits gutes Fressen (nicht umsonst sieht man immer wieder „dicke" Dackel) und andererseits Bequemlichkeit und Streicheleinheiten. So mögen diese Eigenarten ihre Beliebtheit erklären.

Bei dieser Hunderasse ist die von den Bracken ererbte Selbstständigkeit, verbunden mit Finderwillen und oft auch etwas Größenwahn, und der ausgeprägte Geruchssinn (Wildschweiß zeigt gutes Fressen an!) von großem Vorteil. So kämpfen Dackel unter der Erde ohne direkte Hilfe oder gar Kommandos ihres Führers geradezu heldenhaft mit Fuchs und Dachs.

Die kurzen Beine und die geringe Körpergröße bieten Vor- und Nachteile. Die Bewegung in schwierigem Gelände macht zwar Probleme, andererseits werden die kleinen tapferen Kerle von einer kämpfenden Wildsau kaum ernsthaft erwischt, sie sind zu klein, zu leicht, zu wendig.

Auf Helgoland waren jedoch meine großen Hunde eher am Platz als ein Dackel. Allerdings lebte auch dort bei uns eine sehr schöne, schwarz-rote Rauhaardackelhündin namens Cindy. Cindy war aus der Dackelzucht meines Vaters zu meiner Frau gekommen. Dass ich nicht ihr „Chef" war, zeigte sie mir immer wieder einmal mehr oder minder deutlich. Meine Frau züchtete mehrfach erfolgreich mit ihr und führte sie und ihren Nachwuchs auch bei Prüfungen.

Auf Helgoland gab es für Cindy nur den Einsatz auf Wildkaninchen. Damit die grauen Flitzer unsere Gartenanlagen nicht total zerstörten, hatten wir unter der Erde zwei Kunstbaue aus Ziegelsteinen angelegt, die von den Eindringlingen meist sofort und gerne angenommen wurden. Da diese Kunstbaue auf Dackelgröße zugeschnitten waren, kam Cindys Stunde, sobald ein Langohr im Bau saß. Völlig außer Rand und Band raste sie lauthals bellend in und durch den Bau. Nur Sekunden später zappelten die unerwünschten Gartengäste in den Fangnetzen, die wir vor die Ein- und Ausfahrten gestellt hatten. Natürlich durfte Cindy ihr Mütchen an der Beute kühlen und ein gutes Kaninchenfressen für Dackel und Studenten war auch immer drin.

Bei der „großen" Jagd kam sie nur zum Einsatz, wenn mir kein großer Hund zur Verfügung stand, was immer wieder mal vorkam. Sie hatte auch hier das richtige Gespür und folgte mir gerne auf Reisen an das Festland, obwohl sie mir gegenüber sonst eher nach den alten Weisheiten lebte:

„Was kommt in der Welt nicht vor? Mein Dackel unterm Tisch, wenn ich ihn rufe."

Woran Cindy merkte, dass es zur Jagd aufs Festland ging, weg von Frauchen – ich weiß es nicht! – Es war aber so und passierte mehr als einmal im Laufe ihres zwölfjährigen Lebens.

Auf einer dieser Reisen schoss ich in meinem Revier in der Lüneburger Heide eines Morgens einen Hirsch, dem der rechte Vorderlauf bis an die Schulter völlig fehlte. Die Wunde war gut verheilt, ich hatte nur beobachtet, dass dieser Hirsch humpelte und dass der „Behinderte" von Artgenossen nicht in ihrer Nähe geduldet wurde.

Auf meinen Schuss lag der Hirsch sofort tot im Feuer. Natürlich holte ich Cindy aus dem Wagen und sie konnte von „ihrer" Beute Besitz nehmen. Sie wich nicht von der Seite des Hirsches und ihre Augen schienen vor Stolz zu glühen. Wir beide blieben noch eine Weile in aller Ruhe bei dem erlegten Tier sitzen. Dann aber musste an den Abtransport gedacht werden. Ein Trecker wurde organisiert und meine Schilderung machte meinen Jagdnachbarn, den Landwirt Hans-Heinrich, neugierig. Auch der Förster, mit dem ich das Revier zusammen betreute, wurde telefonisch herbeigerufen.

Wir drei und natürlich Cindy machten uns mit Trecker und Anhänger auf den Weg, um den „Dreiläufer" zu bergen.

Etwas entfernt vom toten Hirsch mussten wir halten. Cindy sprang, kaum dass wir hielten, trotz ihrer kurzen Beine mit einem gewaltigen Satz vom Hänger, raste zu dem Hirsch, setzte sich oben auf „ihre" Beute und zeigte uns nachkommenden Männern bedrohlich knurrend ihr Gebiss.

Der Förster war kurz vor uns beiden anderen am Stück und griff dem Hirsch an die vernarbte Schulter. Die Drohgebärden dieses kleinen Hundes nahm er nicht ernst. Mein Schrei: „Nein! Vorsicht! Nicht anfassen!", kam fast zu spät. Wie eine Schlange fuhr Cindy auf den greifenden Arm. Immerhin hatte mein Warnschrei

den Förster zurückzucken lassen. Cindy erwischte nur noch seinen Jackenärmel und riss mit einem kräftigen Ruck ein großes Stück Tuch heraus.

Ich musste nun erst Cindy beruhigen und natürlich auch den fluchenden Förster: „So ein verdammtes Biest!" Er hatte wohl wenig Erfahrung mit Dackeln. Hätte das „verdammte Biest" seine Hand erwischt, hätte die Sache schlimmer ausgehen können. So waren wir vier im Angesicht erfolgreicher Jagd dann auch bald einig und zufrieden.

Zwei Dackel stiften eine Freundschaft

„Jagd ist eine Sache auf Ehrenwort!" Oft habe ich es gesagt und mich auch schriftlich zu diesem Satz geäußert. Selbstdisziplin und Verantwortung vor Gott und seinem eigenen Gewissen sollten das Handeln des Jägers bestimmen.

Aber, Jagd ist ein genaues Abbild des Lebens eines Menschen; man kann so gut sein, wie man will, und sich selbst disziplinieren: Fehler unterlaufen einem, unabwendbare oder selbst verschuldete.

Es war ein wunderschöner, recht warmer Augustmorgen, als ich vor meiner Jagdhütte in der Lüneburger Heide mit Cindy zum Ansitz auf eine Wiese zog, die an drei Seiten von Wald umgeben, still in den Hochsommermorgen dämmerte. Ich saß hinter einigen Rundhölzern auf einer Ansitzbank, Cindy zu meinen Füßen.

Die Sonne schickte ihre ersten Strahlen über die Wiese und ich war mit der Welt und mir zufrieden. Cindy ging es wohl ähnlich, sie schlief aber nicht, sondern blickte wachsam in die Gegend.

Wie aus dem Nichts stand plötzlich ein Stück Rotwild, ein Schmaltier, mir gegenüber am Wald/Wiesen-Rand. Rotwild gab es reichlich, beinahe zu viel im Revier, so dass der Wald deutliche Schäden, durch Wild verursacht, zeigte. Ich musste und wollte schießen. Die übliche Abfolge in solchen Fällen: Adrenalinstoß, Herzrasen, den Körper zur Ruhe bringen, Griff zur Waffe, zielen, Luft anhalten, Schuss.

Für einen sonst sicheren Schützen wie mich, der es gewohnt ist, dass das beschossene Wild entweder im Schuss tot umfällt oder allenfalls nach ein paar Schritten verendet, kam es diesmal aber ganz anders.

Im Schuss sah ich, wie der rechte Vorderlauf des Schmaltieres hochflog, das Stück wie gebannt stehen blieb und dann langsam humpelnd in den Wald zog. Um einen zweiten Schuss anzubringen, ging alles viel zu schnell.

Für den Fall eines solchen Laufschusses gilt: So schnell wie möglich dem Stück folgen, bevor es sich auch auf drei Läufen fortbewegt.

Natürlich musste ein Hund helfen, die Sache gut zu Ende zu bringen. So war es ein Glück, dass ich Cindy bei mir hatte. Da wo das Schmaltier im Wald verschwunden war, ließ ich Cindy von der Leine. Kurz darauf hörte ich ihren Hetzlaut. Sie hatte das kranke Stück also gefunden und war auf seiner Fährte. Ich meinerseits hetzte nun mit der Waffe hinter Cindys Laut her. Es ging dabei nicht durch dick und dünn, sondern nur durch dick: Mooriger Boden, Gageldickicht, Jungfichten, Brombeeren, immer schön abwechselnd. Immer wieder stellte sich das Schmaltier dem Dackel, der Hetzlaut ging in Standlaut über, und ich versuchte, so schnell es ging, zu dem verbellenden Hund zu kommen, um einen Fangschuss anbringen zu können. Immer wieder aber ging die Hatz weiter, die Sonne stieg, und es wurde warm, nein, es wurde heiß.

Plötzlich verstummte der Hund, und im Hinterherrennen wäre ich beinahe über Cindy gestolpert. Auf einer kleinen Heidekrautfläche lag sie, die schon etwas betagte Hündin, mit weit aufgerissenem Fang, mit heraushängender Zunge. Es war offensichtlich: Sie war am Ende ihrer Kräfte. Ich hatte immerhin lange Beine, doch bei der Dackelhündin mit ihren kurzen Beinen und in ihrem Alter hatte dieser „Hindernislauf" die Kräfte restlos aufgezehrt. Sie war unfähig, mir auf eigenen Beinen zu folgen. So pilgerte – stolperte ich, Waffe auf dem Rücken, Hund auf dem Arm zurück zur Jagdhütte.

Irgendwas musste passieren. Aber was?
Ein anderer, guter Hund musste her!

Meine kleine Jagdhütte, ehemals Gerätehaus der Freiwilligen Feuerwehr, befand sich auf dem mit alten Eichen bestandenen Hofgelände eines Niedersächsischen Bauernhofes, wie aus dem Bilderbuch.

Für mich war es immer wieder eine Freude, bei meinen Jagdaufenthalten, diesen Hof mit Haus, Ställen, Vieh und Menschen zu sehen und zu erleben. Das galt auch für die Großfamilie, die das Anwesen bewohnte, dort lebte und arbeitete. Da war der alte Großvater, der sich trotz seines Alters von über achtzig Jahren immer noch nützlich zu machen wusste und dem ich mich auf Anhieb verbunden fühlte. Auch er jagte noch und verfügte über große Erfahrung, was Wild, Wald und Jagd betraf. Da er immer sehr früh auf den Beinen war, machte er sich manchmal einen Spaß daraus, mich, der ich häufig von meinen dienstlichen Pflichten abgehalten, oft erst mitten in der Nacht in meine Hütte kam, in aller Frühe zu wecken.

Opa bollerte dann gegen meine Tür: „Rut ut'n Bett, Doktor, an't Bett kömmt de Schwien nich!"

Dann waren da noch die Frau des Hauses und drei kleine Töchter.

Die älteste machte später ihre Abiturarbeit und während des Biologiestudiums ihre Diplomarbeit bei mir.

Ich wusste es oft so abzupassen, dass ich um die Mittagszeit oder zur Zeit des Abendessens „rein zufällig" auf den Hof kam. Regelmäßig waren dann eine reichliche, gut gekochte Mahlzeit, Eier und Fleisch vom Hofvieh für mich drin.

So war ich gut abgefüttert und hatte außerdem noch mehr Zeit zu jagen oder den Wald zu genießen, den ich auf Helgoland so entbehrte.

Ein eher reserviertes Verhältnis hatte ich zu dem „Jungbauern", der mich eher tolerierte als gern hatte. Das lag vor allem daran, dass wir hinsichtlich der Dichte des Rotwildbestandes zu der Zeit eher sehr unterschiedlicher Auffassung waren.

Mir war der Bestand des Rotwildes viel zu hoch, der enorme Schaden durch das Wild im Walde nicht tolerierbar. Die sogenannten „Trophäen" waren mir ziemlich egal, für ihn waren sie dagegen von hohem Wert.

Argwöhnisch betrachtete er daher mein jagdliches Handeln in meinem kleinen Revier, das über weite Strecken an sein großes Waldrevier grenzte. Etliche Jahre später sah er ein, dass ich doch wohl recht hatte: Nicht die Trophäe ist das Wichtigste, sondern die Höhe des Wildbestandes. Auch die immer höheren Wildschäden im Feld und im Wald ließen ihn später einsichtig auf meine Linie einschwenken.

So weit war es aber an jenem Tag meines „Schlumpschusses" und der erfolglosen Nachsuche mit Cindy noch nicht. Trotzdem: Ich hatte keine Wahl, ich musste ihn aufsuchen, ihm das ganze Malheur schildern und ihn um Hilfe bitten. Außerdem hatte er einen sehr guten Rauhaardackel mit dem schönen Namen Hümpel, in den besten Jahren und mit Erfahrung bei Nachsuche auf Rotwild.

So schilderte ich ihm den ganzen Ablauf der Geschichte. Schon als Kind hatte ich gelernt, in solchen Fällen auch die eigene Schuld offen einzugestehen.

Es schien, dass der Jüngere sich etwas geschmeichelt fühlte: „Sieh da, der so erfahrene Jäger und Wissenschaftler macht Fehler, auch sein Hund hat versagt und nun muss er mich um Hilfe bitten."

So dachte er vielleicht und war als Mann und Jäger sofort bereit, mir mit seinem Hund zu helfen, so gut er konnte.

Wir zwei und Hümpel machten uns bei 30 °C im Schatten auf den Weg zu der Stelle in meinem Revier, an der Cindy aufgegeben und die ich markiert hatte.

Hümpel war auch sofort Feuer und Flamme, wieder ging es Kilometer um Kilometer durch Gebüsch, Wald, Heide, Moor. Auch Hümpel gab immer abwechselnd Hetz- und Standlaut. Kraft und Größe eines Dackels reichten aber offensichtlich nicht aus, das kranke Stück endgültig zum Stehen zu bringen.

Wir waren alle drei fast am Ende unserer Kräfte, als wir weit vor uns sahen, wie das dreiläufige Schmaltier in eine kleinere Fichtendickung flüchtete. Hümpel konnte eingefangen und ein Plan besprochen werden, der vielleicht gelingen konnte: „Sie, Doktor, stellen sich mit schussbereiter Waffe an den Rand der Dickung, da haben Sie eine kleine Wiese vor sich. Ich werde mit Hümpel am Riemen an der entgegengesetzten Seite auf der Fährte langsam in die Fichten gehen. Wenn wir Glück haben, kommt das Schmaltier an Ihrer Seite aus der Dickung auf die Wiese. Es wird wohl schnell sein, und Sie müssen dann schnell und gut schießen!"

Die ganze Hatz war übrigens längst von meinem Revier in das Revier des Hundeführers gegangen.

Gesagt, getan, ich stellte mich mit fertiger Waffe an den Dickungsrand, vor mir die kleine Wiese. Gespannt horchte ich in die Fichten hinter mir und nicht lange, da hörte ich den hechelnden, an der Leine zerrenden Dackel. Wieder einige Augenblicke später flüchtete das dreiläufige Schmaltier etwa fünfzig Meter links von mir auf die Wiese. Waffe hoch, Schuss, und im Knall fiel das Wild um und lag regungslos. Erst jetzt begann ich zu zittern und ging an das Stück, dem ich Qualen bereitet und das ich nun erlöst hatte.

Immer noch erfüllen mich die Gedanken an diesen Augenblick. Demut und Dankbarkeit zu gleichen Teilen. Und da war auch Hümpel, hechelnd und jaulend vor Glück, und wenig später stand auch sein Führer bei uns. „Waidmannsheil! Das war ein sauberer Schuss. Ich bin froh, dass es doch noch gut ausgegangen ist."

Mich übermannte Dankbarkeit, dass mir so aus der Patsche geholfen worden war, und ich nahm Hund und Herrn abwechselnd in den Arm und schämte mich meiner Tränen nicht.

Hümpel aber war plötzlich weg und irgendwo planschte es laut und vernehmlich. Der Hund hatte genug von Lob und Dankbarkeit, ihm war heiß, sehr heiß, und ein Graben voller Wasser kam ihm gerade recht.

Wir zwei Männer schauten uns an – auch uns strömte der Schweiß aus den Poren –, lachten plötzlich aus vollem Hals, rissen uns die Hemden vom Leib und sprangen in Schuhen und Hosen zu Hümpel ins etwas moorige, aber herrlich kühle Nass.

Von diesem Tage an verband uns zwei Waidgenossen eine gute Freundschaft, jagdlich und privat. Diese Freundschaft hat bis heute gehalten, ich ein alter Herr inzwischen und auch der Partner nicht mehr der Jüngste.

Akka, die sensible Lady

Mein Gordon Setter Kim war in meiner Erinnerung immer noch und immer wieder voll da. So war es nicht erstaunlich, dass meine Frau und ich uns nach dem Tod von Cid einig waren: ein Gordon Setter sollte es diesmal wieder sein.

Über das Geschlecht des neuen Hundes waren wir uns zunächst nicht einig. Ich wollte eigentlich wieder einen Rüden, einen echten Kumpel, mit dem man sich ruhig auch einmal streiten konnte, der aber bei der Arbeit immer voll dabei war, der Haus und Hof bewachte und für den das Wort seines Führers letztendlich das Entscheidende war. Mein Älterwerden hatte aber auch in mir ein wenig die Sehnsucht nach etwas mehr Zärtlichkeit, Verstehen ohne viele Worte, leise Befehle aufkommen lassen und nicht den Drang der Rüden, jeder heißen Hündin nachzurennen und dann alle Anhänglichkeit an seinen Herrn zu vergessen, erleben zu müssen.

So einigten wir uns schließlich auf eine Hündin, die meine Frau aus einer guten Zucht in der Nähe von Hamburg holte. Akka war ihr Name, benannt nach der Wildgans von Nils Holgerson. Doch ein gutes Omen für ein Leben auf der Vogelwarte!

Akka verhielt sich schon als Welpe ganz anders als Kim. Sie hatte keine Angst vor meiner lauten Stimme, aber gut fand sie diese nicht. Im Haus lehnte sie sich mehr an das Frauchen an als an mich. So war denn ihre Abrichtung durch mich auch geprägt von einigen Missverständnissen.

Es dauerte jedenfalls ziemlich lange, bis ich den halbwegs richtigen Ton gefunden hatte. Es blieb aber zwischen uns ein Abstand, der allerdings vergessen war, wenn wir gemeinsam unsere Inselrundgänge machten oder zusammen aufs Festland zur Jagd fuhren. Die Arbeiten am und im Meer erledigte sie gut und mit Begeisterung. Und auch im Wald machte sie ihre Arbeit mit Freude und ohne Tadel, mit mir ein Herz und eine Seele. Wieder im Haus, war und blieb meine Frau aber weiterhin ihre enge Vertraute.

Die demolierte „Hochzeitskutsche"

Natürlich wurde Akka auch zweimal im Jahr heiß. Das lief meist eher unauffällig ab, wobei ihre Hormone und ihre Schönheit allerdings eine große Anziehungskraft auf Rüden aller Rassen ausübten.

Natürlich reiste Akka mit mir auf dem Schiff und im Auto und schlief in der Heide-Jagdhütte, wann immer meine dienstlichen Pflichten es mir erlaubten, im geliebten Wald unterzutauchen.

Eine dieser Reisen erlebte Akka mitten in ihrer Hitzeperiode. Ich hatte das gar nicht so richtig mitgekriegt. Erst als Troll, der Golden Retriever vom Hof in der Nähe, schon in aller Herrgottsfrühe an der Hüttentür kratzte und erbärmlich jaulte, wurde mir klar, was hier ablief.

Die folgenden Tage und Nächte wurden aufregend und anstrengend. Mir ging Troll gehörig auf die Nerven, und auch Akka schien an dem lauten und robusten Gesellen keinen Gefallen zu finden. Der Rüde ließ sich im Hof wohl kaum noch sehen und verbrachte jede Möglichkeit bei seiner Angebeteten. Kam Troll ihr aber zu nahe, versuchten Akka und ich, dem liebestollen Kerl auf die Sprünge zu helfen. Akka knurrte und biss, ich schrie und warf wohl auch mal einen Knüppel. Es half aber nichts, Troll folgte uns auf Schritt und Tritt. Nein, er verfolgte uns bis in den Wald und bis vor die Hüttentür. Trolls Herrchen hatte auch einiges versucht, die Ausflüge des Rüden zu verhindern. Allerdings meist erfolglos.

Die dritte unruhige Nacht lag hinter uns. Troll quiemte und kratzte, Akka knurrte. Auffällig allerdings, dass es mit Tagesanbruch plötzlich vor der Hüttentür still wurde. Etwas schlaftrunken ging ich hinaus und blinzelte in einen schönen Morgen zur Sonne, die durch die Zweige der alten Eichen und Robinien flimmerte. Dann ging mein Blick zu meinem Auto, einem gelben R4, der meiner Frau schon als Studentin gehörte und mit dem ich wegen seiner großen Ladekapazität, die auch einen Hirsch zu fassen imstande war, und seiner guten Fahreigenschaften auch im Gelände bei meinen Reisen über Land, Feld und Wald gerne fuhr.

Noch blinzelnd, glaubte ich, meinen Augen nicht zu trauen: auf dem Führersitz saß aufrecht hinter dem Steuer ein großer Hund, Troll, und schaute durch die Windschutzscheibe direkt auf die Hüttentür und zu mir. Er war ganz ruhig und aufmerksam.

Ich hatte die Vorstellung: Gleich lässt er den Wagen anspringen und fährt mich über den Haufen und direkt in die Hütte zum Objekt seiner Begierde.

Die Hündin stand inzwischen hinter mir und bellte, was Troll schließlich veranlasste, sich durch das geöffnete Fenster zu zwängen und zu Fuß eine erneute Annäherung zu wagen.

Ich sperrte Akka ein und schaute mir mein kleines Auto an. Ich musste wohl an der Fahrerseite das Fenster offen gelassen haben. Am Lack und am Fensterrahmen konnte man deutlich die Spuren sehen, die Troll bei seinen schließlich erfolgreichen Bemühungen, sich durch das wahrlich nicht große Fenster zu zwängen, um in den Wagen zu kommen, in dem es so herrlich nach seiner Geliebten duftete, hinterlassen hatte.

Und wie erst sah es im Wagen aus?

Die Polster runtergerissen und zerfetzt und überall Kratzspuren. Nur gut, dass ich die Zündschlüssel abgezogen hatte, ich hätte dem verrückten Liebhaber zugetraut, dass er den Wagen auch noch zum Fahren gebracht hätte.

Der herbeigerufene Nachbar lachte herzlich und amüsierte sich über seinen so hartnäckigen Hund. Die Sache ging auch sonst gut aus. Trolls Haftpflicht bezahlte alle Schäden, die an meinem Auto entstanden waren. Dann war übrigens auch die liebestolle Zeit vorbei.

Kalle und Greif, zwei große Münsterländer

Eigentlich weiß ich nicht mehr so genau, wie wir auf Große Münsterländer kamen. Ich hatte vor den beiden Rüden mit dieser Rasse keine nähere Berührung gehabt.

Natürlich wusste ich, dass es eine alte deutsche Rasse ist, im Gegensatz zu ihren Vettern, den Kleinen Münsterländern. Als positiv sah ich es an, dass sie weder bei Jägern noch anderen Hundeliebhabern zur Mode oder zum Trend geworden waren. Mich reizten ihre Größe, ihre schöne schwarz-weiße Färbung und ihr langhaariges Fell und vor allem, dass sie als Jagdhunde vielseitig einzusetzen sind.

So war dann nach einiger Suche aus Nordrhein-Westfalen Kalle zu uns gekommen. Für ihn, wie später auch für Greif, gilt, dass sie schon als Welpen große Anhänglichkeit an Haus, Hof und Menschen zeigten, dabei waren sie – im Vergleich zu anderen Welpen – ruhig. Natürlich spielten und tobten sie auch, aber alles wirkte bedächtig, fast ein wenig abgeklärt.

Wie sich später zeigen sollte, war es aber nicht einfach, ihnen Gehorsam beizubringen. Hier demonstrierten sie oft den sprichwörtlichen „westfälischen Dickschädel". Was dann aber in diesen dicken Schädel Eingang gefunden hatte, das saß auch – meist für immer.

Kalle half wie alle seine Vorgänger bei der wissenschaftlichen Arbeit. Auch eine aufgewühlte Nordsee konnte ihn nicht schrecken.

Bei einem Rundgang begleitete uns der an Helgoland, aber auch an der Vogelkunde interessierte frühere Ministerpräsident von Schleswig-Holstein Kai-Uwe v. Hassel. Auf dem Wasser versuchte eine verölte Lumme durch ständiges Flügelschlagen irgendwie der Brandung zu entkommen. Wie wir, hatte auch Kalle den um sein Leben kämpfenden Vogel entdeckt und fixierte ihn mit höchster Aufmerksamkeit. Ich löste den Hund von der Leine und es bedurfte keines Kommandos, er sprang mit voller Kraft in die Brandung. Der Herr Ministerpräsident rief entsetzt: „Das können Sie doch nicht zulassen, der arme Hund wird ertrinken."

Ich schwieg, ich kannte meinen Hund.

Die verölte Lumme schwamm zwar in der Brandung, aber nicht mehr als zwanzig Meter vom Ufer entfernt. Kalle tauchte in den Wellen weg und musste seine ganze Kraft einsetzen, um gegen die Brandung seewärts zu schwimmen. Schon hatte er die sterbende Lumme im Fang und kam, geschickt die Wellen ausnutzend, bei mir an. Er legte die Öl-Lumme ab, die wegen des verdreckten Gefieders in einer Plastiktüte verpackt im Rucksack landete. Der Kommentar des Ministerpräsidenten lautete: „Donnerwetter, das hätte ich nicht gedacht!"

Erst im Labor erregte dann unsere Arbeit an dem verölten Gefieder seine Aufmerksamkeit und auch Kalle bekam noch anerkennende Streicheleinheiten von höchster Politik zum Abschied.

Greif kam als Nachfolger von Kalle erst zu uns, als wir schon in der Lüneburger Heide lebten und ich die Berufung zum Direktor der Norddeutschen Naturschutzakademie in Schneverdingen erhalten hatte. Auch er vereinigte viele gute Eigenschaften in seinem kraftvollen Körper.

Die Arbeiten zur Ökologie des Rehwildes, die natürlich mit der Jagd verbunden waren, forderten Greif nicht allzu sehr. Nur einmal war wirklich sein ganzer Einsatz gefordert.

Ich hatte eine allein gehende Ricke beobachtet, die am Kopf ein großes Geschwür hatte. Das Tier musste geschossen werden und eine

junge Jägerin hatte diese Aufgabe übernommen. Diese Hubertus-
jüngerin saß auf einem Hochsitz, in dessen Nähe die kranke Ricke
möglicherweise in guter Schussnähe auftauchen könnte. Ich bezog
einen nicht weit entfernten Hochsitz, sodass ich gegebenenfalls einen Schuss hören konnte.

Es dauerte nicht lange, da fiel auch ein Schuss und mit Greif an der Leine eilte ich zum Ort des Geschehens. Dort stand die Jägerin ziemlich rat- und sprachlos und schaute über den vor dem Waldrand liegenden Acker auf ein Reh, das zu weit für einen Schuss dort stand. Ein Blick durch das Fernglas genügte für die Diagnose: Vorderlaufschuss.

In solch einem Fall gilt die alte Regel: Hund sofort schnallen, damit er das kranke Stück stellt oder niederzieht. Greif hatte die Fährte auch sofort in der Nase. Da Hunde nicht besonders gut sehen, benutzen sie zunächst immer ihre Nase und sausen auf der Fährte los. So auch Greif, Hund und Ricke verschwanden in einer Busch- und Baumreihe, die an einen fließenden Kanal, den sogenannten „Oertze-Kanal" grenzte.

Die Landwirte hatten diesen Kanal vor langer Zeit angelegt, um zu verhindern, dass der kleine Heidefluss in regenreichen Perioden ihre Äcker überschwemmte.

Unsichtbar für mich hörte ich Kalle Laut geben. Dieser Laut hörte sich allerdings seltsam an, es war kein mir bekannter Standlaut am toten oder gestellten Stück. Ein Hetzlaut war es auch nicht, zumal die örtliche Lage sich nicht veränderte. So schnell uns unsere Beine trugen, rannten wir auf das Gebell zu, den geladenen Drilling in der Hand, nicht wissend, was uns erwartete. Als ich die Baumreihe hinter mir hatte, sah ich über den Kanal ein Bild, das ich nicht vergessen werde. Die Ricke stand wohl auf einer Art Sandbank mitten im Wasser, nur der Kopf schaute heraus. Das Wasser strömte sprudelnd an ihrem Körper entlang. Greif hatte mit der Strömung zu kämpfen. Offensichtlich konnte er mit seinen Läufen im Gegensatz zum Reh keinen festen Stand auf dem Grund finden. So schwamm er mal vor dem Wild, fand keine Angriffsposition, trieb vorbei, kämpfte sich wieder zurück. Dabei kam auch das merkwürdige Gebell zustande. Obwohl ich wusste, dass krankgeschossenes Reh- und Rotwild gerne ins Wasser geht und dort stehen bleibt, war ich vor Staunen und Schauen fast regungslos. Was sollte ich tun? Auch ins Wasser springen und versuchen, was Greif nicht gelang, das Reh zu „greifen"?

Blödsinn, das würde nicht klappen. Ein Kugelschuss auf den kleinen Kopf in der Dämmerung war auch ziemlich aussichtslos. Schnell musste aber gehandelt werden. So entschloss ich mich zu einem auf diese Entfernung tödlichen Schrotschuss. Diesen Schuss konnte ich nur abgeben, wenn der Hund weit genug hinter dem Reh schwamm. Außerdem musste ich in Kauf nehmen, dass das tote Reh sehr schnell und für mich unerreichbar von der Strömung davongetragen werden würde. Ich schoss, das Reh war sofort tot und trieb in der Strömung. Der Hund schaffte es, wie auch immer, das Tier zu packen und ans Ufer zu ziehen, wo ich ihm dann beistehen konnte.

Zu dritt, Jägerin, Hund und ich, saßen wir erschöpft am Ufer. Dankbar dem Hund, der den Jagdtag zu einem guten Ende brachte.

Ideale Medienhunde

Da fällt mir noch etwas ein, was meine beiden Großen Münsterländer mit Bravour meisterten: sie waren die idealen Medienhunde.

In den 70er, 80er und 90er Jahren erreichte das Medieninteresse auf Helgoland und in der Heide weder gewollte noch erwartete Höhepunkte. Da die Insel aufgrund ihrer Geschichte, ihrer Lage und ihrer Natur etwas Besonderes war und ist, erregten unsere Arbeiten über die schleichende Verölung und Vermüllung der Nordsee immer mehr Aufmerksamkeit bei Wissenschaftlern, Touristen und daraus resultierend Politikern, Tourismus-Managern und Kurverwaltungen. Da war es nur logisch, dass die Medien dieses Interesse aufgriffen.

Wenn es irgendwie machbar war, brachte ich Fernsehleute, Rundfunk- und Zeitungsreporter dazu, zu uns in die Station nach Helgoland zu kommen.

Talkshows und Auftritte am Festland ließen sich nicht immer vermeiden, aber sehr oft war eben die Insel der Ort der Handlung. Das blieb auch noch nach meiner Rückkehr in den Wald der Lüneburger Heide so, als Direktor der Norddeutschen Naturschutzakademie, als „Sanierer" der sogenannten „Roten Flächen" (Truppenübungsplatz der Briten und Kanadier von 1945 bis 1991), die 1992 endlich an Deutschland zurückgegeben wurden, und schließlich als „Manager" des EXPO 2000 Projektes „Weltforum Wald".

Besonders in Erinnerung sind mir die Auftritte Kalles in einem abendfüllenden Dokumentarfilm des schwedischen Fernsehens, ein

Film, der übrigens dort am 1. Weihnachtstag gesendet wurde: „Vauk og Foglar" Es ging vor allem um Ölpest und Müll in der Nordsee, aber auch um die Vogelzugforschung und meine Gedanken zu diesen Themen.

Da saß ich dann Pfeife rauchend an meinem Schreibtisch und erzählte in die Kamera. Ein Schwenk und Kalle war im Bild. Mit wachen Augen liegt er auf seinem Platz neben mir, den Kopf zwischen die Vorderpfoten gelegt. Er beobachtet das ungewohnte Geschehen ganz gelassen allein mit den Augen und ihm sind seine Gedanken anzusehen: „Solange mein Freund und Herr da sitzt und von unserer Arbeit erzählt, bleibe ich ganz ruhig, aber aus den Augen lasse ich euch nicht!"

Eindruckvolle und schöne Bilder entstanden so, die ich gerne, wie auch den ganzen Film, immer wieder einmal Gästen zeige. Dann erregen auch die Aufnahmen von Kalle, wie er mich draußen begleitet, sich ins Meer stürzt und verölte Lummen apportiert, besondere Aufmerksamkeit und Freude.

Für NDR 3 – Niedersachsen musste ich im Rahmen des Projekts „Weltforum Wald" den Zuschauern herbstliche Waldeindrücke zeigen und schildern. Greif immer an meiner Seite, unbeeindruckt vom Pulk der Fernsehleute, die wie meist hektisch herumliefen, gestikulierten und redeten.

Als ich einmal während der Aufnahmen eine Dolde reifer Schnee-ballbeeren zeigte und das schöne Rot der Früchte erklärte, richtete sich Greif auf und beschnupperte die Beeren, so als wollte er kund-tun: „Interessant was Herrchen da erzählt, habe auch ich noch nicht gewusst."

Nur einmal gab es einen Zwischenfall. Ein ziemlich aufgeregter Rundfunkreporter rückte mir über den Schreibtisch hinweg auf den Pelz und hielt mir unnötigerweise – meine Stimme erreicht auch über weitere Entfernung das Mikrofon – sein Mikro vor die Nase. Das war Greif dann doch verdächtig. Er stand auf, stellte sich mit den Vorderpfoten auf den Schreibtisch neben mich und knurrte ver-nehmlich in das Mikrofon. Der Reporter bewegte sich daraufhin wieder zu seinem Stuhl, Greif legte sich mit einem tiefen Seufzer der Erleichterung wieder hin und das Interview wurde „aus der Ent-fernung" fortgeführt, was auch hervorragend funktionierte.

Peggy, Begleiterin auf dem Weg zum Ziel?

Zum ersten Mal begegnete mir der Tod ganz persönlich, als der erste Hund, mit dem ich als Kind zusammenlebte, starb; für mich unerwartet und fast unbemerkt. Es ist ein unabwendbares menschliches Schicksal, dass man seine Hunde überlebt und neue Begleiter nachrücken.

Vielleicht war es gut, dass Sterben und Tod, mir von Jugend her nah und selbstverständlich waren wie Saat und Ernte, Tag und Nacht, Sommer und Winter. Haustiere wurden gepflegt nach dem Leitsatz: Der Gerechte erbarmt sich seines Viehs, der Böse aber lässt es darben.

Um das Überleben des Menschen zu gewährleisten, mussten Schwein, Rind, Schaf und Huhn sterben.

Nur das Pferd und der Hund hatten eine Sonderstellung. Sie arbeiteten mit und für die Menschen, lebten mit ihnen.

Lebten mit ihnen, bis sie starben oder durch einen Schuss (schwer genug für denjenigen, der diese Aufgabe zu übernehmen hatte) von ihren Leiden erlöst wurden. Eine Spritze in einer Tierarztpraxis, fern von allen Vertrauten, das gab es nicht.

Nun im Alter denke ich wieder häufiger über den Tod nach. Peggy, meine Weimaraner-Hündin, liegt neben meinem Schreibtisch und schläft. Ich rufe sie zu mir, sie setzt sich neben mich, schaut mich an, legt die Pfote auf mein Knie, als wollte sie mich umarmen. Ich frage sie: „Wirst du mich diesmal überleben oder wieder ich dich, wie viele Hundebegleiter vor dir?" Eine Antwort wissen wir beide nicht. Also verspreche ich ihr: „Ich werde von dir, von uns beiden erzählen. Für dich, für mich und viele andere Menschen, denen Wissen und Gefühl noch zu vermitteln sind."

Ein kranker Mann, eine tüchtige Frau und ein kleiner Hund.

Wer bis zu seinem 75. Lebensjahr voll und hart arbeitet, muss wohl damit rechnen, dass sein Körper eines Tages „Halt!" sagt. Kaum hatte ich das Pensionsalter erreicht, stand der Landkreis Soltau-Fallingbostel bei mir auf der Schwelle.

Der „Eiserne Vorhang" und die „Berliner Mauer" waren gefallen und in unserer Region keimte die Hoffnung, die sogenannten

„Roten Flächen", ein riesiger Truppenübungsplatz inmitten des Naturschutzgebietes Lüneburger Heide, endlich zu „befreien".

So fragte man mich, ob ich nicht die „Befreiungsverhandlungen" mit den britischen Streitkräften führen wollte. Wenn die Aktion gelingt, sollte ich später die Sanierung des Gebietes organisieren. Ich hätte ja Erfahrung im Umgang mit Soldaten und Behörden und wäre auch in Umweltfragen kompetent. Wenn ich nicht helfen würde, könnte das den Kreis an Gutachten Millionen kosten, die nicht da wären und die Verhandlungen könnten sich noch über Jahre hinziehen.

So nahm ich innerlich Haltung an und meine Antwort kam: „Ja, wenn Sie meinen, ich könnte das und würde den Menschen in der Region helfen, mache ich die Sache!"

Das Ganze lief dann auch verbunden mit vielen Verhandlungen mit den Briten, deutschen Behörden und Ministerien positiv ab. Die Sondierungen und Forderungen nach Sanierung und Gewährleistung wurden erfüllt und die „Roten Flächen" kamen wieder unter deutsche Obhut oder gingen letztendlich an ihre Besitzer zurück.

Natürlich hatte diese Arbeit viel Kraft gefordert, aber zum Ausruhen blieb nur leider keine Zeit. „Wollen Sie nicht für den Landkreis ein eigenes EXPO-Projekt vorschlagen und umsetzen?!" Wieder war es so: Wenn man mich braucht und ruft, kann ich, nein darf ich nicht Nein sagen.

Das Projekt war schnell formuliert, entsprechend dem Waldreichtum des Landkreises und der Bedeutung von Wald und Holz für die Menschen in Worte gefasst: „Weltforum Wald"
Unterm Strich war auch diese Sache erfolgreich.
Die Arbeit war aber schwerer gewesen als vorgestellt und hatte viele Tücken, die mir gegen Ende über den Kopf wuchsen. Endlose, zum Teil fruchtlose Verhandlungen, Gespräche mit Bedenkenträgern, Besserwissern und Egoisten überall.
Die Folge bei mir: Nervenzusammenbruch, Kreislaufkollaps und schließlich Herzinfarkt. Aus der Klinik „floh" ich nach drei Tagen mit der Hilfe meiner sehr verständnisvollen Frau. Ich wollte eigentlich nur in Ruhe Abschied nehmen von dieser Welt, ohne Groll.

Das Schicksal wollte es, dass Greif, unser Großer Münsterländer, den Weg in das Unbekannte in dieser Zeit antrat. So saß ich dann meist allein auf der Gartenterrasse und wartete. Merkte zunächst gar nicht, dass ich mich erholte, wieder zurück kam in diese Welt und dort fünf Jahre später jetzt immer noch bin.

Wieder einmal war es meine Frau, die wusste, was mir jetzt fehlte: ein Hund. Ich wollte das absolut nicht einsehen: „Nein, ich will keinen Hund mehr haben!"

Heimlich forschte meine Frau aber trotzdem nach einem passenden Welpen. Sie wurde schließlich fündig: „Langhaar Weimaraner Welpen abzugeben – nur in Jägerhände."

Was dann kam, erzählte sie mir später und komisch war das schon.

Ein Anruf beim Züchter, einem pensionierten Amtstierarzt bei Aurich in Ostfriesland, verlief so: „Guten Tag, ich interessiere mich für einen Welpen aus ihrer Zucht. Wie alt sind die Welpen und ist noch einer zu haben?" Eine weibliche Stimme sagte, dass sie damit nichts zu tun hätte, das wäre die Sache ihres Mannes und den würde sie holen. Es folgten einige Minuten, ohne dass etwas zu hören war, dann kam eine etwas mürrische männlich Stimme: „So einen Welpen wollen Sie haben? Die merkwürdigsten Menschen wollen Weimaraner haben, ich gebe sie nur in gute verständige Hände. Verstehen Sie denn was von Jagdhunden? Eigentlich habe ich auch alle Welpen vergeben, ich hatte neun."

Die Antwort meiner Frau kam schnell: „Ja, ich bin Jägerin und mein Mann ist ein erfahrener Hundeführer und Jäger und für ihn soll die Hündin sein. Wir haben schon zwei Weimaraner auf der Insel Helgoland geführt. Dort haben wir früher gewohnt." Jetzt klang die männliche Stimme plötzlich wach und interessiert: „Helgoland? Wie ist denn noch einmal Ihr Name?" „Ich bin Dr. Erika Vauk." „Vauk, Vauk, den Namen kenne ich, ist das der Leiter der Vogelwarte Helgoland, der mal in Fulda einen tollen Vortrag beim Jahrestreffen der Weimaranerzüchter gehalten hat?" „Ja, das ist mein Mann." „Gut, dann können Sie die Hündin in zehn Tagen abholen!"

Meine Frau war verständlicherweise etwas perplex, denn sie hatte sich noch nicht entschieden, wusste sie doch nichts über den Zwinger und hatte auch noch zu bedenken, dass ich ja eigentlich keinen Hund haben wollte.

Sie sah dieses Telefongespräch aber als eine Art Schicksalsfügung an und sagte zu. Es wurde ein Termin vereinbart, eine Wegbeschreibung gegeben und damit war das Gespräch beendet.

So weit, so gut. Der Haken an der Sache war, dass ich nun einmal keinen neuen Hund haben wollte. Aber letztlich war das für meine Frau kein Problem. Wenn sie etwas wollte, fand sie immer Wege, es mir gegenüber durchzusetzen. Sie erzählte mir den Verlauf des Telefonats, ich wollte immer noch nicht und doch fand ich die Geschichte auch faszinierend und etwas mysteriös. Nach einer Nacht konnte ich mir einen neuen Hund schon vorstellen und außerdem sah ich keine Möglichkeit ohne Gesichtsverlust gegenüber Herrn Dr. Schmidt – so hieß der Züchter –, der mich so schätzte, das Ganze abzublasen.

So fuhren wir am verabredeten Sonnabend nach Aurich, eine lange Fahrt stand mir bevor, aber meine Frau reagierte nicht auf mein Murren und wir beschlossen, auf den Welpen zu verzichten, wenn uns die Zucht nicht gefiel. So waren wir dann relativ schnell auf dem Anwesen von Familie Schmidt.

In einem großen Zwinger, der direkt um das Haus gebaut und von dort aus zugänglich war, begrüßten uns zwei Weimaraner Hündinnen mit warnendem Gebell. Der Hausherr kam sofort und ein kurzes Wort genügte, um die Hunde zu beruhigen und milde zu stimmen.

Im Haus hatte die aus Finnland stammende Hausfrau schon Kaffee und Kuchen parat, und ein weiterer besonderer Gast saß mit am Tisch. Der Vorsitzende des amerikanischen Weimaraner Vereins, der einen Rüden aus dem Wurf zum Aufbau einer Zucht in die Staaten holen wollte.

Wir wollten noch am selben Abend wieder in der Heide sein und drängten etwas. Draußen tobte auch schon das Leben: die Horde quirliger Welpen und Mutter und Großmutter waren dabei. Die Mutterhündin wurde auf den Gartentisch befohlen und dort hockte sie und ließ sich vorführen. Aus dem Pulk der Welpen griff sich die

Hausherrin eine kleine Hündin mit weißer, feiner, kaum sichtbarer Blesse an der Brust. Das war Peggy – unser neuer Hund.

Mir war alles schon längst viel zu viel und ich hatte mich für die kleine Hündin entschieden. Ich war froh, dass wir bald im Wagen saßen, Peggy wie selbstverständlich auf meinem Schoß. Sie rollte sich dort ein und verschlief die ersten Kilometer.

Der erste Blick

Es ist bekannt, dass Weimaraner sich von Fremden nicht gerne direkt in die Augen sehen lassen und bei einem entsprechenden Versuch sogar ernsthaft böse werden können. Ganz anders, wenn der Chef dabei ist und sich mit dem Unbekannten freundlich unterhält. Unter diesen Umständen ist auch ein Blick „Aug in Aug" gestattet.

Auf der Heimfahrt von Aurich waren meine Frau und ich recht schweigsam. Wir dachten wohl beide darüber nach, wie die Zukunft der noch so kleinen Peggy mit uns und bei uns werden würde. Würde ich noch die Kraft haben, aus der kleinen Hündin einen brauchbaren Jagdhund zu machen?

Peggy ließ sich durch unsere Gedanken nicht stören und auch das Autofahren schien sie nicht zu beunruhigen. Dieses unspektakuläre Vertrauen nach der Trennung von alten Gewohnheiten, der Mutter und den Geschwistern beeindruckte mich und ich schaute wohl ständig das kleine Hundetier auf meinem Schoß an. Plötzlich, als hätte sie meinen Blick gespürt, hob sie ihren Kopf, ihre gelben Augen tauchten kurz in meine blauen und schon lag sie wieder wie vorher.

Das Geschehen, völlig gleich ablaufend, wiederholte sich mehrfach. So etwa beim fünften Aufsehen zu mir, blieben ihre Augen an mir hängen. Eine ganze Weile schaute sie mich an, richtete sich dann auf und schnupperte an meinem Gesicht herum.

Ich tat dann etwas, das ich mit allen Tieren tat, Hunden, Pferden, Kälbern, mit denen ich in meinem Leben nahe beieinander war. Abgeschaut hatte ich das einem Bruder meiner Mutter, einem Jäger und Bauern.

Bei einem Besuch auf seinem Hof war gerade ein Kälbchen geboren worden, und er nahm den Kopf des zarten Geschöpfes in beide Hände und spuckte ihm zärtlich auf die Nase. Das Kälbchen leckte gleich über seine feuchte Schnauze und schien irgendwie begriffen zu haben: das ist also „mein Bauer".

In unserer Zeit, in der die ganze Landwirtschaft hoch industrialisiert ist, Tiere in Massen und anonym gehalten werden, mag man über solch Verhalten lachen. Aber Onkel Richard kannte jedes Tier auf seinem Hof und erklärte mir das „Schnauzespucken" sehr plausibel, auch für einen studierten Biologen: „Sieh mal: Hunde, Pferde, Kühe erkennen den Menschen vor allem an seinem Geruch. Mit ein bisschen Spucke von ihrem Herrn bekommen sie den Geruch ganz intensiv schon in ihren ersten Tagen mit. Ich mache das immer so bei den jungen Jagdhunden, bei den Fohlen und den Kälbern. Ich bin ziemlich sicher, dass sie meinen Geruch, also mich, danach nicht wieder vergessen."

Das alles fiel mir ein, und so nahm ich denn Peggys Kopf in meine Hände und spuckte ihr ganz leicht auf die Nase.

Wie das Kälbchen damals leckte auch sie sich, mich anschauend, über das Näschen, rollte sich wieder auf meinem Schoß zusammen und schlief, bis wir in der Heide ankamen.

Ich bin sicher, dass der kleine Hund mit meinem Geruch auf Zunge und Nase erfahren hat: „Das ist er also, bei dem wirst du bleiben."

Peggy – „Erziehung und Anpassung"

In einer Zeit, als noch kein Mensch daran dachte, arme Studenten zu unterstützen, hatte ich Glück: Ich konnte Jagd- und Schutzhunde abrichten und Pferde zureiten. Dies brachte etwas Geld für Miete und Bücher, vor allem aber gutes Essen auf den Guts- und Bauernhöfen.

Es ist aber eine Sache, einen Hund für einen Besitzer abzurichten und eine andere, einen Hund als Welpen zu übernehmen und mit ihm zusammen zu wachsen.

Ich hatte zwar selten mit den erwachsenen Hunden und Pferden größere Probleme, die allerdings wohl auftreten konnten, wenn der eigentliche Besitzer Hund oder Pferd übernahm. Was bei mir alles blendend lief, wollte bei dem Besitzer gar nicht gehen. Da war ich dann oft genug noch einmal gefordert, obwohl die Sache eigentlich abgeschlossen war.

Mit meinen eigenen Welpen lief das alles ganz anders. Von einer Abrichtung im eigentlichen Sinne konnte da keine Rede sein. Es ging irgendwie unmerklich voran, bis zum gemeinsamen Arbeiten und für beide Seiten erfreulichen Zusammenleben. Für Peggy galt das in ganz besonderer Weise. Vielleicht bin ich da gegenüber meinen anderen Hunden nicht ganz objektiv. Natürlich hatte ich für Peggy mehr Zeit, ich war nicht mehr berufstätig und natürlich waren wir fast immer zusammen. Und natürlich war ich älter, noch erfahrener und geduldiger mit meinem Hund. All das ändert aber nichts an der Tatsache, dass sich Peggy und ihr Verhältnis zu mir in ganz besonderer Weise entwickelten.

Die sogenannte „Stubenreinheit" kam bei Peggy wie bei allen meinen anderen Hunden sozusagen von selbst. Ich glaube, dass Hunde das Zuhause sehr schnell als Höhle erkennen, in der man mit dem Rudel zusammenlebt, und in diese Höhle scheißt und pinkelt man nicht. So wird es wohl auch schon bei den Urvätern unserer Hunde, den Wölfen, gewesen sein. Kann man den Welpen das Höhlen- und Rudelgefühl nicht vermitteln, gibt's Probleme. Wie man den Welpen dies Gefühl vermittelt? Ich weiß es nicht, kann es demzufolge auch nicht erklären.

In jedem Haus gibt es so etwas wie eine Platzzuweisung, die auch für die Hunde gilt und schnell akzeptiert wird. Am Grundsätzlichen wird der Hund vielleicht erkennen, dass Frauchen als „Platzanweiserin" manches Mal etwas laxer agiert als Herrchen, was letzteren zwar ärgert, die grundsätzliche Haus- und Platzordnung aber nicht wesentlich verändert.

Selbst meine ganz jungen Hunde lernten schnell, dass es auch einen Rhythmus im Hause gibt.

Nach dem Ende meiner beruflichen Tätigkeit sah mein Rhythmus etwas anders aus als früher. Ob Peggy da wohl mitmachte? Für mich war erstaunlich, wie problemlos das ablief. Meine Frau, noch voll berufstätig, verlässt das Haus gegen 8 Uhr früh. Ich dagegen, als „Nachtmensch", bin froh, dass ich – eine Treppe höher – etwas länger in meiner Schlafhöhle bleiben kann und komme erst gegen 9.00/9.30 Uhr wieder aus der Höhle herab.

Peggy nahm das so zur Kenntnis, ging mit meiner Frau morgens kurz und gerne raus, blieb nach ihrem Weggang völlig ruhig und schlief so lange weiter, bis ich die Treppe herunterkam. Das funktioniert noch heute so, mit einem Unterschied: Peggy begrüßt mich morgens und ebenso, wenn ich von der Mittagsruhe die Treppe herunterkomme, auf eine sehr eigene Weise. Sie springt dann auf einen Sessel, was sie darf, der fast im Dunkeln unter der Treppe steht. Da sitzt sie aufrecht und völlig still, bis ich zu ihr komme, ihr einen guten Morgen wünsche und sie etwas streichele und kraule.

Später kam dann noch eine kleine zweiseitige Unterhaltung, ein Morgengespräch dazu.

Über solche „Gespräche" wird noch zu berichten sein.

Auch die jagdliche Ausbildung war keine „Abrichtung" im üblichen Sinne. Dadurch, dass ich am Vormittag Zeit habe, ging es von 11 bis 13 Uhr ins Revier.

Ich habe es bei allen Revierfahrten und Reviergängen nicht einmal erlebt, dass Peggy sich irgendwie auf einer Rehfährte oder Hasenspur selbstständig gemacht hätte, ich hinter ihr hätte herschreien oder auf sie hätte warten müssen.

Sie war stets von sich aus bestrebt, den Sichtkontakt mit mir nicht zu verlieren. Ebenso schnell und problemlos lernte sie es

216

auch, vor dem Auto herzulaufen. Allerdings gibt sie das Tempo an, und es bleibt ihr Zeit, hier und da zu schnüffeln und ihre Geschäfte zu erledigen. Die Hupe dient notfalls als Ruf- und Mahnsignal. Diese Art der Bewegung ist bei Peggy sehr beliebt und hält sie gleichzeitig fit und gibt ihr daheim einen gesunden Schlaf.

Alarmanlage? Peggy kann es besser!

Eigentlich leben wir im sogenannten „ländlichen Raum", meist ist es abends und nachts still und ruhig. Für mich allerdings gibt es auch hier zu viele Menschen und Lärm. Ich bin die Weite und Stille meiner hinterpommerschen Heimat gewöhnt und die Ruhe auf der roten Felseninsel Helgoland (wenn die Tagestouristen abgefahren sind).

Unserem „ländlichen Raum" mangelt es auch nicht an Ereignissen, mit denen man eigentlich nicht gerne etwas zu tun hat: Einbrüche, Drogen, Alkohol.

Zugegeben, die Abende und Nächte sind in der Regel friedlich. An warmen Abenden sitze ich gerne mit meinem Hund im Garten und träume in die anbrechende Nacht. Ist es draußen kalt, bullert das Holzfeuer im Ofen, und ich liege mit Peggy in der Wärme des Wohnzimmers, oft nach kalten Stunden im Revier.

An dem Abend war es so, meine Frau war in die Federn gekrochen, Peggy und ich genossen Feuer und Stille. Plötzlich aber war Peggy hellwach. Noch liegend hob sie Kopf und Ohren und knurrte gegen das große Fenster zum Garten hin. Ich hörte gleich, das Knurren der Hündin wurde immer drohender. Ich dachte an eine Katze, vielleicht an einen anderen Hund? Vielleicht Ratten oder Mäuse? Mühsam beruhigte ich Peggy. Es war inzwischen ein Uhr geworden, als Peggy mit einem Satz aufsprang und mit unüberhörbarem Zorn- und Angriffsgebell an die Haustür raste.

Ich knipste die Außenleuchte an und sah durch die Scheiben zwei junge Männer. Peggy wurde nur durch die geschlossene Tür an einem direkten Angriff auf die fremden Gestalten gehindert. Ich erkannte allerdings, dass die beiden Jünglinge eher ängstlich als aggressiv aussahen. Auf meine Frage, was sie wollten, kam die Antwort: „Bitte, lassen Sie uns rein, man verfolgt uns und will uns erschießen!"

Das hörte sich recht bedrohlich an.

Ich nahm Peggy am Halsband, öffnete die Tür, Peggy war vor Wut kaum zu bändigen, und ich wies die zwei merkwürdigen Gestalten an, genau meinen Anweisungen zu folgen, da ich sonst den Hund loslassen müsste. Die beiden setzten sich auch brav auf zwei Stühle, und ich befahl Peggy, sich davor hinzulegen. Sie gehorchte sichtlich widerstrebend. Ich warnte noch einmal: „Bewegen Sie sich lieber nicht!", was Peggy mit Zähnezeigen und dumpfem Knurren unterstrich.

So eine große Hündin mit glitzernden Augen und blitzenden Zähnen ist sehr eindrucksvoll und ich vertraute ihrer Hilfe und Unterstützung.

Ich forderte die Figuren auf, mir zu erzählen, was eigentlich los sei. Und ich hörte eine Geschichte, die, wie sich später bei der Polizei herausstellte, reine Erfindung war.

„Wir waren mit drei Mann und zwei Mopeds auf einer Tanzveranstaltung im nahe gelegenen Buchholz. Wir hatten mit einem Mädchen angebandelt, als plötzlich drei Türken auf uns losgingen, die wohl eifersüchtig waren. Sie bedrohten uns mit einer Waffe. Daraufhin haben wir mit unseren Motorrädern die Flucht ergriffen und wollten schnell nach Hause, nach Schneverdingen, fahren. Die drei Türken verfolgten uns und stießen einen von uns von seinem Fahrzeug und riefen laut: Wir schießen euch tot! Wir sahen Licht in Ihrem Haus und haben uns in unserer Angst hierher geflüchtet. Bitte, helfen Sie uns!"

Von Türken war weit und breit nichts zu sehen, draußen war alles still. Verbunden mit erneutem Befehl, ganz ruhig zu sitzen, erklärte ich den Burschen, dass wir, meine Frau war inzwischen auch auf der Bühne erschienen, jetzt die Polizei alarmieren würden, damit sie vor den „bösen Türken" beschützt und mitgenommen würden.

Großen Gefallen schien man nicht an unserem Vorhaben zu finden, aber der immer noch drohende Hund ließ sie nicken. So saßen wir denn in schweigender Eintracht, nur unterbrochen von Peggys nachhaltigen Drohungen, bis nach geraumer Zeit die Polizei erschien und die Knaben mitnahm. Peggy knurrte, von mir gehalten, hinter den dunklen Gestalten her. Zu gerne hätte sie wohl gezeigt, dass sie nicht nur knurren, sondern auch zufassen kann.

Die Wahrheit über das in dieser Nacht abgelaufene Geschehen erfuhr ich einige Tage später auf der hiesigen Polizeiwache. Ich war geladen, um als Augenzeuge auszusagen. Es stellte sich heraus, dass die Schilderung der zwei jungen Burschen weitgehend erlogen war. Sie waren weder in Buchholz gewesen noch von Türken verfolgt worden. Vielmehr hatten sie versucht, einen Zigarettenautomaten in der Nähe unseres Hauses zu knacken. Zwei wohl zufällig anwesende Männer hatten sie bei diesem Tun erwischt. Bei der Flucht übers freie Feld auf das Licht zu, das in unserem Hause brannte, hatten sie wohl tatsächlich ziemlich Angst. Einer ihrer Verfolger habe gedroht: „Ich erschieße euch!"

Ob und wie Polizei und Justiz später diesen Fall endgültig geklärt und entschieden haben, weiß ich nicht. Im „ländlichen Raum" war in dieser Nacht jedenfalls allerhand los.

Auf dem Nachbargrundstück gibt es eine Alarmanlage, die aber leider oft falschen Alarm auslöst. Sind die Nachbarn nicht daheim, nehme ich Peggy an die Leine und kläre die Sache, bisher ohne Zwischenfall. Und ich bin sicher, wenn Peggy Alarm gibt, gibt's auch was zu alarmieren.

Peggy – Diese Geschichte hat zwei Gesichter

Diese Geschichte hat zwei Gesichter. Auf der einen Seite geht es um Peggy und ihr Verhalten gegenüber Wildfährten von lebendem und geschossenem Wild. Auf der anderen Seite geht es um Ethik der Jagd und das Verhalten des Jägers.

In dem alten, schönen Jägerlied „Auf auf zum fröhlichen Jagen" heißt es:

> „Wir laden unsre Büchsen
> mit Pulver und mit Blei,
> es ist das schönste Leben,
> im Wald da sind wir frei!"

In der Tat, so ist es. Es ist aber auch klar, dass wir Jäger damit privilegiert sind. Wir dürfen Tod bringende Waffen tragen und nur uns selbst gegenüber verantwortlich sein. Keiner sieht, was ich tue oder lasse. Höchste Disziplin und Selbstdisziplin sind gefordert. Überschätzung der eigenen Fähigkeit, Betrug und schlimmer noch Selbstbetrug führen zu Fehlern, die die mit uns auf dieser Welt lebende Kreatur auszubaden hat.

Ich habe mich in einem Artikel „Jagd ist eine Sache auf Ehrenwort" ausführlicher mit diesem Thema befasst. Ehrlicherweise muss ich auch sagen, dass viele Jäger heute nicht mehr so ausgebildet sind, dass sie diesen Ansprüchen gewachsen sein können. Dies mag daran liegen, dass die meisten Jäger zwar eine Jägerprüfung bestehen, aber kaum noch von Jugend auf mit Wild, Wald, Feld und Flur unter fachkundiger Anleitung vertraut werden konnten. Ich habe daher schon einmal öffentlich gefordert, dass jeder angehende Jäger mindestens ein Jahr mit einem erfahrenden Jäger passiv jagen sollte, bevor er aktiv alleine jagen darf. Wahrscheinlich ist diese Forderung in der heutigen Zeit nicht durchsetzbar.

Dazu kommt noch, dass diese Gesellschaft Sterben und Tod, eine biologische Unabwendbarkeit, weitgehend aus dem täglichen Leben ausgeblendet hat. Weit über neunzig Prozent unserer Bevölkerung essen Fleisch ohne jemals darüber nachzudenken, dass hier Leben getötet wird, um das eigene Leben zu erhalten.

Ein anderer alter Jägerspruch ergänzt das Gesagte: „Jagen ohne Hund ist Schund!" Gute und gut ausgebildete Jagdhunde gibt es nicht so häufig.

Schlechte Schüsse, die das Wild verwunden, aber nicht schlagartig töten, sind auch bei der besten Jagd unvermeidbar. Jäger sind auch nur Menschen, so dass es bei aller Selbstdisziplin manches Mal zu solchen „Schlumpschüssen" kommt.

Das ist der Moment, wo nur noch ein guter Hund helfen kann, den Fehler halbwegs auszubügeln, und damit dem Wild lange Qualen erspart. Wirklich gute Jagdhunde sind selten geworden. Nur schwer ist der Hund eines Jägers, der in der Stadt wohnt, sachgerecht auszubilden, fortzubilden und zu halten. Da muss der Hundebesitzer und Jäger schon viel Freizeit aufwenden, um seinen Hund, zu einem wirklich brauchbaren Jagdgefährten zu machen. Die zu erzählende Geschichte zeigt jedenfalls, dass hier ein guter Hund fehlte.

Eines schönen Tages im späten Frühjahr, alles Wild, bis auf Wildschweine, hatte Schonzeit, waren ein Jungjäger, den ich ein wenig unter meine Fittiche genommen hatte, und ich dabei, einen Hochsitz, der am Wiesenwaldrand stand und vom Sturm umgeweht worden war, wieder zu reparieren. Ziemlich weit entfernt am anderen Wiesenende fuhr ein junger Bauer mit seinem Trecker, ohne dass wir ihm weiter Beachtung geschenkt hätten. Allerdings bemerkten wir, dass dieser Bauer quer über die Wiese auf uns zufuhr. Bei seinem Eintreffen gab es ein sehr knappes Gespräch: „Sind Sie an einem Wildschwein interessiert?" An einen Jäger gerichtet, eine etwas merkwürdige Frage.

Ganz kurz berichtete der Landwirt, dass ein nicht sehr großes Wildschwein vor seinem Trecker in einem Gebüsch aus Holunder und Brennnesseln „herumgekrabbelt" sei. Wir könnten uns das ja mal ansehen. Sprachs und ging wieder zu seinem Trecker.

Mir kam die ganze Sache sehr merkwürdig vor. Andererseits war es wohl meine Pflicht, der Sache nachzugehen. Es gab allerdings ein Problem. Zum Hochsitzbau braucht man zwar Handwerkszeug, aber keine Waffe. Etwas leichtsinnig gingen wir also unbewaffnet, Peggy an der Leine, zu dem beschriebenen Platz. Und tatsächlich, kurz vor uns brach ein etwa dreißig Kilogramm schweres Wildschwein aus dem Gestrüpp, übersprang einen ziemlich breiten Graben und verschwand in einem winzigen, total verbuschten Wäldchen. Wir waren uns einig, da die Fluchtbewegungen des Schweins ziemlich schwerfällig wirkten, dass das Stück wohl krank sei und aus dem kleinen Waldstück ohne Störung wohl kaum weiter flüchten würde. So fuhren wir dann schnell nach Hause.

Ich suchte aus dem Waffenschrank eine passende Waffe, eine Büchsflinte, dazu Flintenlaufgeschoss und Kugelpatronen und schon waren wir wieder draußen an Ort und Stelle. Zwischenzeitlich war ein Plan geschmiedet worden, der auf der Annahme beruhte, dass das Wildschwein tatsächlich krank in dem Waldstück steckte.

Jetzt war Peggy am Zuge. Geführt von dem Jungjäger, den sie gut kannte, auf gleicher Höhe mit mir zogen sie in das Baum-Buschgestrüpp. Nach etwa zehn Metern sah ich die Wildsau tatsächlich fast verdeckt und schwer atmend etwa fünfzehn Meter vor mir stehen. Ich befal dem Hund „Halt", mein schneller Schuss auf das Haupt des Tieres setzte seinem Leben und Leiden ein schnelles Ende. „Hund los", befal ich, und Peggy stürzte sich wie ein Berserker auf den Wildschweinkörper. –

Von diesem Zeitpunkt an war Peggy zur leidenschaftlichen Wildschweinjägerin geworden. Ein Umstand, der mich herzlich freute. Zum einen würde sie von Stund an einer kranken Wildschweinfährte mit Eifer folgen und im Ernstfall mir auch bei einer auch heute noch möglichen Nahauseinandersetzung mit einem Wildschwein zur Seite stehen.

Diese Wildschweinpassion von Peggy hatte aber noch einen anderen, von mir sehr geschätzten, Effekt. Fast täglich bin ich mit meinem Hund im Revier unterwegs. Entweder läuft Peggy vor meinem Auto oder wir gehen zu Fuß durch Wald und Feld. Peggy bleibt dabei ohne großes Aufhebens immer dicht bei mir. Sie markiert kurz eine Hasenspur oder eine Rehfährte und steht ab und zu auch einmal ein Rebhuhn vor. Nur wenn sie auf eine frische Wildschweinfährte stößt, ändert sich ihr Verhalten deutlich. Sie kommt auf Zuruf nicht sofort, ich muss die Sache selbst in Augenschein nehmen.

Wenn im Spätsommer der Mais in die Milchreife kommt und die Gefahr von Schäden an den Maiskolben durch Wildschweine besonders groß ist, schicke ich Peggy auf einer gefundenen Fährte in den Maiswald, und sie hat ihren Spaß daran, die Wildschweine auf Trab zu bringen. Ist das geschafft, ist sie auch schnell wieder bei mir. Etwas abgekämpft hechelt sie, ist aber sichtbar zufrieden mit der vollbrachten Tat, eine Zufriedenheit, die ich mit Peggy teile. Die erfreuliche Folge dieser Aktionen: Seit Peggy diese „Polizeiarbeit" erledigt, gibt es fast keine Wildschweinschäden mehr im Mais.

Ich weiß nicht, wie und ob ich ihr dies Verhalten beigebracht habe. Aber es funktioniert. Seit Peggy da ist, ist der Schaden im Mais gleich Null, und ich weiß und höre, dass mich mancher benachbarte Revierinhaber um diese „Schadensfreiheit" und um meinen Hund beneidet.

Noch einmal will ich auf das wilde Schwein zurückkommen, das der Anlass für diese Geschichte war. Am erlegten Stück war deutlich zu erkennen, dass der Überläufer vor ein oder zwei Tagen von einem Schuss tief waidwund (tiefer Bauchschuss) getroffen worden war. Die Kugel hatte beim Austritt aus dem Körper auch Darmteile aus dem Körper gerissen, die etwas nach außen hingen.

Der „Jäger" war entweder ein gewaltig schlechter Schütze, hatte sich nicht unter Kontrolle oder, was ich für wahrscheinlicher halte, das Büchsenlicht hatte für einen gut gezielten Schuss nicht mehr gereicht. Es war beim Auftauchen des Wildschweins schlicht schon zu dunkel gewesen. So manch ein Jäger lässt sich dann hinreißen nach dem Motto: ich kann's ja mal probieren, wenn es nicht klappt, ist es ja auch nicht so schlimm. An das Wild, das dann die oft schrecklichen Folgen ausbaden muss, wird in solchem Fall lieber kein Gedanke verschwendet.

Schlimmer noch, der „Jäger" hat den Anschuss (die Stelle, an der das Wild bei Abgabe des Schusses stand) nicht sorgfältig untersucht. Überdies hatte er wohl keinen brauchbaren Hund oder war nicht willens oder in der Lage, einen anderen Jäger mit Hund um Hilfe zu bitten. Gerade bei einer solchen Verwundung, merkt ein auch nur halbwegs erfahrener Hund, dass das beschossene Wild verletzt ist, und wird mit seinem Führer der Fährte folgen, bis das Wild gestellt und durch einen Fangschuss vor weiterer Qual bewahrt wird.

Fazit: Jäger, wisse, was du tust, werde deiner Verantwortung gerecht und: Jagd ohne Hund ist Schund!

Peggy macht ihre Meisterprüfung
„Bewährung in harter Praxis"

Es hat mir in den vergangenen Jahren Freude gemacht, einen Jungjäger aus unserer Nachbarschaft in das jagdliche Handwerk (Jagd
ist wirklich auch ein Handwerk) einzuführen. Ich hatte auch Freude daran, dass dieser frisch gebackene Hubertusjünger bereit war,
Erfahrungen und Ratschläge anzunehmen und sich mit der Natur
in ihrer Gesamtheit vertraut zu machen.

Überdies lernte er Disziplin und Selbstdisziplin und dass er zudem eine „saubere Kugel" schießen musste, damit das von ihm
beschossene Wild auch einen schnellen Tod fand. So konnte ich
ihn denn auch bald mit entsprechenden Weisungen allein auf einen
Hochsitz setzen.

Aber, wie im richtigen Leben, totale Unfehlbarkeit ist für uns
Menschen unerreichbar.

Es war Spätherbst und der vorgegebene Abschuss weiblichen Rehwildes musste erfüllt werden. Erfahrene Jäger wissen, dass es relativ
einfach ist, den geforderten Rehbockabschuss von Mai bis Oktober
zu erfüllen. Das Soll beim weiblichen Rehwild von September bis
Januar zu erreichen, erfordert dagegen erheblich mehr jagdliches
Können, Revierkenntnisse und Geduld. Außerdem wird es früher
dunkel, das Wetter ist oft mies, und kalt kann es auch werden.

So waren wir zwei, der alte und der junge Jäger, und natürlich
Peggy eines Abends wieder einmal im Revier. Peggy hatte es dabei
wohl am besten. Im abgestellten Auto konnte sie warm und schlafend der Dinge harren, die da kommen sollten.

Wir zwei Jäger saßen auf unterschiedlichen Hochsitzen am Waldrand. Ich an einem Maisstoppelfeld, der Jungjäger an einer Kartoffelstoppel. Beide Flächen wurden vom Rehwild gerne aufgesucht,
um Kartoffeln oder liegen gebliebene Maiskolben als Kraftnah-
rung für den Winter zu äsen.

Nicht lange hatte ich gewartet, da tauchte am gegenüberliegenden
Waldrand eine Ricke auf, viel zu weit für einen Schuss. Doch das

Tier kam immer näher an mein Versteck heran. Ich machte mich fertig zum Schuss, und in diesem Moment knallte es bei meinem jungen Jagdgenossen. Sehr schnell musste ich mich entscheiden: sollte ich auch schießen oder lieber zu dem anderen Hochsitz laufen, um mich vor Ort zu überzeugen, dass dort für Peggy und mich nichts zu tun war. Bisher war es immer gut gegangen, eine lange Nachsuche mit dem Hund nie nötig gewesen. Und da war der Rickenabschuss, für dessen Erfüllung nicht mehr viel Zeit war.

So war der Entschluss schnell gefasst: Ich schoss auf die etwa hundert Meter vor mir stehende Ricke. Das Reh hat den Knall nicht mehr gehört, es war auf der Stelle tot.

Da ich so viel Vertrauen in die Treffsicherheit des Kollegen gesetzt hatte, ließ ich mir noch Zeit und transportierte das von mir geschossene Tier bis zu einem Platz, wo es mit dem Wagen abgeholt werden konnte. Gleichzeitig kam aber in mir das Gefühl hoch: Nun aber schnell zum Ort der anderen Tat, man konnte ja nicht wissen. Es wurde auch allmählich dämmerig und im Wald schon fast dunkel.

Mir fuhr der Schreck in die Glieder, als ich meinen Jungjäger sah, der auf der Kartoffelstoppel stand und wild gestikulierte. Sofort war mir klar: Er brauchte Hilfe, die Sache war nicht gut gelaufen.

Ich polterte mit dem kleinen Geländewagen quer über den Acker, so schnell es ging. Und dann kam auch schon die Geschichte, etwas stockend und sichtlich bedrückt: „Ich habe auf ein Schmalreh geschossen, dass etwa achtzig Meter von meinem Sitz entfernt äste. Ich meinte, gut abgekommen zu sein, aber das Stück zeichnete nur sehr gering und sprang ab, flüchtig in den Wald. Ich habe hier am Anschuss gesucht, kann aber keinen Schweiß finden und auch keine Haare oder Knochensplitter. Ich glaube, ich habe vorbeigeschossen, aber bitte suchen Sie doch noch einmal sicherheitshalber mit Peggy."

Mich regte die Sache auch ziemlich auf, zumal es immer dunkler wurde und der Wald schon wie eine schwarze Wand vor uns stand. Also schnell Peggy aus dem Wagen geholt, Schweißhalsung angelegt, Leine eingehakt und mit dem Hund in die Nähe des vermuteten Anschusses gegangen.

Jetzt war Peggy an der Reihe, nur ihre feine Nase konnte noch Aufschluss geben, ob das Schmalreh getroffen war oder nicht. Es dauerte nur ein paar Sekunden und Peggy hatte den Anschuss und eine für uns nicht wahrnehmbare Wundfährte gefunden. Noch einmal rief ich sie ab, um dem Jungjäger klare Anweisungen zu geben. „Ich werde jetzt Peggy am Schweißriemen folgen. Sie bleiben immer einen Schritt hinter mir und reden nichts! Sie nehmen die Waffe mit."

Aufmunternd setzte ich die Hündin wieder auf die Fährte an und folgte ihr am langen Riemen. Über das Kartoffelstoppelfeld ging es flott voran, und ich merkte meinem Hund an, dass er keinerlei Zweifel an der Richtigkeit seines Tuns hatte, und nach dem Motto „Dein Hund hat immer recht!" folgte ich.

Erheblich schwieriger wurde es, als Peggy ohne zu zögern in den schon fast dunklen Wald eintauchte. Dieser Wald war nun nicht etwa eine mehr oder minder geordnete Ansammlung von Bäumen gleicher Art und gleichen Alters. Im Gegenteil, wie es sich für einen richtigen „Bauernwald" gehört, war alles miteinander verfilzt: alte und junge Bäume, Büsche und Brombeeren und dazwischen abgefallene Äste und umgestürzte tote Bäume. Voll ökologisch, aber für eine Nachsuche nicht angenehm.

Ich stolperte, immer wieder auf die Knie fallend, hinter meinem Hund her. Wie dankbar war ich, dass Peggy offensichtlich meine Stolperei mitbekam und reagierte wie ein Hund, der genau weiß: „Mein Führer muss mir folgen können!" Oder war es vielleicht ganz bewusste Rücksichtnahme auf die Unzulänglichkeit eines älteren Menschen?

Plötzlich wurde die Leine schlaff und ich hangelte mich daran vorwärts, bis zu einer Stelle, die der Jäger „Wundbett" nennt. An dieser Stelle versucht das kranke Tier sich auszuruhen oder es will dort verenden.

Peggy zeigte mir an, dass das Schmalreh kurz vor uns weiter geflohen war, und ich meinte auch, den Schatten eines Rehs gesehen zu haben.

Ich hatte keine Wahl, ich musste dem Hund Halsung und Leine abnehmen, damit er dem fliehenden Wild folgen konnte, ohne behindert zu werden oder an Ästen oder Sträuchern hängen zu bleiben.

Obwohl sie noch nie vorher eine solche Aufgabe zu meistern hatte, vertraute ich Peggy voll und ganz. Schon sauste sie davon und war im Dämmerdunkel verschwunden. Wir konnten nur still stehen bleiben, lauschen und warten, allerdings nur wenige Augenblicke. Etwa hundert Meter vor uns ertönte der mich erlösende tiefe, rhythmische Standlaut von Peggy. In der Tat ist der Standlaut so ganz anders als der hektische Hetzlaut, den ein Hund ertönen lässt, wenn das verfolgte Wild vor ihm flieht.

Peggy hatte das kranke Reh gestellt und würde es nicht mehr weglassen.

Wieder eine kurze Anweisung an meinen Begleiter: „Lassen Sie Ihr Gewehr aus dem Spiel, Sie können damit in dieser Dunkelheit nicht zielen und können Mensch und Hund gefährden! Entweder bringt der Hund es zu Ende oder ich muss es mit dem Jagdmesser schaffen. Und bitte, Abstand halten und sehr langsam und leise auf den Standlaut zuschleichen!"

Mir ging durch den Kopf, was mein Vater mir in solch einem Fall zu tun gelehrt hatte: „Anschleichen, leise sein. Das Wild ist mit dem Hund voll beschäftigt. Für ein Reh benutze das Jagdmesser. Wenn du auf etwa zwei Meter an das Reh herangekommen bist, springe auf das Tier und setze das Messer eine Handbreit tief hinter das Schulterblatt. Gelingt dir das, ist das kranke Reh in Sekunden tot."

Nach hundert geschlichenen Metern bot sich uns im tiefen Waldesdämmern ein Bild, unbeschreiblich, wie aus Urzeiten! Das Reh mit gesenktem Haupt und schlagenden Vorderläufen und davor der silbergraue, fast leuchtende Hund und sein tiefer Standlaut.

Ich kam tatsächlich unbemerkt bis auf zwei Meter von hinten an das Reh, ein Sprung auf das Reh, ein Stich und in wenigen Sekunden war alles vorbei. Alle drei lagen wir am Waldboden. War ich glücklich? Nein, ich war erleichtert. Der Kopf voll mit rasenden Gedanken und die Seele bewegt. Ich fühlte mich in diesen Minuten verbunden mit der Schöpfung: Mein Hund und ich hatten ein Leben beendet, ohne unnötig eine Kreatur leiden zu lassen, voller Gefühl waren wir, und doch auch beseelt.

Mein Begleiter war wie versteinert, als hätte er Geister gesehen oder einen unwirklichen Blick in eine längst versunkene Zeit getan. Auf meinen Zuruf zuckte er zusammen. Wir zogen das Reh an einen Waldweg, der für den Wagen erreichbar war.

Mein junger Mitjäger machte sich auf den Weg, das Auto zu holen.

Ich war froh, eine ganze Weile mit Peggy, dem gestreckten Wild und mit mir selbst allein zu sein. Inzwischen funkelten die Sterne am Nachthimmel und meine Gedanken wanderten durch die Zeit bis zurück in meine Kinder- und Jugendtage.

Mir fiel der Titel des damals sehr bekannten Buches eines Jagd- und Naturschriftstellers ein: „Der Jäger und sein Schatten"

Der Schatten des Jägers ist Mephisto, der immer wieder versucht, die Disziplin, die Verantwortung des Jägers zu durchbrechen. Und der andere Schatten ist der Schöpfer, in dessen Welt wir Verantwortung zu tragen haben.

Bauern, Jäger und Fischer sind oft genug die Vertreter des lieben Gottes auf Erden, sie tragen die Verantwortung für seine Welt an vorderster Stelle. Wehe ihnen, wenn sie das vergessen. –

Mein Hund und ich, wir hatten Mephisto getrotzt, hatten das kranke Wild gesichtet, hatten Wissen, Können und körperlichen Einsatz eingebracht, um unnötig Leid zu verhindern. Alles war trotz des Fehlschusses noch gut zu Ende gegangen.

So saß ich denn still und etwas andächtig, einen Arm um Peggy gelegt, vor dem toten, friedlich da liegenden Reh, das Menschen nun zur Nahrung dienen sollte, bis die Lichter des Wagens auftauchten, die Sterne verblassen ließen und uns beide wieder in die reale Gegenwart zurückholten.

Peggy – Nicht gelernt, aber gekonnt!
Totverweisen

Für einen Abrichter eines Jagdgebrauchshundes ist es oft harte Arbeit, einen Hund zum Totverweiser auszubilden. Der Zweck der Übung ist einfach erklärt: Der Hund soll in freier Suche ein totes Stück Wild finden, zu seinem Führer zurückkommen und diesen dann zum Fundort führen, also „ihm den Weg weisen".

Ich habe das mit meinen Hunden nie geübt. Mit Hunden anderer Besitzer, für die ich mit dem jeweiligen Hund das Totverweisen eingeübt hatte, meist mehr oder minder langwierig, waren meine Erfahrungen auch nicht die besten. Was die Hunde bei und mit mir brav machten, wollte bei dem Besitzer meist absolut nicht klappen. –

Meine eigenen Hunde lernten so nebenbei im täglichen Leben und Jagen auch das Totverweisen, wenn es denn einmal notwendig war. Peggy jedenfalls löste das Problem geradezu perfekt.

Viele, viele Stunden habe ich schon als Junge und später als junger Mann Mondscheinnächte draußen zugebracht. Im Kopf und Herz war mir dann immer das Abendlied von Matthias Claudius:

> *Der Mond ist aufgegangen,*
> *Die goldnen Sternlein prangen*
> *Am Himmel hell und klar.*
> *Der Wald steht schwarz und schweiget,*
> *Und aus den Wiesen steiget*
> *Der weiße Nebel wunderbar.*

Dieses wundervolle Gedicht, welches so oft als nicht mehr in unsere Zeit passend abgetan wird. So viel künstliches Licht überall, wer kann und will da noch Mond und Sterne sehen? Und außerdem: heute scheint doch angeblich nichts mehr unmöglich, alles ist machbar.

Aber wie passend ist doch der Text der vierten, heute oft vergessenen Strophe:

Wir stolze Menschenkinder
Sind eitel arme Sünder
Und wissen gar nicht viel.
Wir spinnen Luftgespinste
Und suchen viele Künste
Und kommen weiter von dem Ziel.

Heute ist es nicht nur die Jagd auf wilde Schweine, die mich in mondhellen Nächten nach draußen zieht. Andererseits lässt schon der Anblick dieser „Urviecher", wenn die Wildschweine plötzlich auf einer mondhellen Lichtung aus dem düsteren Wald auftauchen, das Adrenalin hochkochen.

Die schwarzen Gesellen scheinen so gar nicht in unsere Welt zu passen. Und natürlich ist mein Hund immer dabei, entweder wartet er im abgestellten Auto oder liegt still bei mir. Nur ab und zu in den Mond blinzelnd, als wollte er jeden Moment das Geheul seiner Wolfsvorfahren anstimmen. „Ruhe, mein Hund, du bis kein Wolf mehr!"

Da war wieder so eine Nacht im Frühjahr. Der Wald stand schwarz und schweigend um eine kleine vom Mondlicht überflutete Wiese. Und plötzlich waren sie da, drei relativ starke Stücke Schwarzwild, blieben aber im Schatten einer Buschreihe. Alle Romantik war verflogen, mir fiel der Mais der Bauern ein, ich musste schießen, wenn es möglich war. Zwischen den Büschen hatte ich plötzlich ein Stück im Zielfernrohr, der Schuss der großkalibrigen Waffe zerriss Stille und Mondlicht. Nach dem Schuss quiekte die beschossene Sau kurz und lief dann – nach meiner Meinung – über ein angrenzendes Feld mit noch niedriger Gerstensaat davon.

Der Schreck saß mir in den Gliedern, denn kranke Sauen sind immer noch trotz aller Technik für Jäger und Hund sehr ernst zu nehmende Gegner.

Trotzdem entschloss ich mich zu sofortiger Nachsuche, glaubte ich mir doch meines guten Schusses und des beobachteten Fluchtweges der Wildsau sicher zu sein. Ich holte meine Peggy, setzte sie am Anschuss an und stiefelte, den Hund frei suchen lassend, durch das Saatfeld, durch das ich das beschossene Stück hatte flüchten sehen. Aber plötzlich war mein Hund verschwunden. Etwas ratlos blieb ich stehen, die schussfertige Waffe im Arm und lauschte in die Mondnacht. Und dann neben mir in der Saat ein Rascheln, Peggy stand neben mir und schaute mich an: „Komm schon, ich habe das Schwein gefunden!"

In eine ganz andere Richtung, als ich vorhatte zu suchen, ging der Hund langsam nach links ab, langsam, stetig immer wieder zu mir zurückblickend. So ging es etwa dreihundert Meter durch die Buschreihe auf die helle Wiese. Da sah ich dann auch schon den „schwarzen Klumpen", daneben die silbrig im Mondschein schimmernde Weimaranerin. Das kranke Schwein war also entweder in eine ganz andere Richtung gelaufen, als ich es vermeintlich gesehen hatte, oder es hatte, unbemerkt von mir, einen Bogen auf die Wiese gemacht und dort sein Ende gefunden.

Wie auch immer, Peggy und ich waren glücklich und zufrieden und haben dem Stück noch eine lange Totenwache gehalten.
Warum mein Hund so handelte? Ich weiß es nicht. Es war zwischen uns einfach alles gut.

Lieschen – Nachruf auf einen lieben, frechen kleinen Hund

Heute ist Lieschen gestorben, der kleine Jagdspaniel meiner Frau. Wieder einmal ist mir der Tod eines Hundes nahe gegangen.

Mein Verhältnis zu Lieschen war eher ambivalent. Meine Frau wollte nach dem Tod von Cindy nicht unbedingt wieder einen eigenen Hund haben, aber dann waren Jagdspaniel aus der Zucht eines befreundeten Försters zur Welt gekommen. Die Gelegenheit war günstig und die junge Hündin versprach jagdlich sehr gut zu werden, waren ihre Eltern doch passionierte Jagdhunde, die wir kannten. Ich hätte allerdings einen Dackel bevorzugt und außerdem lieber einen Rüden.

Und wie das so ist, es kam ein kleiner schwarz-weißer Jagdspaniel ins Haus. Schon als Welpe quirlte die Kleine fast ständig umher, war voller Temperament und Tatendrang. Frauchen war ihre Bezugsperson und mich knurrte sie unwillig an, wenn sie bei Frauchen auf dem Schoß saß.

Meine Frau, zu dieser Zeit jagdlich sehr aktiv, machte aus Lieschen einen brauchbaren Schweißhund. Erstaunlicherweise war sie bei der Arbeit ruhig und gründlich, sie „drehte jedes Blatt um" auf der Suche nach Witterung. Zusammen mit meinem Großen Münsterländer Greif hatte sie gute Jahre. Als Hündin war sie für Greif sozusagen unantastbar, so dass es gemeinsam im Auto und auch in Wald und Feld keine Probleme gab. Lieschen war auch die heimliche Chefin, der wärmste Platz im Auto und Haus gehörte ihr. Mochte Greif auch stark sein, sie gab keinen Knochen ab. Bei der täglichen Jagd allerdings überließ sie Greif die schweren Aufgaben. Fast täglich kam sie mit ins Revier.

Trotz dieser Betreuung durch mich über Jahre hinweg – meine Frau hatte einen „full-time-job" – blieb Frauchen ihr eigentlicher und liebster Partner.

Ich wurde respektiert, ich brachte ja auch leckeres Wildfleisch, ja sogar ein wenig geliebt – solange Frauchen nicht da war.

Lieschen erlebte weniger schöne Zeiten, als Peggy ins Haus kam. Zwei Hündinnen dicht beieinander vertragen sich selten gut. Peggy als Welpe war ein willkommener Spielgefährte, die große Peggy mit ihren langen Beinen und dem großen Fang, vor allem aber mit ihrer Rolle als „erster Hund im Haus", war für Lieschen eher eine Plage.

Ich konnte nicht viel tun, natürliches Verhalten in einem Rudel lässt sich auch mit Gewalt nicht ändern. Beide Hündinnen auf der kleinen Ladefläche meines Autos mit ins Revier zu nehmen, erwies sich als anstrengend für alle. Manches Mal gab es Streit zwischen den beiden Hundedamen, der zwar nicht ausartete, aber die Stimmung etwas trübte.

So verbrachte Lieschen viele Stunden ihrer letzten Jahre lieber im Haus oder mit Frauchen bei der Arbeit, während Herrchen mit Peggy draußen im Revier war.

Ging ich abends allein mit Peggy zur Jagd konnte ich ihr leises Jammern hören, wenn ich wegfuhr.

So gingen drei Jahre dahin, Lieschen wurde alt und war nur noch an Frauchen, Fressen und Streicheleinheiten interessiert. Peggy benahm sich der alternden Kleinen gegenüber immer zurückhaltender, ja respektvoller.

Mir nötigte die Kleine durch ihr stilles Dulden und Leiden in den letzten Lebensmonaten zunehmenden Respekt ab. Ich erlebte dieses ruhige, geduldige Altern, Leiden und Sterben ja nicht zum ersten Mal bei einem Hund. Ich möchte wohl auch so still und geduldig meine letzten Tage überstehen wie diese Hunde. Ich werde oft an Lieschen denken und ein wenig bereuen, dass ich sie oft nicht verstand und ihr nicht mehr geben konnte.

Rückblick und Ausblick

Während ich schrieb, nachdachte und manchmal auch träumte, habe ich mir oft die Frage gestellt: Warum schreibst du diese ganzen Geschichten von deinen und anderen besonderen Hunden auf? Eine Antwort, die diese Frage endgültig und umfassend beantwortet, habe ich nicht gefunden.

Sicher ist eine ganze Portion Dankbarkeit dabei, Dankbarkeit, die ich gegenüber diesen Mitlebewesen empfinde. Sie haben mit mir gelebt, sich mit mir gefreut und mit mir gelitten. Sie haben mit mir viele schwere und einsame Stunden geteilt. Sie haben sich, ihre Kraft, ihren Geist und manchmal auch ihr Leben eingesetzt. Sie haben dies alles getan, ohne Fragen zu stellen, ohne gar, wie Menschen so oft, unfruchtbare Diskussionen zu entfesseln. Da war nichts als: „Ich bin für dich da, so wie du für mich da bist."

Ich hoffe, dass ich diesen Weggefährten auf Zeit damit ein kleines Denkmal setzen kann. Und vielleicht öffne ich dem einen oder anderen Hundebesitzer, Jäger, Polizisten ein wenig mehr die Augen für die Bedeutung, die der Hund, die Hunde in seinem Leben haben oder hatten.

Und da ist dann noch etwas, dem ich auf die Spur kommen wollte. Wissenschaftlich belegt ist, dass alle Hunde den Wolf als Urahn haben. Wie die enge Bindung an den Menschen zustande kam, bleibt jedoch letztlich im mystischen Dunkel der Geschichte von Mensch und Hund verborgen.

Vielleicht waren es die Wölfe, die sich, angelockt vom Geruch der menschlichen Nahrung, dem so anderen „Säugetier" näherten. Möglicherweise kamen sie freiwillig mit einem Ur-Jäger auf die Jagd. Wenn es so war, mussten beide Partner erkennen, dass diese gemeinschaftliche Jagd erfolgreicher war als das Allein-Jagen. Vielleicht entwickelte sich aus dieser Jagdgenossenschaft dann mehr als das füreinander Sorgen oder das sich gegenseitige Schützen und Verteidigen.

Vielleicht war es so, vielleicht aber auch ganz anders.

Wölfe waren auch Feinde des Menschen, gefährdeten Vieh und Kinder. Und dann war da vielleicht ein Jäger, der eine Wölfin getötet hatte und ihre Jungen fand, noch klein, aber schon selbstständig. Dieser Jäger mochte sie nicht töten und nahm zwei mit in seine Höhle. Möglich, dass Frau und Tochter diese Welpen schon damals „niedlich" fanden, so wie heute Frauen meist vor Liebe fast zerfließen, wenn sie Hundewelpen sehen oder gar selbst aufziehen. Und vielleicht wurde daraus der erste Begleiter des Jägers, der schließlich auch das Fressen für die Familie heimbrachte. Wir wissen es nicht, und der Phantasie sind Tür und Tor geöffnet.

Und dann sind meine Gedanken während des Schreibens auch in den Bereich von Mystik und Religion gewandert, haben Wege gefunden und sich verirrt.

Ich glaube an einen Schöpfer, ohne den ich mir weder die Erde selbst noch die Vielfalt des Lebens auf ihr vorstellen kann.

Das Geheimnis des Werdens und Vergehens, dem wir Menschen unterworfen sind, wie alles andere, was da wächst, kreucht und fleucht. Warum das so ist, bleibt ein Geheimnis der Schöpfung – mögen wir auch denken und handeln oder nicht denken und nicht handeln.

Als Stammvater aller unserer Hunderassen ist aus dem wilden Wolf durch schöpferisches Handeln ein Mitgeschöpf entstanden. Nur in diesem Bereich ist der Mensch selbst zum Schöpfer geworden, ebenso wie bei der Zucht von Nutzpflanzen und Haustieren. Nur durch jahrelanges Züchten konnte diese Vielfalt an Nutzpflanzen und Haustieren geschaffen werden, die es der Menschheit letztendlich erlaubte, die ganze Erde zu besiedeln und bis heute zu überleben. Wer weiß, wie lange?

Des Menschen Leben währet siebzig Jahre… und wenn es hochkommt, werden es achtzig – und wenn es köstlich gewesen ist, so ist es Mühe und Arbeit gewesen

Im ersten Teil verkündet dieser Bibelspruch eine biologische Binsenweisheit, der auch der Mensch unterworfen ist. In all seinen körperlichen Funktionen und leider oft genug in seinem Verhalten ist der Mensch nichts anderes als ein „etwas anderes" Säugetier. Da helfen uns auch unser Wissen und der sogenannte technische Fortschritt nichts.

Im zweiten Teil des Spruches wird etwas angesprochen, was uns vielleicht helfen kann, nicht so viel über „Mühe und Arbeit" zu stöhnen, sondern es positiv zu sehen, wenn unser Leben uns neben glücklichen Momenten auch viel Sorgen und Arbeit gebracht hat. Positiv scheint mir dabei auch, dass man – in der Regel – für seine Arbeit zwar entlohnt wird und sie doch zu einem großen Teil für andere Menschen oder eine gute Sache getan hat. Der Dank und das Lob anderer Menschen sind da oft mehr wert als alles Geld.

Wie ist das aber mit dem Hund? Gilt auch für den Hund dieser Spruch? Und was hat die ganze Geschichte überhaupt mit meinen Erlebnissen und Erfahrungen mit Hunden zu tun?

Nun, zunächst muss man, will man die Spruchweisheit auf den vierbeinigen Gefährten anwenden, die eingesetzten Lebensjahre total verändern: „Des Hundes Leben währt zehn Jahre und wenn es hochkommt, werden es dreizehn."

Diese wiederum biologische Tatsache zeigt ein Problem auf, mit dem jeder, der sein Leben mit Hunden gelebt und gearbeitet hat, immer wieder konfrontiert wird. Ob ich will oder nicht, ich überlebe einen Weggefährten nach dem anderen, muss mit Abschied und Trauer fertig werden. Andererseits denke ich sehr schnell über „Ersatz" nach, ein Leben ohne Hund scheint mir öde, und auch als Mitarbeiter fehlt er mir.

Erleichtert wird dieser Abschied etwa dadurch, dass Hunde im wahrsten Wortsinn leiden, ohne zu klagen. Sie erhoffen deine Zuneigung im Alter, betteln aber nicht darum. Auch Schmerzlaute, ausgelöst durch Gebrechen und Krankheit, lässt der Hund selten hören. Er leidet still und stirbt meist des Nachts auf seinem Schlafplatz. Ist es einmal anders, sind wir Hunde-Menschen wohl von der richtigen Einsicht geprägt. In einem solchen Falle besteht die Verpflichtung dem Hund unnötige Leiden zu ersparen und ihm die Gnade eines schmerzfreien, schnellen und würdigen Todes zu geben.

So wird das eigene Leben zu einer Kette vieler Hundeleben, die bei aller Trauer des Abschiednehmens doch auch eine Kette von Erlebnissen voller Freude ist, die tief unter der Oberfläche auch Geist und Seele von Mensch und Hund einschließt.

Da bin ich dann auch schon beim zweiten Teil des Bibelspruches: „... und wenn es köstlich gewesen ist, dann ist es Mühe und Arbeit gewesen."

Ich habe im Laufe meines Lebens in Deutschland und weit darüber hinaus viele Hunde bei der Arbeit beobachten können. In allen Fällen war mein Eindruck: die Hunde haben Freude an ihrer Arbeit und am Einsatz für den Menschen. Lob und Zuneigung waren ihnen Lohn genug. So habe ich es erlebt und gefühlt bei Hirten- und Hütehunden und bei vielen Polizei- und Zollhunden und bei allen Jagdhundrassen, denen ich begegnet bin.

Bei Jagdhunden im Einsatz gegen Wildschweine und bei Polizeihunden bei der Bekämpfung von Verbrechen habe ich gesehen, dass der Hund im Rahmen seiner Aufgabe und für seinen Menschen ohne Besinnung sein Leben einsetzt und gegebenenfalls Schmerzen erträgt. Und welche Freude bewegt Hund und Mensch nach gelungener Arbeit im Sinne einer guten Sache.

So kann ich es zwar wissenschaftlich nicht beweisen, aber ich glaube zu wissen, dass auch für den Hund im Einsatz dies gilt und er selbst es auch so empfindet: „... wenn es köstlich gewesen ist, so ist es Mühe und Arbeit gewesen."